Die Mississippi-Bande

© Tamara Casula

Davide Morosinotto wurde 1980 in Norditalien geboren. Bereits mit 17 Jahren schrieb er seine erste Kurzgeschichte, die auf der Auswahlliste des renommierten italienischen Literaturpreises »Premio Campiello« stand. Seitdem hat er über 30 Kinder- und Jugendbücher veröffentlicht, für die er zahlreiche Preise erhalten hat. Davide Morosinotto lebt als Autor, Journalist und Übersetzer in Bologna.

Davide Morosinotto

DIE MISSISSIPPI-BANDE

WIE WIR MIT DREI DOLLAR REICH WURDEN

Aus dem Italienischen
von Cornelia Panzacchi

Inhaltsverzeichnis

TEIL 1 – Der Bayou

1. Köderfisch »Phantom« – unser Verkaufsschlager! 9
2. Küchenherd für Holzfeuerung 19
3. Polizei-Revolver 29
4. Axt Missouri 41
5. Eisenbahner-Chronometer »American Company« 53
6. Zigarrenetui aus Metall und Leder 63
7. Blendlaterne aus Nickel- und Messingblech 73
8. Herrenmantel 83
9. Herren-Brieftasche 93

TEIL 2 – Der Fluss und die Straße

10. Das Delta des Mississippi 105
11. New Orleans 115
12. Der Mississippi 129
13. Der große Fluss und seine lange Reise 139
14. Memphis 151
15. Am Zusammenfluss der großen Flüsse 163
16. Die Schaufelraddampfer des Mississippi 173
17. Saint Louis 183
18. Die Prärie 195
19. Im Zug nach Chicago 207

TEIL 3 — Die Stadt

20. Versuchter Einbruch bei Walker & Dawn 219
21. Alarm im Versandhaus! 229
22. Lebenslänglich für den Mörder von Miss Dawn 237
23. Verliebte Blicke im Terrace Garden 247
24. Ein Monster hinter Gittern 259
25. Ein halbes Versandhaus 269
26. Der ermordete Mörder 281
27. Bahnhof Miss Dawn 293
28. Ein Mörder vor Gericht 305
29. Schatzsuche in Chicago 317
30. Miss Dawn – Wohltäterin von Chicago 327
31. Vier Kinder werden Millionäre! 341

TEIL 4 — Das große Haus
32. Die Mississippi-Bande 345

Danksagung 362

TEIL 1

Der Bayou

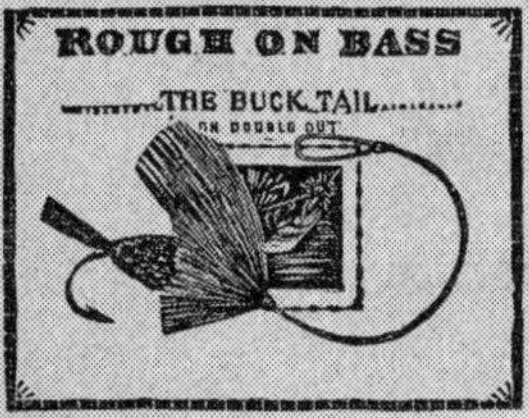

No. 6R8964 Bucktail Bass Flies. The wings are made from the hair of a buck's tail, the bodies are pure silk, ribbed with tinsel and are tied on Nos. 2-0, 1-0, 1 and 2 hollow point sproat hooks, made in the following styles: Buck, fawn, doe, king buck, or queen doe. State size hooks wanted. Each......12c

No. 6R8965 Bucktail Trout Flies. Made the same as the **Bucktail Bass Fly,** but smaller, tied to Nos. 4, 6 and 8 Trout hooks. **One of the best luring flies** on the market for trout and other small gamy fish. Give size hooks wanted in ordering. Price, each.......................................9c

If by mail, postage extra, 2 cents.

SIZES OF SPOON BAITS.

NOTE 2. The spoons of spoon baits come in various lengths, and the following is a list showing the length of the spoon on baits from No. 1 to 8. They may vary a trifle either way, for no two manufacturers make them exactly alike.

Nos.	1	2	3	4	4½	4¾	5	6	7	8
Length, in.,	1	1⅛	1¼	1⅜	1⅝	1⅞	2⅛	2⅜	2¼	2⅝

Artificial Spoon Baits for Bass.

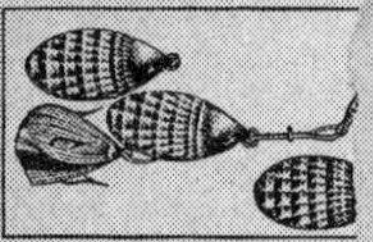

We have selected the best and most used baits, all of which we can recommend.

No. 6R8966 Is a fluted trolling spoon, which should please the most fastidious fisherman. This bait has three spoons, brass, nickeled and copp which are interchangeable. You can take off spoon and put on another in a few seconds. Th one of the best baits on the market. Made in Nos. 3, 4, 5, 6 and 7; sizes are same as other s baits. See Note 2 for sizes. Price of bait, two extra spoons, in any size (mention size you fer).......................................

If by mail, postage extra, 2 cents.

American Spinner Bait.

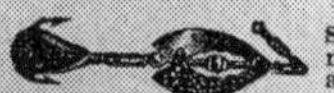

No. 6R8967 Best Pla Spoon, one-half h mered, best material a rapid spinner, for b pickerel, etc. Nos. 2, 5 and 6. See Note 2 for sizes.

Our special price, each.................................1

If by mail, postage extra, 2 cents.

Fluted Spoon Bait for Bass.

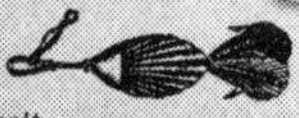

No. 6R8968 Fluted Trolling Spoon, full nickel plate, inside painted red, same shape spoon as Skinner's and same size hook, treble hook and fly; a first class spoon bait.

Nos.	1	2	3	4	4½	4¾	5	6	7	8
Size, inches.	1	1⅛	1¼	1⅜	1⅝	1⅞	2⅛	2⅜	2¼	2⅝

Nos. 1, 2, 3, 4, 4½, 4¾, price, each.................10c

Nos. 5, 6, 7 and 8, price, each.......................12c

If by mail, postage extra, 2 cents.

Skinner's Spoon Bait for Bass.

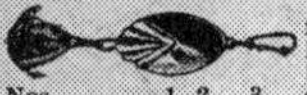

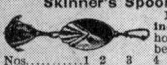

No. 6R8969 The Genuine Skinner Spoon. All have hollow point hooks. Don't be fooled by imitations.

Nos.	1	2	3	4	4½	4¾	5	6	7	8
Size, inches.	1	1⅛	1¼	1⅜	1⅝	1⅞	2⅛	2⅜	2¼	2⅝

Nos. 1, 2, 3, 4, 4½, 4¾, for Black Bass, Trout, etc. Each.......................................16c

Nos. 5 and 6, for Pickerel, Pike, Lake Trout, etc. Each.......................................21c

Nos. 7 and 8, for Muskallonge. Each.............25c

State size wanted. If by mail, postage extra, 2c

Lightning Ball Bait.

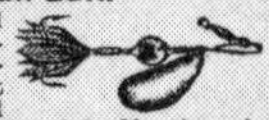

No. 6R8972 Ball Bait, good nickel plated spoons, feathered treble hook. No. 1, smallest for small bass; largest ones for pickerel, pike and muskallonge. Nos. 1, 2, 3, 4, 5 and 6. Mention size wanted. For sizes see Note 2. Price, each........15c

If by mail, postage extra, 2 cents.

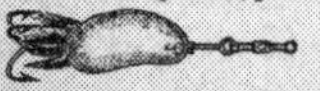

No. 6R8973 Tinned Pickerel Bait, with swivel, an extra fine bait. Size 1 to 7. Mention size wanted. For sizes see Note 2. Each...................................9c

If by mail, postage extra, 2 cents.

The Maloney Weedless Bass Hook.

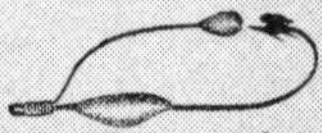

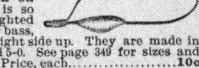

No. 6R8975 This is the latest and most practical weedless hook on the market. It is so made that it is weighted so when casting for bass, the frog is always right side up. They are made in sizes 2-0, 3-0, 4-0 and 5-0. See page 349 for sizes and state size wanted. Price, each...................10c

If by mail, postage extra, 1 cent.

Skinner's Casting Spoon.

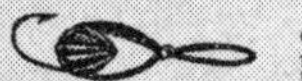

No. 6R8977 The Skinner Casting Spoon is very popular, being among the **best killing bass bait** on the market. It makes an **excellent trout catcher** when baited with a small worm. Comes in two sizes.

No. 1 With 1-inch spoon. Price, each............12c

No. 2 With 1¼-inch spoon. Price, each

If by mail, posta

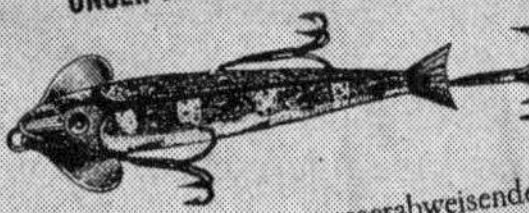

KÖDERFISCH »PHANTOM« –

UNSER VERKAUFSSCHLAGER!

Best.-Nr. 6M9008 – Aus wasserabweisender Seide, in Fischform. Verfügbar in verschiedenen Größen und in den Farben Blau, Silber und Braun. Idealer Köder auch für größere Raubfische. Bei der Bestellung bitte die gewünschte Größe angeben.

Größen: 2, 3, 4, 4½ Zoll

Preis: 25, 28, 32, 40 Cent

...of Tarpon Spoon.

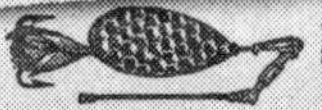

No. 6R8979 Same as No. 6R8978, but hammered. Sizes in length are same.

2⅝-inch spoon..........19c

3¼-inch spoon..........24c

The Payson's Weed Guard Hook.

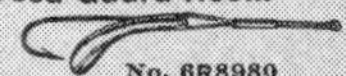

No. 6R8980

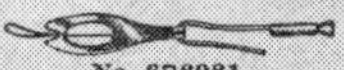

No. 6R8981

The Payson's Weed Guard Hook will not foul in the thickest weeds. In addition to the merits of this device as a weed guard it is a sinker in the right place and helps the bait caster. **It also lands the frog belly down and a minnow in its natural position.** When obstructions are reached the guard closes over the point of the hook, dropping again when the obstruction is passed. Comes in three sizes, fitted with best Carlisle hook, and two extra hooks. For sizes see cut of hooks on page 349.

No. 6R8980 2-0, 4-0 or 7-0. Price, each.....20c

No. 6R8981 The New Reversible, 2-0 or 4-0. Price, each (mention size of hook wanted)......22c

If by mail, postage extra, 2 cents.

Köderfisch »Phantom« – unser Verkaufsschlager!

Alles begann mit dem Mord an Mr Darsley.

Oder auch nicht. Wenn ich es mir recht überlege, begann es eigentlich ein paar Wochen zuvor, an dem Nachmittag, an dem wir mit dem Bau des Einbaums fertig wurden.

Es war wirklich ein sehr schöner Einbaum. Monatelang hatten wir nach dem richtigen Baum gesucht, bis wir ihn gefunden hatten: eine große und gerade Zypresse, die in tiefem Wasser wuchs. Wir hatten sie mit der Axt geschlagen. (Beziehungsweise hatte ich das getan und Julie auch ein bisschen, während Eddie nur herummoserte, ein Mädchen dürfe keine Bäume fällen, und Tit uns zusah, ohne ein Wort zu sagen. Aber Tit sagt sowieso nie was.)

Nachdem wir die Zypresse gefällt hatten, haben wir sie innen ausgehöhlt, aber vier bequeme Sitze für uns vier gelassen. Außen haben wir den Stamm gehobelt und ihn anschließend von vorne bis hinten mit Sand abgeschliffen. Wir haben gerieben und gerieben, bis unsere Hände bluteten.

Den Einbaum zu bauen, hatte Monate gedauert, auch weil wir beschlossen hatten, ihn bei unserer Hütte versteckt zu halten, die ziemlich weit weg von unseren Elternhäusern war. Ich konnte immer nur bei Sonnenuntergang hin oder wenn Mama mir erlaubte, spielen zu gehen. Also praktisch nie.

An dem einen Nachmittag aber hatte ich entschieden, heimlich hinzugehen. Mama hatte ich erzählt, dass ich zur Farm von Familie Fabron ging, um bei der Reparatur der Scheune zu helfen. Stattdessen aber war ich zu unserer Hütte gelaufen.

Die Hütte hatten ich und die anderen Mitglieder der Bande im vergangenen Sommer gebaut. Sie stand am Ufer des *Bayou*, eines Flussarms inmitten des riesigen Sumpfes, und war hinter einem Gewirr von Lianen und riesigen Mückenschwärmen versteckt.

Unsere Hütte war nichts Großartiges, nur ein Verschlag mit einem schiefen Dach und einem Lehmfußboden, aber außer uns wusste niemand, dass es diese Hütte gab, und das war das Tolle daran. Nach und nach hatten wir sie eingerichtet, mit lauter nützlichen Dingen. Man konnte sie mit einem Boot über das Wasser erreichen oder aber über die Wackelbrücke und eine total gefährliche Stelle mit Treibsand, in dem angeblich schon Dutzende von Menschen versunken sind.

Auch deshalb liebte ich diesen Ort. Allein schon ihn zu erreichen war ein richtiges Abenteuer. (Außerdem kannten wir natürlich die Stellen im Sumpf, an denen man nicht einsank.)

Jedenfalls kam ich kurz nach der Mittagessenszeit bei der Hütte an und fand dort Julie und Tit vor, die damit beschäftigt waren, unserem Einbaum sozusagen den letzten Schliff zu geben.

Julie und Tit waren Geschwister, aber man sah es ihnen nicht an. Julie war so alt wie ich und sehr schön. Das sage ich nicht, weil ich in sie verliebt war oder so, sondern es war etwas, das sofort jeder sah. Deshalb nannte man sie in unserer kleinen Stadt auch *Jolie*, denn das heißt »Schöne«. Jolie Julie. Joju. Sie hatte rote Haare und Sommersprossen, dunkle Augen und eine lustige Lücke zwischen den Schneidezähnen.

Tit dagegen war so braun wie Schokolade und hatte ganz lockiges Haar. Er war klein, aber nicht nur, weil er noch sehr jung war, sondern weil er tatsächlich nur ein kleiner Mickerling war, und deshalb nannten ihn alle *Petit*, »Kleiner«.

Julie war weiß und Tit war schwarz, und weil sie Geschwister waren, sagten die Leute in der Stadt, ihre Mutter sei eine unanständige Frau, ein Flittchen. So nannte sie auch mein Bruder Chuck und er behauptete, weil Tits Mutter ein Flittchen sei, habe Tit einen Dachschaden.

Aber ich wusste, dass das alles Quatsch war: Tit war sehr schlau, schlauer als viele andere. Er redete nur nicht gerne. Er schaute zu, er hörte zu und war immer still. Vielleicht hatte er begriffen, dass es die Dummen sind, die immer zu viel reden.

Mein Bruder Chuck zum Beispiel konnte keine Sekunde lang die Klappe halten.

Tit saß auf einem Holzklotz und Julie bearbeitete den Bug des Einbaums mit einem Messer. Sie war fast fertig damit, dem Einbaum seinen Namen einzuritzen: *Effrayant*, »der Schreckliche«.

Ich nahm mir nicht einmal die Zeit, sie zu begrüßen, sondern ging schnurstracks in die Hütte, in der es feucht und nach fauligem Schlamm roch. Joju hatte ihre Segeltuchtasche am Boden liegen lassen und ich wühlte darin herum, bis ich den Tabak fand. Ich stopfte mir ein Pfeifchen.

Dann setzte ich mich vor die Hütte und zündete mir zufrieden grinsend die Pfeife an. Da bemerkte mich Tit (ich habe ja schon gesagt, dass er sehr schlau ist) und zeigte mit dem Finger auf mich.

Julie hörte auf zu schnitzen und wischte sich mit dem Rocksaum den Schweiß aus dem Gesicht. Dadurch kamen kurz ihre blassen, muskulösen Beine zum Vorschein und bei dem Anblick wurde mir ganz komisch, als würde mich einer innen mit einem langen Kochlöffel umrühren. Joju hat manchmal diese Rührwirkung auf mich.

»Te Trois!«, rief sie. »Wer hat dir erlaubt, meinen Tabak zu nehmen?«

Te Trois, das bin ich. Ich sprang auf. »Hey!«, erwiderte ich. »Ich habe mir die Pfeife noch gar nicht angezündet. Und gib mir das Messer, sonst sind wir erst morgen früh fertig.«

Natürlich gab Joju das Messer nicht her, und nachdem ich eine Weile versucht hatte, es ihr abzujagen, blieb mir nichts anderes übrig, als an dem Paddel weiterzuhobeln.

Inzwischen war auch Eddie eingetroffen. »Eddie, die Grille« oder »Eddie Schiefauge«, mein bester Freund. Er war ein Jahr älter als ich und ziemlich groß, aber auch ziemlich dünn und deshalb besiegte ich ihn immer beim Ringen. Seine Haare waren blond, oder eigentlich mehr so graublond wie trockenes Zuckerrohr, und er trug eine lädierte Brille, deren Bügel hinten mit einem Stück Bindfaden verbunden waren. Im ganzen *Bayou* war Eddie der Einzige, der eine Brille besaß. Er war mit seinem Vater, der Arzt war, bis nach New Orleans gefahren, um sie zu besorgen.

»Mir geht es gerade nicht so gut«, jammerte Eddie und setzte sich neben Tit auf den Holzklotz. »Ich glaube, ich habe Fieber.«

Eddie hatte immer Fieber. Es ging ihm ständig schlecht und er erzählte immer, er könne im Fieber die Stimmen des Sumpfes hören und er verstünde auch die geheime Sprache der Tiere, was er sich offensichtlich nur zusammengesponnen hatte.

Tatsache aber war: Wenn er behauptete, Fieber zu haben, konnte man ihn einfach nicht dazu bringen zu arbeiten. Deshalb sahen Julie und ich uns nur an und machten den Einbaum allein fertig. Nach paar Stunden, kurz vor Sonnenuntergang, war es dann so weit. Er sah wunderschön aus mit seinem schlanken Rumpf und würde schneller sein als die dicken Dampfer. Vielleicht nicht viel, aber schneller auf jeden Fall.

Da ich den Einbaum gebaut hatte, war es mein gutes Recht, ihn zu Wasser zu lassen, doch Joju bestritt das und Eddie auch und Tit war aus irgendeinem nur ihm allein bekannten Grund bereits an Bord gegangen und weigerte sich, wieder auszusteigen.

Schließlich einigten wir uns darauf, unser Boot gemeinsam einzuweihen, und schoben es ins Wasser. Es schwamm gut, ja es lag sogar höher im Wasser als vorgesehen und wir sprangen nacheinander hinein. Dann stand ich auf und begann, mit langsamen Schlägen zu paddeln, immer darauf bedacht, den kleinen Inseln auszuweichen, von denen es in unserem Teil des *Bayou* jede Menge gab, und auch den umgestürzten Baumstämmen, deren Äste wie Finger aus dem stehenden Wasser ragten.

An diesem Tag war es so heiß wie in einem Backofen und feucht noch dazu und die Sonne versteckte sich hinter dem Laub der Bäume und warf Schattenfetzen und Lichtflecken auf den Sumpf hinunter.

Ich paddelte, bis unsere Hütte irgendwo hinter uns verschwunden war. Als ich müde wurde, setzte ich mich und wollte mir die Pfeife anzünden, die ich mir am Nachmittag gestopft hatte.

»Gib sie rüber«, sagte Joju. »Schließlich ist es mein Tabak.«

»Ich rauche heute nicht, weil ich Fieber habe«, verkündete Eddie.

Während Joju die Pfeife in Brand setzte, befestigte ich an der Angelrute meinen speziellen Köderfisch »Phantom«. Ich hatte ihn selbst gebastelt und er war schöner als der im Katalog.

»Vorsicht!«, warnte Eddie. »Dieser Teil des *Bayou* ist gefährlich, ich höre im Wasser ein seltsames Murmeln.«

»Ist nicht wahr«, widersprach Joju.

»Doch, es ist wahr«, erwiderte Eddie. »Ein Murmeln und Flüstern und Pfeifen. Ich nehme an, dass es Mokassinottern sind, die gibt es hier zu *Hunderten*.«

Wassermokassinottern sind sehr gefährliche Schlangen, man kann von ihrem Biss sterben. Aber ich glaubte nicht, dass es sie hier wirklich zu Hunderten gab, wie Eddie behauptete. Abgesehen davon war mein Köderfisch nichts, was Schlangen anlockte. Er sollte lieber Welse anlocken, vielleicht sogar ein paar schöne dicke.

Ich warf die Angel aus, machte es mir bequem und wartete darauf, dass etwas anbiss. Währenddessen unterhielt ich mich mit den anderen.

Eddie erzählte, dass Madame Boucher in der vergangenen Nacht Wehen bekommen und ein Mädchen zur Welt gebracht hatte. Aber leider war das kleine Mädchen mit sechs Fingern an der linken Hand geboren worden und das brachte Unglück. Ich kenne niemanden, der so viel Unsinn glaubt, wie Eddie, die Grille.

Joju berichtete, dass sie beinahe eine riesige Schnappschildkröte gefangen hätte, doch die hatte versucht, ihr einen Fuß abzubeißen. Wenn ein anderes Mädchen so etwas erzählt hätte, hätte ich es für Prahlerei gehalten, doch ich kannte Joju und wenn sie so etwas sagte, dann war es auch wirklich wahr.

Plötzlich zog etwas an der Angelschnur und beinahe wäre die Angel aus dem Einbaum gefallen. Ich erwischte sie gerade noch rechtzeitig.

»Ich habe etwas gefangen!«, rief ich. »Und so, wie es zieht, muss es das reinste Ungeheuer sein!«

Eddie wollte mir zu Hilfe kommen, doch ich befahl ihm, dort zu bleiben, wo er war. Es fehlte gerade noch, dass er das Boot zum

Kippen brachte und wir alle ins Wasser fielen. Schließlich konnte es hier tatsächlich Wassermokassinottern geben.

Ich stellte mich breitbeinig hin, packte die Angelrute ganz fest und holte die Schnur ein. Ich machte mich auf einen langen Kampf gefasst, denn was so zog, konnte nur ein riesiger Wels sein, der größte Wels, der in diesem Teil des *Bayou* jemals gefangen worden war.

Doch da irrte ich mich. Gleich beim ersten Ruck kamen Köder und Angelhaken los und am Haken hing kein Fisch, sondern eine schlammige, durchlöcherte Dose.

»Bäh! Es ist nur eine Tomatensuppendose, schmeiß sie weg!«, meinte Eddie.

»Dummkopf, wir können die Dose gut gebrauchen. Wir machen eine Laterne daraus, für unsere Hütte«, widersprach Julie.

»Dann können wir auch nachts herkommen«, schlug ich vor.

»Aber nachts sind hier die Geister unterwegs«, quiekte Eddie ängstlich.

»Stimmt doch gar nicht«, widersprach Joju.

»Klar sind die dann da«, erwiderte Eddie. »Sie schweben als blaue Flammen über dem Wasser.«

Die beiden waren dabei, in einen richtigen Streit zu geraten, da murmelte der kleine Tit etwas, streckte die Hand aus und ergriff die Dose. Die Dose klirrte.

»Hey, zeig mal her!«, sagte ich.

Ich nahm Tit die Dose ab und kippte ihren Inhalt auf den Boden des Einbaums. Es kamen Wasser und Schlamm heraus. Und drei Münzen. Drei Dollarmünzen, die in dem Sonnenfleck auf dem Boden des Einbaums blitzten und glänzten.

»Drei Dollar!«, flüsterte Eddie und beugte sich vor, um sie aufzuheben.

Ich schlug ihm so stark mit der Faust gegen die Schulter, dass er beinahe aus dem Einbaum gefallen wäre.

»Vergiss es!«, warnte ich ihn. »Ich habe sie geangelt, sie gehören mir.«

»Aber mir gehört die Angelrute.«

»Aber da hängt meine Schnur dran.«

»Und der Einbaum gehört uns allen«, schaltete Julie sich ein. »Und wenn Tit und ich nicht gewesen wären, hättet ihr inzwischen die Dose mitsamt den Dollars über Bord geworfen.«

Wir schwiegen alle und starrten die Münzen an. Sie glänzten so stark, dass uns die Augen wehtaten.

»Wir könnten sie unter uns aufteilen. Jeder bekommt eine …«, schlug Eddie vor.

»Aber es sind drei Dollar und wir sind zu viert«, widersprach ich. »Auch wenn Joju und Tit Geschwister sind.«

»Mit einem Dollar kann man schon etwas Schönes kaufen«, stellte Julie fest. »Aber drei Dollar sind ein Vermögen. Ich finde, wir sollten gemeinsam entscheiden, wie wir sie ausgeben wollen.«

»Ich wette, dass uns Monsieur Travert für drei Dollar seinen halben Drugstore verkauft«, meinte Eddie. »Dann könnte ich Toffees essen, bis ich platze!«

»Stattdessen könnten wir aber auch zu Monsieur Fabron gehen und ihm ein Ferkel abkaufen«, schlug ich vor. »Wir halten es bei unserer Hütte und bringen ihm Essensreste von zu Hause mit. Wenn es groß und dick ist, verkaufen wir es wieder und kaufen uns für das Geld drei oder vier Ferkel. Wir bauen uns eine Schweinemast auf und in fünf Jahren sind wir alle reich.«

»Aber fünf Jahre sind ganz schön lange«, rief Eddie aus. »Und wenn das Ferkel krank wird und stirbt?«

»Ich kann gut mit Tieren umgehen«, widersprach ich. »Deswegen helfe ich immer bei Fabron aus, wenn sie mich brauchen ...«

»Aber das bedeutet doch nicht ...«

Während wir uns stritten, betrachtete Julie schweigend die Dollarmünzen. Auf einmal lächelte sie, hob die Münzen auf und schloss die Finger zur Faust.

»Ich habe eine bessere Idee!«, verkündete sie.

»Was denn?«, wollte ich wissen.

»Der Katalog«, antwortete sie. »Wir könnten etwas aus dem Katalog kaufen.«

WALKER AND DAWN CO. CHEAPEST CATALOGUE   CHICAGO 19

Our big ACME FOREST RESERVOIR WOOD BURNING COOK STOVE

REDUCED TO $15.67.

HAVING PATTERNS and molding flasks to make the Acme Forest stoves in very large quantities, we find ourselves somewhat overstocked, and to dispose of the overstock at once, we are offering this big wood burning cook stove, either with or without reservoir, at about 5 cents per pound, only $15.67 for the big reservoir stove, a price heretofore unknown.

From the illustration, engraved by our artist from a photograph, you can get some idea of the appearance of this handsome, extra large, heavy wood burning cook stove. We furnish it either with reservoir, as illustrated, or without, as desired, at the following prices:
No. 96R1146 Price, No. 8, with reservoir.........$15.67
No. 96R1150 Price, No. 8, without reservoir......11.76

These big stoves are made for wood exclusively. They will take wood 37 inches long. The Acme Forest is made from special patterns; has an extra large fire box, very large oven, giving you an extra heavy, handsome, durable stove.

OUR ACME FOREST has a very large oven, large fire

$5.75

KÜCHENHERD FÜR HOLZFEUERUNG

Best.-Nr. 220002 – Küchenherd ausschließlich für Holzfeuerung, mit Ascheschublade. Hochwertige Verarbeitung. Lieferung ohne Reservehholzbehälter, ohne Abzugsrohr.

Maße der Backröhre: 16 x 14 x 10,5 Zoll

Preis: 5,75 $

FOR COAL OR WOOD.

Prices are cash with the order, delivered on the cars at our foundry in Central Ohio, and do not include any pipe or cooking utensils. See pages 580 to 593.

Catalogue Number	Stove Number	Size of Oven, inches	Weight, pounds	Price
22R326	7-14	13¾x13 x 9	172	$5.55
22R327	7-16	16 x14½x10	202	5.85
22R328	8-16	16 x14½x10	202	6.90
22R329	8-18	18 x17 x11	244	8.20
22R330	9-18	18 x17 x11	244	8.25

Oven measurements do not include the swell of oven door.

Our Acme Queen is a coal burning stove, but is suitable for hard coal, soft coal or wood. We furnish with every stove an extra grate for wood, and you can use it for wood or for coal.

It has very large flues, cut tops, heavy cut centers supported by post, heavy covers, heavy linings with very heavy sectional fire back, large balled ash pan, slide hearth plate, outside oven shelf, pouch feed, oven door kicker, nickel plated panel on oven door, nickel plated name plate on front door, nickel plated door knobs and tin lined oven door.

When ashes are removed from under oven they are scraped into the hearth, avoiding all possibility of spilling the ashes on the floor when cleaning stove.

Each stove is furnished with a lifter, shaker and scraper for removing the ashes from under the oven.

If you do not burn coal at all make your selection from the Acme Leader, Catalogue Nos. 22R209 to 22R213.   DIMENSIONS.

FOR COAL OR WOOD.

Prices are cash with the order, delivered on the cars at our Central Ohio foundry, and do not include any pipe or cooking utensils. See pages 580 to 593

Catalogue Number	Stove Number	Size of Oven inches	Weight, pounds	Price
22R331	7-16	16x14½x10	255	$ 9.48
22R332	8-16	16x14½x10	255	9.53
22R333	8-18	18x17 x11	300	10.60
22R334	9-18	18x17 x11	300	10.65

Oven measurements do not include swell of oven door. If you do not use coal at all, make your selection from the Acme Leader, Catalogue Nos. 22R214 to 22R217. Always state which fuel you desire to use.

At $9.48 to $10.65 delivered on the cars at our foundry in Central Ohio. This is the exact same stove as the Acme Queen previously illustrated under No. 22R326, at $5.55 to $8.25, with the addition of the large porcelain lined reservoir as shown in illustration. **DIMENSIONS.**

Stove No.	Size of Lids	Top,including Reservoir	Height	Pipe Collar	Fire Box
7-16	No. 7	22x40	26½	6	16½
8-16	No. 8	22x40	26½	6	16½
8-18	No. 8	24x44	28½	7	18
9-18	No. 9	24x44	28½	7	18

Küchenherd für Holzfeuerung

Wir alle wussten, welchen Katalog sie meinte: den berühmten Versandhauskatalog der Firma Walker & Dawn. »Die niedrigsten Preise! – Geben Sie Ihr Geld klug aus! – Bei Nichtgefallen Geld zurück!« In seiner Werbung behauptete das Versandhaus, sein Katalog sei nach der Bibel das in Amerika meistgelesene Buch. Ich glaube eher, dass der Katalog mehr Leser als die Bibel hatte, denn in unserer Gegend, zum Beispiel, konnten nicht viele Leute lesen und der Katalog hatte Bilder.

Tja, die Bilder! 2000 Seiten voller Artikel und für jeden gab es eine schöne, genaue Abbildung. Es war beinahe so, als hätte man die Ware vor sich.

In dem Katalog gab es Knöpfe, Medikamente, Hämmer und Geräte für die Landwirtschaft. Kutschen. Sättel. Schmuck und Uhren, Hüte und Kleidung, Damenschuhe. Gewehre. Angelruten. Boxhandschuhe. Bausätze für ganze Häuser. Egal, was man brauchte, was man sich wünschte, woran man gerade dachte: Man konnte sicher sein, es im Katalog zu finden, zusammen mit einer schönen Zeichnung in Schwarz-Weiß, einer kurzen Beschreibung und natürlich dem Preis.

Monsieur Fabron behauptete, vor vielen Jahren hätte man im Katalog auch afrikanische Sklaven bestellen können, doch ich glaube, das war ein Witz. Monsieur Fabron war ein Scherzkeks. Ich hätte es jedenfalls nicht gut gefunden, wenn man sich Tit aus einem Katalog hätte bestellen können. Oder vielleicht doch, denn dann hätte ich ihn sofort gekauft und ihn Julie geschenkt, damit sie wieder zusammen sein konnten.

Für unsere Bande jedenfalls war der Katalog das Fantastischste, was wir uns vorstellen konnten. Er wurde allen Haushalten im *Bayou* ungefähr zum Jahresanfang zugestellt und wenn er kam, war das ein Fest, vielleicht ein besseres noch als Weihnachten.

Mama setzte sich abends nach dem Essen mit dem Katalog im Schoß in den Schaukelstuhl. Sie ließ ihren Zeigefinger über die Seiten wandern und wenn sie etwas Interessantes entdeckt hatte, fragte sie mich: »Te Trois, was steht hier geschrieben?«

Ich las es ihr vor.

Dann fragte sie mich immer: »Te Trois, was kostet es?«

Und ich las ihr den Preis vor. Sie lächelte dann, ohne etwas zu sagen, und ihr Finger bewegte sich weiter über die Seite, so als hätte er schon wieder alles vergessen.

Ein Mal, ein einziges Mal nur war ihr Finger an einer Stelle geblieben. Das war vor zwei Jahren gewesen, als unser alter Herd geplatzt war und die Glut auf den Fußboden gespuckt hatte, sodass unser Haus beinahe abgebrannt wäre.

Wir konnten den Herd nicht mehr benutzen und so war es im Haus eine ganze Weile lang kalt geblieben, aber schließlich war es nicht mehr auszuhalten gewesen und Te Cinq, mein jüngster Bruder, hatte sich erkältet und hohes Fieber bekommen und wäre beinahe daran gestorben. Also ein echtes Fieber, nicht so ein geschwindeltes Fieber wie bei Eddie.

Schließlich hatte sich Mama dazu durchgerungen, einen neuen Herd zu kaufen. Viele Abende lang hatte ich ihr immer wieder die

Katalogseiten mit den Herden vorlesen müssen, hatte auf ihre Bitte hin ständig die Preise und die Beschreibungen wiederholt und bei jedem hatte sie nur den Kopf geschüttelt, aber am folgenden Abend hatte ich wieder vorlesen müssen.

Der billigste Herd sollte 5 Dollar und 75 Cents kosten, aber mit Versand und allem Drum und Dran kam er insgesamt auf 7 Dollar. Mama ging mit Nina, unserer Stute, in die Stadt und als sie zurückkam, hatte sie die Stute nicht mehr dabei, dafür aber das Geld für den Herd.

Es hatte mir leidgetan, denn Nina war ein gutes Pferd gewesen, und von dem Tag an mussten Te Deux und ich den Wagen ziehen, aber es war eben nicht anders gegangen.

Im Winter hat man einen Herd einfach nötiger als ein Pferd.

Ich merke gerade, ich habe den Faden verloren. Ich wollte eigentlich nur sagen, dass Joju eine großartige Idee gehabt hatte und dass der Katalog mit Sicherheit die Lösung für unser Problem war. Wenn wir unser Geld gemeinsam ausgaben, dann für etwas aus dem Katalog. Wir waren sofort alle einverstanden.

Also drehte ich mit dem Einbaum um und paddelte schnell zu unserer Hütte zurück. Ich zog das Boot an Land und Julie und Eddie halfen mir, es mit Zweigen abzudecken, damit es niemand sah und womöglich noch klaute.

In den Fußboden der Hütte gruben wir ein Loch, legten die drei Dollar hinein und machten das Loch wieder so zu, dass man es nicht mehr sah. Danach begaben wir uns auf den Heimweg. Ich ging voraus, weil ich die sicheren Stellen zwischen dem Treibsand am besten kannte, dann kamen Hand in Hand Tit und Joju und schließlich Eddie als Letzter.

An der Kreuzung hinter der Wackelbrücke verabschiedete ich mich von den anderen. Eddie wohnte in der Stadt, wo sein Vater die Praxis hatte, während Joju und Tit hinter der Plantage von McCoy in einem Häuschen lebten, das um einiges hässlicher und schiefer war als unsere Hütte.

Und ich ... na ja, ich wohnte eben zu Hause.

In unserem Haus lebten wir zu fünft: Mama, mein ältester Bruder Chuck, mein zweitältester Bruder Te Deux, ich und Te Cinq.

Mein Papa starb, als ich noch sehr klein war, deshalb kann ich mich kaum an ihn erinnern. Te Quatre kam ein Jahr nach mir zur Welt und verließ sie wieder, als ich noch Windeln trug, deshalb habe ich keinerlei Erinnerungen an ihn. Mama wollte seinen Namen nicht mehr nehmen, der »der Vierte« bedeutet, deshalb war Te Cinq von Anfang an »der Fünfte« und würde es auch immer bleiben.

Außer Mama waren wir also alle Jungs und sie nannte uns immer »meine kleine Armee«. Das machte mir nichts aus, mich störte nur, dass auch Chuck dazugehörte, der nie irgendetwas tat, außer dumm daherzureden und ständig Kopfnüsse auszuteilen.

Als ich bei unserer Farm ankam, sah ich Te Cinq, der draußen im Schlamm spielte, und Te Deux, der die Tiere fütterte und mir zurief, ich solle ihm dabei helfen.

Ich hatte überhaupt keine Lust dazu, doch Te Deux sagte: »Mach es, glaub mir, das ist besser für dich.«

Ich ging zu ihm hin, nahm ihm einen Eimer Schweinefutter ab und wollte wissen, wie er das meinte. Er antwortete nicht, sondern schenkte mir nur ein schiefes Grinsen.

»Wo warst du heute?«, fragte er.

»Bei Fabron«, erwiderte ich. »Ich habe beim Reparieren der Scheune geholfen.«

»Ach so«, meinte er. »Dann bist du ja sicher müde.«

»Ja, ganz ordentlich.«

»Das will ich glauben.«

Te Deux war 15 Jahre alt und inzwischen genauso groß und stark wie Chuck, aber im Gegensatz zu Chuck war er gutmütig und konnte nicht lügen, man sah es ihm schon an den Augen an.

»Ist etwas passiert?«, fragte ich, doch Te Deux seufzte nur, nahm mir den Eimer ab und kippte den Schweinen ihr Futter in den Trog.

Eine Weile sahen wir zu, wie sich die Schweine gegenseitig vom Trog wegzudrängen versuchten, so als ob wir ihnen irgendwelche tollen Leckereien hineingelegt hätten.

»Geh zu Mama«, seufzte Te Deux. »Sie wartet auf dich.«

Ich kannte meinen Bruder gut genug, um zu wissen, dass ich nicht mehr aus ihm herausholen konnte. Also ließ ich ihn bei den Schweinen zurück und ging die Stufen zur Veranda hinauf. Im letzten Augenblick dachte ich daran, mir die schmutzigen Schuhe an der Matte abzuputzen.

Mama stand in der Küche und rührte in dem Topf mit dem *Courtbouillon*, einer Fischsuppe, die zufällig auch mein Leibgericht ist.

In der Küche war es unerträglich heiß. Ein schmieriger feuchter Belag bedeckte die Wände und über dem Esstisch kreiste ein Schwarm dicker schwarzer Fliegen.

Als sie mich eintreten sah, blies sich Mama eine Haarsträhne aus dem Gesicht. Wie an jedem Tag, der seit Papas Tod vergangen ist, war sie ganz in Schwarz gekleidet. Sie hatte sich die Ärmel hochgekrempelt und so konnte ich ihre Muskeln sehen. Sie war so stark, dass sie wahrscheinlich sogar Monsieur Dubois, den stärksten Mann in unserer kleinen Stadt, beim Armdrücken besiegen könnte, wenn sie nur wollte.

»Da bist du ja«, sagte sie.

»Entschuldige, dass ich spät komme, aber wir haben länger gebraucht als gedacht ...«

»Und wie geht es Michel?«

Michel Fabron war der jüngste Sohn von Monsieur Fabron. Er war so alt wie ich.

»Sehr gut«, antwortete ich. »Wir waren stundenlang auf dem Dach und es war unglaublich heiß.«

Meine Mutter sah mich an, nur einen kurzen Augenblick lang. Und genau in diesem Augenblick merkte ich, dass etwas nicht stimmte.

»Ach ja?«, meinte sie. »Das freut mich aber, dass Michel es schon heute wieder aufs Dach geschafft hat. Ich hätte nicht gedacht, dass er sich so schnell wieder erholt.«

Mittlerweile hatte ich die Gewissheit, dass etwas passiert war.

»Gegen drei kam Monsieur Fabron her«, fuhr Mama fort. »Michel ist auf einem Anlegesteg ausgerutscht und hat sich ein Bein gebrochen und Monsieur Fabron hat sich unsere Kutsche ausgeliehen, um ihn zu Doktor Brown zu bringen.«

Doktor Brown, das war Eddies Vater.

»Und weißt du, was komisch ist? Monsieur Fabrons Scheune musste überhaupt nicht repariert werden. Und als wir in der Stadt waren – ich bin natürlich mitgefahren –, mussten wir erst einmal Doktor Brown suchen, denn der lief überall herum und suchte seinen Sohn. Und er hat mich gefragt, ob ihr, Eddie und du, nicht vielleicht heimlich in den *Bayou* gegangen seid, um mit irgendwelchem nutzlosen und gefährlichen Zeug die Zeit zu vergeuden ...«

Ich seufzte so tief, dass ich es bis in die Zehenspitzen hinein spürte. »Entschuldige, Mama.«

Ihr Gesicht verfinsterte sich. »Kannst du mir bitte erklären, was du den ganzen Tag lang gemacht hast, anstatt zu den Fabrons zu gehen?«

»Ich war mit Eddie unterwegs«, beichtete ich. »Wir waren angeln.«

»Und wo sind die Fische? Dann hätten wir wenigstens was für die Suppe.«

Ich hatte allerdings keinen noch so kleinen Fisch dabei, denn nachdem wir die drei Dollar geangelt hatten, waren wir zur Hütte zurückgekehrt und dann nach Hause gegangen.

Mama schüttelte den Kopf. »Te Trois, du bist jetzt wirklich kein Kind mehr ...«

Ich wusste schon, wie es ab jetzt weitergehen würde, und hatte überhaupt keine Lust, mir die Predigt länger anzuhören, denn wenn Mama so traurig aussah, schnürte es mir immer das Herz zusammen.

So blieb ich mit gesenktem Kopf neben ihr stehen und sie hielt ihre übliche Rede. Sie schloss mit den Worten, dass ich jetzt wohl besser ohne Abendessen ins Bett gehen sollte, denn vermutlich hatte ich ja mit Eddie den ganzen Tag über Fische gegessen. Und dass es besser wäre, wenn ich mich von jetzt an so verhielt, dass ich sie nicht mehr anzulügen bräuchte.

Ich hatte einen derartigen Hunger, dass ich den ganzen Topf *Courtbouillon* allein hätte auffessen und den Topf danach noch gründlich mit Brot hätte auswischen können, wenn noch Brot da gewesen wäre. Doch ich seufzte nur und ging auf mein Zimmer. Im Grunde hätte ich wirklich daran denken sollen, ein paar Fische mitzubringen.

Mein Zimmer war im ersten Stock und sehr klein und ich schlief darin zusammen mit Te Deux und Te Cinq. Weil Chuck der Älteste war, hatte er ein Zimmer ganz für sich allein. Zu dritt in dem kleinen Zimmer hatten wir kaum genügend Platz zum Schlafen und es kam nicht oft vor, dass ich es ganz für mich allein haben konnte. Ich schloss nicht nur die Tür, sondern band auch die Türklinke mit einem Bindfaden fest. Dann zog ich unter der Matratze meine Schatzkiste hervor, eine Holzschatulle, die ich im vorigen Sommer selbst gebastelt hatte.

Drinnen waren alle meine Schätze, Dinge, die nicht in die Hände von Te Cinq oder Chuck geraten sollten, wie zum Beispiel eine indianische Pfeilspitze, die ich im *Bayou* gefunden hatte, eine Eichhörnchenpfote und eine Seeadlerfeder und dann noch ein Stück geschnitztes Holz.

Ich wühlte eine Weile in der Schatulle herum, dachte dabei aber die ganze Zeit an die drei Dollar und daran, was wir alles damit anfangen könnten.

Irgendwann läutete Mama unten die Glocke und meine Brüder kamen zum Essen ins Haus. Chucks Stimme übertönte die der anderen. Er fragte, wo ich stecke, und dann schimpfte er, ich sei ein Faulpelz und Tunichtgut.

Aber mir war es sowieso egal, wie Chuck über mich dachte.

Ich band die Klinke los, öffnete die Tür ganz behutsam, damit sie nicht knarzte, und schlich mich in das Zimmer von Mama, die immer noch in dem großen Doppelbett schlief wie früher, als Papa noch am Leben war.

Auf dem Nachttisch lag ihre Schlafhaube. Daneben waren eine Kerze und der Katalog.

Auf dem Umschlag des Katalogs war eine Weltkugel abgebildet und ein Zug, der mit Volldampf um die Welt fuhr. Der Katalog war schon ziemlich zerfleddert, denn wir blätterten jeden Abend darin herum, Mama am längsten von uns allen.

Blitzschnell griff ich nach dem Katalog und schlich mich in mein Zimmer zurück. Dort legte ich mich aufs Bett und blätterte Seite um Seite um. Ich sah Silberlöffel, über die sich Mama sicherlich sehr gefreut hätte, und Gegenstände, von denen ich gar nicht wusste, wozu sie gut waren, wie zum Beispiel ein »Rheostat«. Es gab Klaviere zu 50 Dollar und Geigen zu zwei Dollar. Es gab Unmengen von Büchern, mehr noch, als Eddie besaß. Es gab auch Schreibfedern, Tintenfässer und andere Sachen für die Schule (und es wäre mir nicht im Traum eingefallen, sie zu kaufen). Ein Fahrrad zu acht Dollar (das ich dagegen sehr gern gekauft hätte). Mehrere Seiten mit Klappmessern, eines schöner als das andere. Barbiersessel wie der von Monsieur Finch, unserem Friseur. Laternen. Bohrer. Hemdkragen.

Und ...

Als ich ihn erblickte, setzte mein Herz einen Schlag aus. Denn ich hatte genau das Richtige gefunden. Den perfekten Artikel. Und er kostete sogar weniger als die drei Dollar, die wir ausgeben konnten.

WALKER AND DAWN CO. CHEAPEST CATALOGUE — CHICAGO

Our $1.67 Double Action Revolver.

No. 6R1197 Forehand & Wadsworth safety hammer, double action revolver, full nickel plated, rubber stock, rifled barrel, rebounding lock, safe, reliable and accurate, 32-caliber, 2½-inch octagon barrel, 6-shot, using cartridge No. 6R2377. Weight, 15 ounces. Our price......**$1.67**
No. 6R1198 38-caliber, 3½-inch octagon barrel, 5-shot, using cartridge No. 6R2388. Weight, 15 ounces. Our price......**$1.67**

If by mail, postage extra, 20 cents.

These goods are genuine, and new from the factory. Beware of imitations and shop worn goods, which are sold for new goods by some firms. We handle nothing but first class goods.

The Forehand Perfection Automatic 5-Shot Revolver for $3.10.

32-Caliber only.

Forehand Perfection Automatic, small frame, rebounding lock, positive stop on cylinder, and hammer blocked, same as in other Forehand Automatics. Accidental discharge impossible. Weighs but 13 ounces. A fine pocket revolver. Full length, 7¼ inches.
No. 6R1205 32-caliber, 3-inch, nickel plated **$3.10**
No. 6R1207 32-caliber, 3-inch, blue steel frame and barrel. Price......**$3.50**

If by mail, postage extra, 17 cents.

Our $3.10 Forehand Automatic.
32 and 38-Caliber.

Forehand Automatic 5-inch Barrel Revolver, $3.60.

32 and 38-caliber.

Taking same cartridges as the Smith & Wesson Double Action Revolvers.

Forehand Automatic. Same as No. 6R1219 but with 5-inch barrel. These are made with the same care, skill and accuracy as the other Forehand revolvers.

No. 6R1225 32-caliber, nickel plated, 5-inch **$3.60**
No. 6R1227 32-caliber, blued, 5-inch...... 4.00
No. 6R1226 38-caliber, nickel plated, 5-inch 3.60
No. 6R1228 38-caliber, blued, 5-inch...... 4.00

If by mail, postage extra, 27 cents.

Our $3.60 Forehand Hammerless.
SMALL FRAME.

32 and 38-Caliber.

TAKES CARTRIDGES
No. 6R2377 AND
No. 6R2388.

We offer you at $3.60 a hammerless revolver which has never been retailed at less than $6.00. No other house will meet our price. Make a comparison and decide for yourself. This is the celebrated Forehand & Wadsworth new style hammerless revolver, made by Forehand Arms Co. No better revolver made. Automatic shell extractor, double action, self cocking, rebounding lock, absolutely safe catch to lock hammer, made of best material, beautifully finished throughout, accurate and reliable. All center fire, nicely nickel plated, ...ber, 5-shot; 38-caliber, 5-shot; ...and No. 6R2388.
Our price **$3.60**

$1.95

POLIZEI-REVOLVER

Best.-Nr. 6R510 – Automatisch nachladender Revolver mit Double-Action-Abzug. Kaliber 38, gerriffelter Lauf. Alles in allem eine sichere und vertrauenswürdige Waffe. In Einzelteile zerlegbar. Geeignet für Munition Best.-Nr. 92R510.

Lauf 3¼ Zoll,
Gewicht ca. 18 Unzen.

Preis: 1,95 $

...times happens that we re... from every part of the United ... single item, which exhausts the sto... it also sometimes happens that one of our factories is destroyed by fire. Sometimes it happens that one of our factories fails in business, has labor strikes, can't make goods as fast as we can sell them, etc., and while we try as far as possible to deal with reliable factories, we cannot guarantee to furnish goods under these conditions, but we always do the best we can for our customers. If you can give us a second choice when we are out of an article it will avoid delay in shipping your order.

...freight, as it is ...by express.

If you order a gun or rifle, and you include enough needed goods from our big catalogue to make a shipment of 50 to 100 pounds, the entire shipment will be very near as cheap by freight as the gun alone would cost by express. When shipping 50 to 100 pounds or more by freight it makes the freight charges cost practically next to nothing on each item.

Polizei-Revolver

Nachts war der *Bayou* ein Ort, an dem Gespenster umgingen. Die Bäume wuchsen in der Dämmerung immer höher, bis sie zu Schatten wurden, die bis zum Himmel hinaufreichten. Die Lianen an ihren Ästen schaukelten sanft im Wind wie die Fäden riesiger Spinnennetze.

Wasser und Schlamm vereinigten sich zu einer Masse, die wie Glas glänzte und so gefährlich wie eine gespannte Bärenfalle war. Seltsame Geräusche erklangen, Tierlaute und Klänge wie aus Albträumen. Es stank nach Fäulnis, wie aus dem Maul eines Raubtiers.

Ich wusste natürlich, dass das alles Quatsch war und dass es in Wirklichkeit weder Ungeheuer noch Gespenster gab. Nur ein Verrückter wie Eddie glaubte an derartige Dinge. Dennoch fand auch ich den *Bayou* nachts beeindruckend, und wer das nicht nachvollziehen konnte, der war für mich noch dümmer als die Leute, die an Gespenster glauben.

Sobald alle schliefen, hatte ich das Fenster geöffnet und war hinausgeklettert. Te Cinq wachte genau in dem Augenblick auf, als ich über das Fensterbrett stieg, doch er sagte nichts, weil er genau wusste, dass ich ihm eine Tracht Prügel verpassen würde, wenn er mich verriet. De Deux dagegen hätten nicht einmal Gewehrschüsse wach gekriegt.

Ich rannte durch die Finsternis, in der einen Hand eine Laterne, die ich jedoch nicht angezündet hatte, in der anderen Hand den Katalog. Zwei Tage lang hatte ich ihn ständig durchgeblättert und inzwischen kam es mir vor, als kennte ich ihn auswendig. Aber ich kehrte immer wieder zu dem Artikel zurück, der mich so beeindruckt hatte, an dem Abend, als Mama sich über meine Lüge mit der Scheune geärgert und mich ohne Abendessen ins Bett geschickt hatte.

An diesem Nachmittag war es Eddie gelungen, von zu Hause wegzukommen und bei unserer Farm vorbeizuschauen. Er hatte mir einen Zettel dagelassen, auf den er mit blauer Tinte ein einziges Wort geschrieben hatte: *MITTERNACHT.*

Der *Bayou* begann hinter der Wegkreuzung. Ab dort ging es durch Unkraut weiter, das mir bis zur Brust reichte, über Pfützen und zwischen Bäumen hindurch.

Ein Feigling hätte an diesem Punkt die Laterne angezündet, aber damit hätte ich mir ziemliche Probleme eingehandelt. Denn in dem blendenden Licht kann man feste Erde nicht mehr vom Treibsand unterscheiden. Früher oder später hätte ich den Boden unter den Füßen verloren, der Sumpf hätte mich verschlungen und das wäre es dann gewesen. Außerdem zieht Licht Tiere an und wenn es im *Bayou* auch keine Gespenster und Irrgeister gibt, so gibt es dort auf jeden Fall Schlangen.

Ohne dass es mir bewusst war, begann ich zu pfeifen, ließ es aber bald wieder sein. Denn obwohl ich im Dunkeln so gut sehe wie ein Luchs, könnte ich nicht gerade behaupten, dass ich mich nachts im *Bayou* richtig wohl und wie zu Hause fühle.

Plötzlich kam es mir vor, als hätte ich ein Geräusch gehört, so etwas wie einen erstickten Schrei, und zwischen den Bäumen blitzte etwas Weißes auf. Nun erklang ein unheimliches Rascheln.

Es war, als verwandelten sich meine Füße augenblicklich in Wurzeln. Wie vom Blitz getroffen blieb ich stehen. Das Weiße, Raschelnde erschien und verschwand abwechselnd und ich begriff, dass es sich näherte. Schlagartig lösten sich meine Füße vom Boden und taten ihre Pflicht, indem sie mich zur Wackelbrücke trugen, und zwar in einem Tempo, dass die Laterne in meiner einen Hand wild hin und her schaukelte und die 2000 Seiten des Katalogs nur so rauschten.

Ein Gespenst, ein Gespenst, ein Gespenst! Das Herz hämmerte in meiner Brust und ich hatte gerade die Brücke erreicht, als mich das grauenhafte Wesen ansprang und zu Boden warf. Ich versetzte ihm ein Fausthieb und das Wesen schrie: »Aua!«

Seine Stimme klang genau wie die von Eddie.

Dann verschob sich das Laken und ich sah, dass ich es tatsächlich mit Eddie zu tun hatte, dem die Brille schief auf der Nase saß. Ich bekam eine derartige Wut auf ihn, dass ich ihn noch einmal mit der Faust schlug, in den Bauch, und gleich danach gab es noch einen Tritt, damit er sich abgewöhnte, mir so idiotische Streiche zu spielen.

Er versuchte, mich zu kratzen, als wäre er ein Mädchen. Als er merkte, dass er mich dadurch nur noch wütender machte, fing er an zu jammern, wie er es immer macht, wenn er Schläge einstecken muss.

»Ich wollte dir keine Angst machen.«

»Schwachsinn!«, knurrte ich. »Du wolltest, dass mir das Herz stehen bleibt!«

»Das stimmt nicht. Ich war nur gerade dabei, mit dem Sumpf Kontakt aufzunehmen, und der Geist des *Bayou* hatte mir befohlen, jeden Eindringling zu vertreiben ...«

»Das ist Blödsinn, außerdem bin ich kein Eindringling.«

»Klar, weiß ich«, entgegnete Eddie. »Aber der Geist des *Bayou* weiß es eben nicht.«

Vielleicht hatte er ja recht, vielleicht auch nicht. Ich ärgerte mich darüber, ihm auf den Leim gegangen zu sein wie ein Anfänger, aber vielleicht konnten wir Joju denselben Streich spielen.

Eddie und ich versteckten uns eine Weile hinter einem Baum, aber wir hörten weder Joju noch Tit kommen. Irgendwann wurde uns die Warterei zu langweilig und wir gingen über die Brücke und die festen Stellen zwischen dem Treibsand zu unserer Hütte. Unter der Tür schien Licht durch: Joju war bereits da.

Tit lag in einer Ecke zusammengerollt wie ein Bärenbaby und schlief. Julie aber saß im Kerzenschein vornübergebeugt auf einer umgedrehten Kiste und hielt sich die Hände vors Gesicht.

Schon beim Eintreten merkte ich, dass etwas nicht stimmte.

Zum einen, weil Joju uns nur schweigend ansah, anstatt uns zu begrüßen. Zum anderen, weil sie am Hals einen dicken blauen Fleck hatte – und zwar nicht die Art blauer Fleck, die man bekommt, wenn man von einem Baum runterfällt oder auf der Treppe stolpert.

Ich kannte Joju inzwischen schon ziemlich lange und hatte sie gern, und ich wusste, wenn sie diese Art von blauen Flecken hatte, dann war es besser, sie in Ruhe zu lassen.

Eddie dagegen war schon immer schwer von Begriff gewesen. Er rückte seine Brille zurecht und rief: »Wow, Julie, was ist denn mit dir passiert?«

Das war so ziemlich das Falscheste, was man überhaupt tun konnte, und ich befürchtete schon, Julie würde aufspringen und ihn verhauen.

Stattdessen warf sie ihm nur einen Blick zu und antwortete: »Nichts.«

»Wie, nichts? Du bist bedrückt und es sieht aus, als hätte dir jemand ...«

Und dann sagte er nichts mehr, denn mein Freund Eddie ist vielleicht manchmal ein ziemlicher Idiot, aber im Grunde ist er ein guter Junge, der um nichts in der Welt anderen wehtun würde.

Ich hüstelte. Dann zog ich den Katalog unter meinem Hemd vor. Dabei sah ich, dass er bei der Rauferei mit Eddie eine gute Portion Schlamm abbekommen hatte, aber in dem Moment war mir das egal.

Ich sagte: »Kommt her, schaut mal, was ich gefunden habe.«

Eddie und ich setzten uns zu beiden Seiten von Jojus Kerze. Ich hob kurz den Blick und sah in ihr Gesicht und in ihre dunklen Augen, die in diesem Moment hart und kalt wie kleine schwarze Steine wirkten.

Ich wusste nicht, ob an dem blauen Fleck Julies Mutter schuld war oder aber jemand anders, vielleicht einer der vielen Männer, die Julies Mutter in der Hütte hinter der Plantage hin und wieder besuchten. Auf jeden Fall, dachte ich, ist es besser, keine Fragen zu stellen und den Mund zu halten. Denn es gibt Schläge, die sichtbare Spuren hinterlassen, und andere Schläge, die unsichtbare Spuren hinterlassen, und gewöhnlich sind es Letztere, die stärker wehtun.

Stattdessen schlug ich den Katalog auf, gleich auf der richtigen Seite, aber ich legte eine Hand so drauf, dass die anderen nicht sehen konnten, was ich gefunden hatte.

»Ich weiß, wie wir unsere drei Dollar ausgeben können.«

»Wie?«, fragte Eddie und versuchte, meine Hand wegzuziehen.

Aber ich wollte mir die Überraschung nicht verderben lassen. Mit einem breiten Grinsen sagte ich: »Wir kaufen uns einen Polizei-Revolver.« Und endlich ließ ich die andern die Abbildung im Katalog sehen. »*Automatisch nachladender Revolver mit Double-Action-Abzug. Kaliber 38, geriffelter Lauf. Alles in allem eine sichere und vertrauenswürdige Waffe. In Einzelteile zerlegbar*«, las ich vor.

Weil der Revolver weniger als zwei Dollar kostete, würde genügend Geld für die Munition und die Versandkosten übrig bleiben. Und vielleicht auch noch ein paar Cents für Toffees aus Monsieur Traverts Drugstore.

Im Geiste sah ich mich schon mit dem Revolver im Gürtel durch die Stadt gehen, wie ein richtiger Sheriff. Am Sonntag würde ich warten, bis Donnie Le Beau mit seinem affigen neuen Hut aus der Kirche kam, und dann: Bumm!, würde ich ihm das Hütchen vom Kopf schießen. Seine Freunde würden ihn auslachen und Becky, die bisher nur Augen für ihn gehabt hatte, würde endlich mich ansehen und ...

»Was sollen wir mit einem Revolver?«, fragte Eddie.

»Wie, was?«, fragte ich zurück, denn eine so dämliche Frage hätte ich selbst von Eddie, der Grille, nicht erwartet.

»Ich meine, du hast doch schon ein Gewehr zu Hause. Mit einem Gewehr kann man viel weiter schießen ...«

»Du denkst einfach nicht weit genug!«, erwiderte ich etwas beleidigt. »Weißt du überhaupt, wer Billy the Kid ist? Jesse James? Butch Cassidy?«

Eddies Augen hinter den Brillengläsern wurden immer größer.

»Das sind ... Verbrecher«, stotterte er verwirrt.

»Das sind die größten Verbrecher der Welt«, widersprach ich. »Und schießen Verbrecher etwa mit Gewehren? Natürlich nicht. Jeder Farmer hat ein Gewehr. Sie dagegen schießen mit Revolvern!«

Nachdenklich kratzte sich Eddie am Ohr. »Ich weiß nicht, ob sie wirklich mit Revolvern schießen, aber wenn ich ein Ziel treffen will, ist ein Gewehr einfach besser. Joe der Indianer hat mit seinem Gewehr sogar schon mal einen Bären erschossen. Mit einem Revolver kann man das gar nicht.«

»Natürlich kann man das nicht«, entgegnete ich. »Und darum geht es ja auch: Gewehre nimmt man für die Jagd, während Verbrecher Revolver benutzen, weil das heldenhafter ist. Wenn wir also einen Revolver haben, können wir auch Helden sein.«

»Aber ich will doch kein Verbrecher werden«, protestierte Eddie.

Ich seufzte. »Deshalb kaufen wir uns ja einen *Polizei*-Revolver. So steht es doch auch im Katalog drin, oder?«

Eddie begann Einsicht zu zeigen. Deshalb bearbeitete ich ihn noch ein bisschen und erklärte ihm, dass sie uns vielleicht zu Sheriffs ernennen würden. Möglicherweise gaben sie sogar jedem von uns einen Stern, den wir uns ans Hemd stecken konnten. Sie würden alle Respekt vor uns haben und wir würden viele Abenteuer erleben, so wie die Helden in den Heftchen, die wir in den Kisten auf dem Speicher von Eddies Eltern gefunden hatten.

Joju hatte die ganze Zeit über geschwiegen. Nun hob sie den Kopf und murmelte: »Ich bin dafür. Ich wüsste mit einem Revolver schon etwas anzufangen.«

In diesem Augenblick kam aus Tits Ecke ein Gähnen. Wir werteten es als ein »Ja«, und damit war der Beschluss gefasst.

Zumindest theoretisch, denn wenn wir uns wirklich den Revolver aus dem Katalog bestellen wollten, blieb noch viel zu tun.

Wir konnten natürlich nicht zu Monsieur Quenau, dem Briefträger, gehen und ihm den Brief mit der Bestellung anvertrauen. Es konnte gut sein, dass er schnurstracks zu unseren Eltern lief und uns verriet, und dann steckten wir wirklich in Schwierigkeiten.

Noch schlimmer wäre, wenn Monsieur Quenau merkte, dass in dem Briefumschlag Geld für die Versandkosten war: Er könnte den Brief einfach öffnen und das Geld in die eigene Tasche stecken.

Wir mussten alles gründlich durchdenken, denn wir würden

keine zweite Chance bekommen. So verbrachten wir den Rest der Nacht damit, verschiedene Ideen zu entwickeln, bis wir endlich einen guten Plan hatten.

Von uns allen konnte Eddie am besten schreiben und lesen und bei ihm zu Hause mangelte es auch nicht an Papier und Tinte. Deshalb übernahm er das Schreiben des Briefes und versprach, gut darauf zu achten, dass er die Bestellnummern für Revolver und Munition auch richtig abschrieb.

Joju steckte eine unserer drei Dollarmünzen ein und ging damit zum Drugstore, um Briefmarken zu kaufen. Sie war die Einzige von uns, die sich frei bewegen konnte, ohne dass die Leute sie schief anschauten. Vielleicht war es aber auch nur so, dass die Leute sie sowieso schief anschauten, egal, was sie tat, und sie deshalb machen konnte, was sie wollte. Außerdem würde sich niemand wundern, wenn sie mit einem ganzen Dollar in der Hand herumlief, weil ihr die Freunde ihrer Mutter ab und zu Geld gaben und sie oft für ihre Mutter und Tit und alle anderen einkaufen ging. Jedenfalls kam Joju mit drei Briefmarken zurück, die 40 Cents gekostet hatten. Auf der einen war ein Dampfer abgebildet, auf den beiden anderen ein Zug, der mit viel Dampf auf seinen Gleisen dahinfuhr. Die Abbildungen waren so schön, dass wir kurz überlegten, ob wir das mit der Pistole nicht sein lassen und uns für das Geld lieber Briefmarken kaufen sollten.

Als alles andere erledigt war, kam ich an die Reihe und wie immer war mein Part der schwierigste. Ich nahm den Brief, den Umschlag, die Briefmarken und einen halben Dollar für die Versandkosten an mich und bereitete mich geistig auf die Übergabe vor.

Monsieur Quenau trug in unserer Gegend einmal in der Woche die Post aus. Früh am Morgen fuhr er mit seiner kleinen Kutsche los und machte die Runde von Farm zu Farm. Er lieferte die Briefe und Pakete ab und nahm alles mit, was über das Postamt in New Orleans abgeschickt werden sollte.

Gegen Mittag machte Monsieur Quenau in einem der Häuser auf seiner Route Pause. Gewöhnlich wurde er von Familie Fabron zum Mitessen eingeladen oder von den La Fontaines, den Besitzern der größten Baumwollplantage der Gegend. Wenn er abends in die Stadt zurückkehrte, genehmigte sich Monsieur Quenau gerne in der Bar ein Gläschen oder zwei, und es konnte gut sein, dass er hinterher auf die Idee kam, die Briefe durchzusehen, die ihm mitgegeben worden waren, bevor er sie bei dem Postkutscher ablieferte, der sie nach New Orleans brachte.

Es konnte viel schiefgehen, aber wenn wir den Revolver haben wollten, mussten wir es riskieren. An dem festgelegten Tag schlich ich mich heimlich aus dem Haus, rannte, so schnell ich konnte, zum Stadtrand und kletterte auf eine große Zypresse mit bequemen Kletterästen, die am Straßenrand wuchs. Ich sah, wie Monsieur Quenau an der Kreuzung links abbog, und begriff, dass er an diesem Tag die lange Runde fuhr und deshalb mit Sicherheit bei den La Fontaines vorbeikommen würde. Also ging ich dorthin und wartete in der Nähe der Plantage auf ihn.

Ich hatte gehofft, er würde bei den Fabrons essen, denn dort war ich oft und die Hunde kannten mich. Aber ich war mir sicher, dass ich es auch hier schaffen würde.

Ich lief zwischen den Hütten der schwarzen Plantagenarbeiter hindurch, unterhielt mich mit den Frauen und bekam ein Stück Wassermelone geschenkt. Als Quenau kam und in die Küche ging, kletterte ich heimlich auf seine Kutsche und steckte unseren Brief in die Posttasche zwischen die anderen.

Es war geschafft oder zumindest hoffte ich das. Ich kehrte nach Hause zurück, wo Mama mir eine Szene machte, weil ich, ohne Bescheid zu sagen, verschwunden war. Als wir uns an dem Abend in unserer Hütte trafen, konnte ich meinen Freunden sagen, dass alles in Ordnung war und dass uns jetzt nichts anderes zu tun blieb, als zu warten.

Und so warteten wir eben.

WALKER AND DAWN CO. CHEAPEST CATALOGUE   CHICAGO

No. 35R2670 Sears, Roebuck & Co.'s Ship Carpenters' Adze, with spur head. Warranted.
Width of cut, inches.... 4¼ 4½
Price, each.... $1.12 $1.15

No. 35R2671 Sears, Roebuck & Co.'s Ship Carpenters' Adze, with lip and spur head. Warranted.
Width of cut, inches.... 4¼ 4½
Price, each.... $1.33 $1.35

No. 35R2670   No. 35R2671

No. 35R2674 Selected Quality Carpenters' Adze Handle, 34 inches long. Price, each...... 17c

OUR NEW LINE OF WARRANTED AXES.

OUR LINE OF AXES this season is selected from the most popular patterns of the oldest and best known axe makers in the world. They are warranted against defects in material or workmanship. All have taper eye, which is larger on the outside. This binds the handle and prevents its getting loose. The cheapest axe we sell is made from just as good material as is used in our best axe, and it is made and tempered with the same care. The difference in our price represents the difference in cost of labor in making. While our Red Ridge will give satisfaction, our Hubbard's Hollow Ground Lippincott Brand will chop easier and is well worth every cent of the additional cost. Our prices represent the cost to manufacture, with only our small percentage of profit added. Lumbermen who use large quantities of axes are asked to compare our prices with the prices which they have been paying. While we make no discounts for quantity, and sell one axe just as low as a dozen, our price will be found lower than commonly asked when sold in dozen lots. We also give you the exact weights you want. You can have a dozen all one weight if desired; you don't have to take them as packed assorted by the manufacturers.

REMEMBER. Every axe we sell is warranted.

Hurd's Razor Blade Single Bit Dayton Pattern Axe.

No. 35R2682 Hand made, natural gas temper finish. This axe has been on the market and been recognized as one of the highest quality axes as far as quality and workmanship goes for many years. It is made with a taper eye, which prevents it getting loose on the handle. Each axe is hand tempered and closely examined before leaving the factory. Weights, 3, 3½, 3¾, 4, 4½ and 5 pounds.
No. 35R2682 Price, each.. 57c

Hurd's Razor Blade.

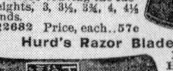

No. 35R2683 Hurd's Razor Blade Double Bit Wisconsin Pattern Axe; same hand made natural gas temper finish as single bit described previously. Weights, 3½, 3¾, 4, 4½, 5 and 5½ pounds.
No. 35R2683 Price, each.................. 78c

The Jamestown Axe, Western Crown Pattern.

No. 35R2686 Full polished and etched with blue phantom bevel. It has been in the market a number of years and the verdict of the choppers is that it is correctly made. Each axe is hand hammered and tempered by hand. It is so made that it enters and leaves the wood freely and will not become stubbed after grinding. Weight, 3, 3½, 3¾, 4, 4½ and 5 pounds.
Price, each.................. 54c

No. 35R2687 Jamestown Axe, double bit, Michigan pattern, quality and finish same a...

Red Ridge, Michigan Pattern

No. 35R2... igan patte... handsome... with polis... facture a f... quality c... Each axe h... hand, is ha... fully inspe... manufactu... in this are... leave the t... possible re... this valuabl... than the or... weight, whi... anced. Wei... and 5 pounds. Price.... 44c

Red Ridge, Michigan Pattern Double Bit Axe.

No. 35R2678 Red Ridge, Michigan Pattern Double Bit Axe. Is made in like manner and finish as above. Weight, 3½, 3¾, 4, 4½ and 5 pounds.
Price, each................. 66c

Red Ridge, Single Bit Handled, Michigan Pattern Axe.

No. 35R2679 Red Ridge, Single Bit Handled, Michigan Pattern Axe. Same as described above, with a good hickory handle, correctly put in. Weight, not including handle, 3½, 4 and 4½ pounds. Price.... 56c

---

AXT MISSOURI –
UNSERE SCHÄRFSTE!

Best.-Nr. 120981 – Axt mit verbesserter Schneide. Holzhacken war noch nie so einfach! Mit Holzkeil gesichert. Rot lackiert.

Gewicht: 3, 3½, 3¾, 4, 4½ Pfund

Preis: 70 Cents/Stck.

...made, handsomely finished in red with blue bevels. They are made with the same care and go through the same inspection as our men's axes. Weight, including handle, which is about 28 inches in length, is about 3¼ pounds.
Price, each.. 42c

Hurd's Hunters' Hatchet.

No. 35R2693 Ideal black finish, made by the same skilled workmen who make our regular Hurd's axes. The handle is about 14 inches long. It is a convenient tool for household use as it takes the place of either axe, hatchet or hammer. It weighs only about 1½ pounds with handle. Price...... 36c

Axt Missouri

Ungefähr in diese Zeit fiel der Mord an Mr Darsley.

Edgar K. Darsley war ein Sträfling, also ein Verbrecher, der sich von der Polizei hatte schnappen lassen und deshalb ins Gefängnis gekommen war. Er musste etwas ziemlich Schlimmes angestellt haben, denn die Richter hatten ihm eine lebenslängliche Gefängnisstrafe aufgebrummt.

Eines Nachts gelang es Mr Darsley, aus dem Gefängnis auszubrechen, in dem er einige Jahre eingesperrt gewesen war. Es war eine Meisterleistung: Darsley hatte einen Wärter niedergeschlagen. Während dieser hilflos am Boden lag, nahm Darsley ihm die Schlüssel ab und schloss alle Türen auf, um in den Gefängnishof zu gelangen. Dort schlüpfte er in einen Gully und entkam wie eine Ratte durch die Kanalisation von Chicago.

Allerdings wurde sein Ausbruch sofort bemerkt, die Polizei verfolgte seine Spur und fand ihn in einer dunklen Gasse. Festnehmen konnte sie ihn allerdings nicht mehr, denn Darsley war mausetot: Jemand hatte ihn umgebracht.

Zu diesem Zeitpunkt hatten meine Freunde und ich natürlich noch nie etwas von Darsley gehört und hatten auch keine Ahnung davon, was in Chicago passiert war. Doch in gewisser Weise war es genau jene Nacht, in der alles begann. Und wenn Mr Darsley einfach brav in seiner Zelle geblieben wäre, wäre überhaupt nichts passiert. Ich hätte einen schönen Sommer mit dem soeben fertiggestellten Einbaum verbringen können und das wäre alles gewesen.

Doch Mr Darsley brach aus, wurde mit drei Schüssen in die Brust ermordet und eine Kette von Ereignissen kam in Gang. Wie Reverend Thompson in der Sonntagsschule immer sagt, lässt sich die Vergangenheit nicht ändern. Deshalb muss man sich immer gut überlegen, was man macht, denn wenn eine Vase erst mal zerbrochen ist, ist und bleibt sie kaputt.

Ich, Eddie, Joju und Tit warteten und warteten. Wir wussten, dass es einige Zeit dauern würde, bis unsere Bestellung die Büros von Walker & Dawn erreichte. (Walker & Dawn ist die Firma, die den Katalog herausgibt.) Was wir nicht wussten war, dass es so lange dauern würde.

Als Monsieur Quenau in der folgenden Woche seine Postrunde machte, wären ihm Julie und ich am liebsten heimlich von Haus zu Haus gefolgt. Und als uns klar wurde, dass er nicht den Weg einschlug, der zu unserer Farm führte, war die Enttäuschung groß.

In der folgenden Woche war es noch schlimmer, denn Mama hatte mir eine grässliche Aufgabe zugewiesen: Ich sollte Te Deux und Chuck dabei helfen, ein neues Gehege für die Gänse zu bauen. Weil ich der Kleinste war, machten die beiden anderen all die interessanteren Sachen, schnitten die Bretter zu und nagelten sie zusammen, während ich nur der Laufbursche war und ihnen Axt, Hammer und Nägel hinterhertragen durfte. Monsieur Quenau kam zu einem ungewöhnlichen Zeitpunkt, noch vor dem Mittagessen, und sagte, er habe Post für uns. Ich lief zu ihm, um ihm das Päckchen abzunehmen, bevor jemand es merkte, doch Mama kam schon aus der Küche gelaufen und ich konnte überhaupt nichts tun. Zum Glück hatte Monsieur Quenau aber nicht unser Päckchen gebracht, sondern einen Brief von Tante Anne, die in Baton Rouge lebte, und ich musste ihn meiner Mutter vorlesen und dann einen langen und langweiligen Nachmittag damit verbringen, einen Antwortbrief zu schreiben.

In der dritten Woche dachten wir alle, jetzt müsste es endlich so weit sein, doch wir bekamen Monsieur Quenau gar nicht zu sehen und in der vierten Woche auch nicht. In der fünften Woche brachte er bloß wieder einen Brief von Tante Anne.

»Dieser alte Trottel von Quenau hat uns reingelegt«, sagte ich an einem Nachmittag zu Eddie und Joju.

Wir waren im *Bayou* und angelten. Die Füße ließen wir ins Wasser hängen, denn es war sehr heiß, heißer als es hier jemals im Frühling gewesen war.

Tit spielte ein Stück von uns entfernt mit bunten Kieselsteinen. Er hatte einen ganzen Haufen davon gesammelt und nahm nun einzelne Steine von dem Haufen, um sie auf den Boden zu legen. Erst einen, dann einen zweiten. Er legte zwei zusammen, dann drei. Dann fünf. Dann acht. Anschließend die anderen, in einem einzigen Häufchen. Das starrte er erstaunt an und machte dabei eines seiner komischen maunzenden Geräusche. Danach schob er alle Steine wieder zusammen, um mit seinem seltsamen Spiel von vorn zu beginnen.

»Dein Bruder ist wirklich unglaublich«, meinte Eddie. »Es sieht fast so aus, als könne er zählen.«

»Vielleicht kann er das ja«, antwortete Joju, »es ist schwer zu sagen, was Tit alles kann, weil er so wenig spricht.«

Ich kickte die Füße ins Wasser, sodass die glitzernden Tropfen nach allen Seiten flogen.

»Ich würde eher sagen, er spricht überhaupt nicht«, entgegnete ich. »Und hört ihr zwei mir überhaupt zu? Ich glaube, dieser Idiot von Quenau hat uns betrogen. Er hat den Brief bemerkt, den ich ihm in die Tasche geschmuggelt habe, und hat sich den halben Dollar unter den Nagel gerissen, anstatt den Brief nach New Orleans zu schicken.«

»Das kann nicht sein«, widersprach Eddie. »Das wäre illegal.« Er steckte sich einen Grashalm in den Mund, als wäre das eine Zigarre. »Postboten sind verpflichtet, die Post weiterzuleiten, und wenn sie es nicht tun, machen sie sich strafbar. Mein Vater sagt, dass es die Post ist, die unsere große Nation zusammenhält.«

»Aber unserer war kein normaler Brief, oder?«, sagte Joju. »Wir haben ihm den Brief ja nicht wirklich gegeben, sondern ihn in die Tasche geschmuggelt. Vielleicht hat er deshalb das Recht, ihn zu öffnen und das Geld für sich zu behalten.«

»Auf jeden Fall lauere ich ihm morgen auf«, verkündete ich. »Wir warten draußen vor der Stadt auf ihn. Ich werfe mich auf ihn, packe ihn am Hemd und zwinge ihn, uns die Pistole zu übergeben.«

»Pfffffffffff«, machte Eddie nur.

»Was soll das heißen, *pfffffffff*?«

»Dieser Quenau ist zwar alt, aber er ist immer noch stärker als wir und er würde dich grün und blau schlagen. Und zu Hause bekommst du von deiner Mama dann noch mal eine Tracht Prügel ab.«

Damit konnte er recht haben und ich hatte nicht die geringste Lust, mich von Mama verprügeln zu lassen. Oder, noch schlimmer, von meinem Bruder Chuck.

»Aber wir könnten ihm alle zusammen auflauern. Joju hält die Kutsche an und ich springe von einem Baum aus drauf und nehme die Zügel. Du, Eddie, ziehst ihm einen Sack über den Kopf, damit er nicht sieht, wer wir sind ...«

»Aber wenn ich ihm einen Sack über den Kopf ziehe, sieht er doch zumindest mich«, protestierte Eddie.

Mit ihm war es immer dasselbe. Immer machte er einen Rückzieher, wenn es gerade spannend wurde.

Plötzlich sprang Julie auf und schrie: »Tit, komm sofort her. Und ihr, weg vom Wasser!«

Mit zusammengekniffenen Augen spähte ich in das Spiel von Licht und Schatten vor uns im *Bayou* und bemerkte, dass sich das Wasser nur einen Steinwurf von uns entfernt teilte und dahinter zwei lange niedrige Wellen die glatte Oberfläche durchbrachen. Dann tauchten die kleinen Bögen über den Augen auf, die Nasenlöcher und zuletzt die ganze lange Schnauze. Ein Alligator!

Wir schnappten uns Tit und machten, dass wir wegkamen. Alligatoren sind eigentlich ganz harmlose Tiere, die Mäuse und Schlangen fressen und sich um ihren eigenen Kram kümmern, es sei denn, sie sind sehr hungrig. Doch dieser da sah wie ein großes, kräftiges Weibchen aus und es war genau die Zeit, in der die Alligatorweibchen ihre Eier legen. Und wenn ich euch sage, dass man einem brütenden Alligatorweibchen am besten aus dem Weg geht, dann müsst ihr mir das einfach glauben.

»Meint ihr, dass sie hier in der Nähe ihr Nest hat?«, flüsterte Julie.

»Ich würde sagen, ja«, antwortete Eddie. »Ich habe vorhin Stimmen gehört. Sicher waren es die Eier, die zu mir sprachen und mich warnen wollten.«

Ich hätte ihm beinahe eine geknallt, denn das hier war nicht der richtige Moment, um so dummes Zeug daherzuquatschen.

»Wir sollten ihr folgen und schauen, wo sie hingeht«, schlug ich vor. »Wenn das Nest in der Nähe von unserer Hütte ist, sollten wir die Stelle kennen, damit wir da nicht aus Versehen dran vorbeilaufen.«

Oder wir könnten hingehen und ein Ei stibitzen, wenn die Alligatormutter nicht in der Nähe war, dachte ich. Wir könnten es warm halten und wenn der kleine Alligator geschlüpft war, könnten wir ihn füttern. Er würde dann glauben, dass wir seine Eltern wären, und uns überallhin folgen, so wie es die Küken von Madame Spalding taten. Madame Spalding war dabei gewesen, als sie schlüpften, und seither liefen sie ihr immer überallhin nach.

Wir setzten uns in Bewegung und sahen kurz darauf, wie das Alligatorweibchen aus dem Sumpf kroch und in der Nähe der Treibsandstellen zwischen den Sträuchern verschwand. Ich ging ein bisschen näher hin, aber sofort hörte ich ein leises Fauchen und begriff, dass ich lieber Abstand halten sollte, wenn ich nicht auf einen Biss ins Bein oder Schlimmeres scharf war.

»Okay«, sagte ich, »morgen, unser Hinterhalt auf Monsieur Quenau ... Macht ihr mit?«

Sie wollten mitmachen. Aber nachdem wir eine Weile darüber nachgedacht hatten, fanden wir, dass es besser wäre, Monsieur Quenau nicht direkt anzugreifen. Stattdessen sollte ich unter irgendeinem Vorwand seine Kutsche anhalten, ungefähr auf der Höhe der Kreuzung von St. Just, und während ich Monsieur Quenau ablenkte, würden sich Joju und Eddie in der Kutsche verstecken. Wenn der richtige Augenblick gekommen war, wollten sie ihm das Ende eines Besenstiels gegen den Rücken drücken und behaupten, es sei der Lauf einer Waffe. Auf diese Weise wollten sie ihn einschüchtern und dazu bringen, ihnen zu verraten, was aus unserer Bestellung geworden war.

Quenau würde glauben, von Banditen überfallen worden zu sein, und niemals auf die Idee kommen, dass wir es waren.

Gesagt, getan: An diesem Morgen frühstückte ich ausgiebig, ging in den Stall, um den Tieren frisches Wasser zu geben, und schlich mich bei der erstbesten Gelegenheit davon.

So schnell ich konnte, lief ich in Richtung Stadt. Als ich die Kreuzung erreichte, entdeckte ich einen roten Stoffstreifen, der an einen Ast gebunden war. Das war das vereinbarte Zeichen und nun wusste ich, dass Joju und Eddie bereits da waren und sich irgendwo in der Nähe versteckt hielten.

Ich wartete an der Kreuzung. Sobald ich die Kutsche kommen hörte, ließ ich mich zu Boden fallen. Ich gab jämmerliche Geräusche von mir, die nach furchtbaren Schmerzen klingen sollten, und umklammerte mit beiden Händen mein Bein.

Je näher die kleine Kutsche kam, desto lauter jammerte ich. Die Steine auf dem Weg drückten mir in den Rücken, sodass ich inzwischen echte Schmerzen hatte und praktisch, ohne mich besonders anstrengen zu müssen, auch noch zu weinen begann, was mein Theaterspiel sehr realistisch wirken ließ.

»Junge, was ist denn passiert?«, fragte Monsieur Quenau und hielt mit den Zügeln sein altes Pferd an.

Mir liefen dicke Tränen über das Gesicht und ich behauptete, dass ich gestürzt wäre und mir wahrscheinlich ein Bein gebrochen hätte.

Monsieur Quenau war im Grunde ein guter Mensch. Er stieg vom Bock und kam zu mir, um sich mein Bein anzuschauen.

Als er neben mir stand, kratzte er sich die faltige Stirn unter der Hutkrempe und fragte: »Sag mal, bist du nicht zufällig Te Trois, der Sohn von Madame Chevalier?«

Ich bestätigte, dass ich das war.

»Dann lass dir mal von mir in die Kutsche helfen«, sagte Quenau. »Ich wollte sowieso zu deiner Mutter, denn ich muss ihr ein Päckchen liefern.«

»Ein Päckchen?«, fragte ich und war so überrascht, dass ich ganz vergaß, die Verletzung am Bein weiter vorzutäuschen. »Was für ein Päckchen ist es denn?«

»Es stammt vom Versandhaus von Mr Walker«, antwortete Quenau. »Es kam heute Morgen mit der Postkutsche, aber ich kann es nur übergeben, wenn die Nachnahmegebühr in Höhe von zwei Dollar und zehn Cents bezahlt wird.«

Jetzt weinte ich Freudentränen ... nur dumm, dass ich das Geld gerade nicht bei mir hatte.

Doch genau in diesem Moment kletterten Eddie, dieser Idiot, und Julie in der Kutsche von der Gepäckablage nach vorne.

»Was macht ihr denn da?«, fragte Monsieur Quenau.

»Wir sind aus Versehen hier gelandet, weil wir von dem Baum da runtergerutscht sind«, erwiderte Joju.

»Und zufällig haben wir genau zwei Dollar und zehn Cents dabei«, sagte Eddie und zog das Geld aus der Tasche. »Jetzt können Sie Te Trois das Päckchen geben und sparen sich die Fahrt bis zu Madame Chevaliers Farm.«

»Na, das nenn ich aber wirklich einen Zufall«, entgegnete Monsieur Quenau. »Und wie kommt es, dass du zwei Dollar in der Tasche mit dir rumträgst, Eddie Brown? Hast du sie womöglich jemandem gestohlen?«

Eddie wurde rot, doch Joju antwortete schlagfertig: »Doktor Brown hat sie ihm gegeben, weil Eddie in der Stadt Reis und Zucker kaufen sollte. Aber Eddie kann das Geld jetzt Te Trois leihen und

Madame Chevalier wird es Eddie dann später zurückgeben, wenn er mit Te Trois zur Farm mitgeht. Nicht wahr, Te Trois?«

Ich bestätigte es. Ich schwindelte, dass wir eigentlich zu mir nach Hause gehen wollten, aber ich war ja dann gestürzt und hatte mir wehgetan. Und es stimme auch, dass meine Mutter zu Hause die zwei Dollar und zehn Cents bereithielt. Wenn Eddie mir das Geld leihen könnte, wäre das sehr nett von ihm, denn auf die Weise würde er Monsieur Quenau die lange Fahrt bis hinaus zu unserer Farm ersparen.

Der alte Mann wusste inzwischen nicht mehr, was er denken sollte, und in der prallen Sonne schwitzte er, dass sein Hemd schon voll dunkler Schweißflecken war.

»Aber du hattest gerade eben noch ein gebrochenes Bein!«, wandte Monsieur Quenau ein.

»Ich glaube, es geht mir schon viel besser«, sagte ich fröhlich. »Die Schmerzen sind fast weg.«

Und um das zu beweisen, hüpfte ich ein bisschen herum.

Monsieur Quenau war nicht sehr überzeugt. Andererseits hatte er auch nicht wirklich Lust, bis zu unserer Farm hinauszufahren, zumal er an diesem Tag noch viel Post auszuteilen hatte. Nachdem er uns ausführlich ermahnt hatte, ja keinen Blödsinn anzustellen, steckte er das Geld ein, ließ mich auf einem Zettel unterschreiben und fuhr weiter, zur Plantage der La Fontaines.

Das Versandhauspäckchen war das schönste Ding, das ich jemals gesehen hatte: eine in dunkles Papier eingepackte Schachtel mit vielen bunten Briefmarken und einem großen Stempel mit dem Firmenzeichen von Walker & Dawn, der Weltkugel mit der Eisenbahn und der Inschrift: *Die niedrigsten Preise! – Geben Sie Ihr Geld klug aus! – Bei Nichtgefallen Geld zurück!*

Das Päckchen war ein bisschen leichter, als ich gedacht hatte, und Eddie wollte es sofort schütteln, um herauszufinden, was drin war, doch ich hinderte ihn daran.

»Du willst doch wohl nicht, dass sich dabei ein Schuss löst? Immerhin ist da ein Revolver drin.«

»Er ist doch bestimmt nicht geladen!«, widersprach Eddie.

»Bei Revolvern weiß man das nie«, behauptete ich.

Eddie und ich liefen zur Hütte, während Julie erst noch zu Hause vorbeischauen wollte, um Tit abzuholen. Während wir auf sie warteten, zündeten Eddie und ich alle Kerzen in der Hütte an, obwohl es draußen noch ganz hell war. Schließlich war der heutige Tag sehr bedeutend und wir wollten eine besondere Atmosphäre schaffen.

»Da bin ich«, sagte Joju, als sie zusammen mit Tit die Hütte betrat. »Wer macht jetzt das Päckchen auf?«

Ich fand, diese Ehre gebühre mir, denn schließlich stand ja mein Name drauf. Eddie widersprach sofort, wir hätten nur deshalb meine Adresse angegeben, weil ich im Gegensatz zu ihm nicht in der Stadt wohnte und Jojus Mutter niemals Post bekam. Wir zankten uns ein bisschen und beschlossen dann, das Päckchen gemeinsam zu öffnen.

Allerdings ist es gar nicht so leicht, zu dritt ein Päckchen aufzumachen. Außerdem war das Papier so hübsch, dass wir es nicht zerreißen wollten. Deshalb versuchten wir, die Knoten des Bindfadens zu lösen und das Papier aufzufalten, ohne dass es einriss.

Darunter kam eine kleine Schachtel zum Vorschein, die noch schöner als das Packpapier war. Ich begann vor Aufregung zu schwitzen.

»Macht euch bereit, Leute«, sagte ich leise. »Hier ist unser Revolver ...« Ich nahm den Deckel ab.

Nur leider war in der Schachtel gar kein Revolver.
Sondern eine Uhr.
Eine alte Taschenuhr.

WALKER AND DAWN CO. CHEAPEST CATALOGUE
CHICAGO 1904

COIN SILVER AMERICAN WATCHES

$6.55 TO $37.13

FOR A HEAVY, STRONG, SUBSTANTIAL WATCH CASE

to thoroughly protect the watch movement there is nothing superior to a coin silver watch case properly constructed. These requirements the watches listed on this page thoroughly fulfill, and which we sell at a price other dealers are forced to pay for them.

The Cases are Fitted with an extra double thick crystal, beveled edge, giving the watch that double strength which makes an open face watch so popular in the minds of the general public.

A large number of persons prefer carrying a silver watch instead of a solid gold, gold filled or plated. That class of customers we keep closely in mind when purchasing our stock of solid coin silver cases, searching the market carefully to secure the finest grade of silver, the highest character of workmanship in construction and finish and take pleasure in recommending the celebrated

Fahys' and Dueber Watch Cases

NO CHARGES FOR REPAIRS ON WATCHES OR CLOCKS WHEN OUR WRITTEN CONSENT IS FIRST SECURED IN ADVANCE.

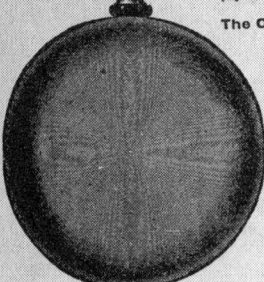

No. 4R120 3-ounce Fahys' Open Face, dust proof, screw back and bezel coin silver case.
No. 4R122 4-ounce Case, same as above.
At 30 cents more than prices quoted we can supply any of the above beautifully hand engraved.

No. 4R124 3-ounce Dueber Open Face, dust proof, gold jointed case.
No. 4R126 4-ounce Case, same ——
At 30 cents more than ——
any of the ——

$7.55 TO $37.60

This shows the SEARS, ROEBUCK & CO.'S SPECIAL 17 JEWELED MOVEMENT GREATEST VALUE EVER OFFERED.

$7.55 TO $37.60

EISENBAHNER-CHRONOMETER »AMERICAN COMPANY« –
PRÄZISE & PERFEKT!

Best-Nr. 99S171 – Taschenuhr »American Company« mit Silbergehäuse. Garantiert unzerstörbare Aufziehmechanik, Krone oben.

Durchmesser: 2 Zoll

Preis: ....

THIS IS OUR NEW CENTS' REGULAR 18-SIZE MOVEMENT. SEARS, ROEBUCK & CO.'S SPECIAL.

Made expressly for us. It is full 15 jeweled, handsomely damaskeened, patent regulator and escapement, safety pinion.

The Edgeme Movem Has 1 Fine Ruby Jewels

Eisenbahner-Chronometer
»American Company«

Ich kippte die Schachtel um und eine Packung Munition fiel heraus und ging auf. Die Messingpatronen, die so lang wie mein kleiner Finger waren, kullerten klirrend über den Fußboden.

Nun war die Schachtel leer.

Wir hatten nur die Munition bekommen. Und die alte Taschenuhr.

Eddie hob sie hoch. Es war ein billiges Ding mit einem Gehäuse aus angelaufenem, stumpfem Silber und einem zerkratzten Uhrglas. Auf dem Zifferblatt waren keine Zahlen, sondern nur Gruppen von Strichen und X-Zeichen. Im unteren Teil des großen Zifferblatts war ein kleines Zifferblatt, das möglicherweise die Sekunden anzeigte. Oben, dort wo die Uhrkette befestigt wird, war auch die Krone, mit der man die Uhr aufzog.

»Wow!«, staunte Eddie. »Seht ihr diese Inschrift hier? Da steht, dass es eine Uhr der American Company ist. Das sind die besten der Welt. Lokführer benutzen diese Uhren, das hat mir mein Vater erzählt, der auch so eine Uhr hat.«

»Na toll«, murrte ich. »Da sind nicht mal Zahlen drauf.«

»Doch, da sind Zahlen drauf«, sagte Eddie und zog die Nase hoch. »Aber es sind römische Zahlen. Schau mal: Eins, Zwei, Drei, das hier ist eine Vier, das V ist eine Fünf …«

Joju räusperte sich. »Entschuldigt mal, Jungs, aber das Problem ist nicht, ob da Zahlen drauf sind oder nicht. Das Problem ist, dass dieses Ding hier mit Sicherheit kein Revolver ist.«

Natürlich hatte Joju recht. Wo mochte unser Revolver gelandet sein? Die Munition hatten wir ja schließlich erhalten.

»Ich glaube, die haben beim Versand irgendetwas falsch gemacht«, sagte ich.

»Ach ja?«, meinte Joju spöttisch. »Ich dachte, der Revolver hätte sich durch Zauberei in eine Uhr verwandelt.« Wenn sie so daherredete, machte mich das wirklich wütend.

»Ja, genau das meine ich ja. Der Revolver kann nicht zu einer Uhr geworden sein. Und das bedeutet, dass sie uns das falsche Päckchen geschickt haben. Schaut euch doch mal die Verpackung der Patronen an. Die ist aufgerissen und ich war das nicht. Sie haben uns anstelle des Revolvers eine beschädigte Munitionspackung und eine Uhr geschickt.«

Ich zog das Packpapier zu mir her und strich es auf dem Fußboden glatt.

»Hier, lest mal: *Bei Nichtgefallen Geld zurück.* Das heißt doch, dass wir alles zurückschicken können und sie uns das Geld wiedergeben.«

Joju lachte hämisch und ich wusste, dass mit einer weiteren spöttischen Bemerkung zu rechnen war.

»Wenn ich mich nicht irre, haben wir keinen einzigen Cent mehr übrig, weil wir die ganzen drei Dollar ausgegeben haben. Wir haben kein Geld mehr für Briefmarken. Wie können wir da dem Versandhaus schreiben, dass wir unser Geld zurückhaben wollen?«

»Das schaffen wir schon irgendwie ...«

Während Joju und ich diskutierten, starrten Eddie und Tit die Uhr mit offenem Mund an, wie zwei Idioten.

»Eddie«, schimpfte ich, »hör auf, dumm zu gucken, und überleg dir auch mal was …«

»Habt ihr denn nicht verstanden, was ich vorhin gesagt habe?«, fragte Eddie. »Das hier ist eine Uhr der American Company!«

Ich zuckte die Schultern. Für mich war das einfach nur eine alte zerkratzte Taschenuhr.

»Ich wette, dass die mindestens 20 Dollar wert ist«, fuhr Eddie fort. »Mit Sicherheit kostet sie mehr als ein Revolver! Es ist ein Glücksfall, dass wir sie bekommen haben. Wir können sie verkaufen und uns damit viel Geld verdienen!«

Das klang gar nicht mal so schlecht. Auf einmal sah ich die alte Zwiebel mit anderen Augen.

»Bist du dir da sicher?«, fragte ich vorsichtshalber.

»Na, und wie! Ich versuche mal, sie aufzuziehen.«

Eddie nahm die Krone zwischen zwei Finger und drehte sie. Doch anstelle des mechanischen Geräuschs, das man immer beim Aufziehen von Uhren hört, ertönte ein hässliches Krak!, und der Stundenzeiger flitzte auf die VII.

Eine weitere Umdrehung, ein weiteres Krak!, und der Stundenzeiger wanderte einmal ganz herum und blieb dann bei der IX stehen. Währenddessen hatten sich weder der Minutenzeiger noch der Sekundenzeiger auf dem kleinen Zifferblatt bewegt.

»Das kann doch nicht sein …«, murmelte Eddie und drehte weiter und weiter an der Krone, aber es wurde nicht besser. Der Stundenzeiger schien verrückt geworden zu sein und es gelang Eddie einfach nicht, ihn in die richtige Richtung zu bewegen. Es war klar, dass die Mechanik verrücktspielte.

Sie hatten uns eine kaputte Uhr geschickt.

»Tja«, meinte ich zu Joju. »Uns bleibt nichts anderes übrig, als so lange zu sparen, bis wir genügend Geld für Briefmarken haben und reklamieren können.«

»Wir könnten die Munition verkaufen«, schlug Eddie vor.

»Pfff«, machte ich. »Wem sollen wir die denn verkaufen? Wenn wir mit Revolverkugeln hausieren gehen, kommt alles heraus und wir können was erleben.«

»Wir könnten die Augen offen halten und überall nach Münzen suchen, im Grunde brauchen wir ja nur ein paar Cents«, sagte Joju. »Und du, Eddie ... Bekommst du sonntags nicht etwas Geld von deinen Eltern, wenn du in der Woche eine gute Note hattest?«

»Denkt nicht einmal im Traum daran!«, protestierte Eddie. »Das ist mein Geld, ich kaufe mir davon die Schokoladenkekse, von denen ihr auch immer esst.«

»Jetzt sei doch nicht so egoistisch ...«

Joju legte mir eine Hand auf die Schulter, um mich davon abzuhalten, mich auf Eddie zu stürzen. Lächelnd sagte sie: »Ich bin mir sicher, dass wir es irgendwie schaffen werden. Und bis wir eine Lösung gefunden haben, behalten wir die Uhr. Sie scheint Tit sehr zu gefallen.«

Ich drehte mich um. Der kleine Junge hatte sich die Taschenuhr geschnappt und drehte an der Krone. Bei jedem Sprung des Zeigers lachte er leise vor sich hin. Er hatte schon lange nicht mehr so viel gelacht.

Seufzend gab ich mich geschlagen und sagte, meinetwegen könne Tit die Uhr eine Weile behalten, wenn er sie wirklich so gerne hatte. Aber er sollte sich lieber nicht zu sehr an sie gewöhnen, denn sobald wir das Geld für die Briefmarken zusammengekratzt hätten, würden wir vom Versandhaus unser Geld zurückfordern und dann würde die Uhr dahin zurückkehren, wo sie hergekommen war.

Wie sehr ich mit dieser Vorhersage recht behalten sollte, ahnte ich damals noch nicht.

Niemand hätte ahnen können, welcher Schicksalsschlag uns nur allzu bald ereilen würde.

Als ich an dem Nachmittag nach Hause kam, warteten sie schon auf mich: mein Bruder Chuck mit dem Gürtel in der Hand, Te Deux, der ratlos den Kopf schüttelte, und meine Mama mit rot verweintem Gesicht.

Ich hatte keine Ahnung, was los war, aber mein Bruder Te Deux gab mir zur Begrüßung gleich einmal eine heftige Ohrfeige (was ungewöhnlich war, denn Te Deux schlug mich so gut wie nie, meistens gab es nur einen kleinen Puffer) und sagte: »Monsieur Quenau hat uns alles erzählt. Was ist das für eine Geschichte mit dem Päckchen und den zwei Dollar, die du dir geborgt hast?«

Folgendes war geschehen: Der blöde Postbote hatte unterwegs ein schlechtes Gewissen bekommen. Er wusste, dass meine Mutter nicht viel Geld besaß und zwei Dollar für sie eine große Summe waren. Und diese Geschichte von Eddie, der mir etwas lieh, kam ihm immer verdächtiger vor. Deshalb war er dann doch zu unserer Farm gefahren, um sich zu vergewissern, dass alles seine Richtigkeit hatte. Doch meine Mutter war sich ganz sicher, nichts aus dem Katalog von Walker & Dawn bestellt zu haben. Und Geld, um es zu bezahlen, hatte sie auch nicht.

»Es ist besser, du erzählst uns alles, Te Trois«, sagte Chuck mit einem gefährlichen Lächeln. »Sonst wirst du dich nämlich eine Woche lang nicht mehr auf deinen Hintern setzen können.«

Sie waren alle drei furchtbar wütend auf mich, und zwar aus einer ganzen Reihe von Gründen. Erstens, weil Quenau ihnen verraten hatte, dass wir mit Julie unterwegs gewesen waren, die als schlechter Umgang für uns galt. Zweitens, weil wir offenbar ohne Erlaubnis irgendetwas aus dem Katalog bestellt hatten. Und außerdem, weil nicht klar war, woher wir das Geld hatten, und sie davon ausgingen, dass wir etwas Verbotenes getan hatten, um es zu bekommen.

Ihr könnt von mir halten, was ihr wollt, aber ihr sollt wissen, dass ich kein Feigling bin. Ich hüllte mich in heldenhaftes Schweigen und als Chuck begann, mich mit dem Gürtel zu verdreschen, weinte ich, aber nur ein bisschen.

Schließlich packte mich meine Mutter an einem Arm und zerrte mich hinter sich her in die Stadt. Das Haus von Doktor Brown war an der Hauptstraße, gleich neben dem Drugstore von Monsieur Travert. Es war eines der schönsten Häuser der Stadt, zwei Stockwerke hoch und mit frisch gestrichener Fassade. Innen gab es überall Spiegel und Kronleuchter und Bücherregale, und Madame Brown hatte sogar ein Dienstmädchen, das ihr bei der Hausarbeit half.

Mama fühlte sich in dieser vornehmen Umgebung nicht wohl, aber sie bat das Dienstmädchen trotzdem, Doktor Brown zu holen, und als der kam und sah, dass ich auch dabei war, rief er nach Eddie.

Eddie fing fast sofort an zu weinen, aber dieses Mal verachtete ich ihn deshalb nicht, denn ich hatte eine ordentliche Tracht Prügel bekommen und Eddie konnte sich ausrechnen, dass bald er an der Reihe war.

Doktor Brown ging mit Mama, Chuck, Eddie und mir in sein Arbeitszimmer und dort mussten mein Freund und ich ein Verhör über uns ergehen lassen, das bei der Polizei auch nicht schlimmer hätte sein können. Zwischen den Fragen kamen Moralpredigten: dass sie uns schon immer gesagt hätten, wir sollten uns von Julie fernhalten, dass es dem Ruf unserer Familien schadete, wenn wir mit ihr gesehen würden, dass Geld immer nur die Frucht harter Arbeit sein dürfe und dass wir, wenn wir die zwei Dollar gestohlen hätten, gegen die Zehn Gebote und die Bibel gesündigt hatten, und so weiter.

Nach zwei Stunden in diesem Arbeitszimmer waren Eddie und ich fix und fertig und zum Schluss wurde ich so wütend, dass ich die Erwachsenen anschrie, sie sollten uns in Ruhe lassen, denn wir hätten das Geld nicht gestohlen, sondern einfach nur gefunden.

»Na, so was«, sagte Doktor Brown. »Und wo habt ihr es gefunden?«

»Im *Bayou*«, antwortete ich. »Wir haben geangelt und am Haken hing eine Dose. Und in der Dose waren drei Dollar.«

Eddie warf mir einen warnenden Blick zu, er hatte Angst, ich würde von unserer Hütte und dem Einbaum erzählen, denn dann wären die Erwachsenen hingegangen und wir hätten unsere Hütte für immer verloren. Aber ich war ja nicht dämlich.

Ich hatte nur nicht damit gerechnet, wie sehr sich Mama über die drei Dollar ärgern würde. Und der Doktor ärgerte sich fast noch mehr als sie. Er sagte, wenn wir Geld gefunden hatten, wäre es unsere Pflicht gewesen, sie unseren Familien zu übergeben, anstatt sie für irgendeinen Quatsch auszugeben.

»Du weißt doch, wie gut wir die drei Dollar gerade jetzt hätten brauchen können«, sagte Mama.

»Von euch jungen Männern hätte ich wirklich mehr erwartet«, sagte Doktor Brown.

Nun fragten sie uns, was wir denn aus dem Katalog bestellt hätten. Eddie und ich wechselten wieder einen Blick: Jetzt steckten wir noch tiefer in Schwierigkeiten. Denn wenn ich von dem Revolver erzählte, setzte es noch mehr Prügel. Und wenn ich von der Taschenuhr erzählte, würden sie die Uhr an sich nehmen und wir konnten sie dem Versandhaus nicht zurückgeben und sahen unser Geld nie wieder.

Deshalb stand ich auf und sagte leise: »Wir haben ein Buch mit vielen Bildern bestellt, aber dann sind wir auf der Brücke beim Bayou Breton ausgerutscht und das Buch ist in den Sumpf gefallen.«

Mir war klar, dass das keine so tolle Ausrede war, aber sie war glaubhaft und Eddie steuerte geistesgegenwärtig noch ein paar Einzelheiten bei und ich auch und so bauten wir unsere Geschichte noch eine Weile aus.

Dafür gab es dann noch eine weitere endlos lange Moralpredigt, weil sie so furchtbar enttäuscht von uns waren. Zur Strafe würden wir uns nie mehr wiedersehen dürfen und hatten mit mindestens zehn Jahren Hausarrest zu rechnen.

Nachdem sie sich unerträglich oft bei Doktor Brown entschuldigt hatten, brachten mich Mama und Chuck wieder nach Hause zurück und mein Bruder verpasste mir mit seinem Gürtel vorsichtshalber eine zweite Tracht Prügel, nur für den Fall, dass ich die erste schon wieder vergessen haben sollte, was nicht wirklich der Fall war.

Danach schickten sie mich selbstverständlich ohne Abendessen ins Bett.

Es ist schon schlimm genug, im Winter im Haus sein zu müssen, wenn die feuchte Kälte durch die Wände in die Zimmer eindringt und dann noch weiter, direkt in die Knochen, und der Sumpf draußen nur noch ein Meer aus Nebel und Schatten ist.

Viel schlimmer aber ist es, Hausarrest zu haben, wenn der Sommer vor der Tür steht. Unser Zimmer war nach Osten ausgerichtet und die Sonne schien schon früh durch die Fenster. Um neun Uhr morgens war es in dem Zimmer so heiß wie in einem Backofen.

Meinen Brüdern war verboten worden, mit mir zu sprechen, und gleich nach dem Aufwachen flitzten sie aus dem Zimmer, nachdem mir Te Cinq einen besorgten Blick zugeworfen und Te Deux mich nur kopfschüttelnd angeschaut hatte.

Ich hatte die Aufgabe, alle Moskitonetze herunterzunehmen und sie über das Fensterbrett zu hängen, die Betten zu machen und dabei nachzuschauen, ob Te Cinq mal wieder ins Bett gemacht hatte.

Erst nachdem ich mit all dem fertig war, brachte Mama mir das Frühstück, das aus einem Glas Milch und einem Apfel bestand.

Dann sagte sie noch: »Ich hoffe, du wirst ein bisschen vernünftiger, Te Trois«, und ging wieder aus dem Zimmer.

Ich öffnete das Fenster, schaute hinaus auf die Felder, die Bäume und den dunklen *Bayou* in der Ferne und sah die Luft in der Hitze erzittern. Ich musste daran denken, wie schön es wäre, jetzt frei zu sein und Kaninchen zu jagen oder angeln zu gehen und die heißesten Stunden bei unserer Hütte zu verbringen und vielleicht zusammen mit Eddie und Julie ein Pfeifchen zu rauchen und sich dabei zu unterhalten, wie wir es immer taten.

Manchmal dachte ich auch, dass es ein furchtbares Pech für uns gewesen war, die Dose mit dem Geld zu finden, und dass uns seither eine blöde Sache nach der anderen passierte. Es stimmte wirklich, was Reverend Thomson immer sagte: Geld macht nicht glücklich.

Nach dem Mittagessen musste ich Te Deux und Chuck bei verschiedenen Arbeiten auf unserer Farm helfen und die beiden ließen mich keine Sekunde lang aus den Augen und kommandierten mich herum wie einen Sklaven. Abends kam ich todmüde nach Hause. Dann musste ich allein essen und anschließend gleich hochgehen und die Moskitonetze wieder über die Betten hängen. Danach durfte ich mich nur noch auf mein Bett legen und schlafen, mehr war nicht drin.

Dieses furchtbare Leben führte ich einige Tage lang. Bis mich eines Abends bei Sonnenuntergang Joju besuchen kam.

WALKER AND DAWN CO. CHEAPEST CATALOGUE   CHICAGO 190

CIGAR CASES.

No. 18R57...

Fi...
Ci...
pla...
stro...
fra...
pol...
very...
case,...

offer at a special price...
If by mail, postage extra...

Our 76 Cent Cigar...

If by mail, postage...

Our Finest Leather Cigar Case for $1.64.

No. 18R5730 Genuine Ca...skin Leather Cigar Case, v... highly polished, with rivet... steel frame and lock. A ve... high grade, and our best cigar case, usually retailed in the regular cigar stores at from $2.50 to $3.00. Price, each..........**$1.64**
If by mail, postage extra, 6 cents.

Genuine Seal Grain Cowhide Leather Cigar Case.

No.18R5731 Leather lined, stitched and well made throughout, with handsome sterling silver name plate mounting. The most convenient and durable cigar case made. Price, each......**$1.00**
If by mail, postage extra, 5 cents.

Smokers' Stand, 98 Cents.

No. 18R5733 Smokers' Stand, hardwood base, ebony finish, resting on three ball feet, clover shape, holds brass polished cups for cigars, matches and removable tray for ashes, cigar cutter. A suitable present for a gentleman. Size, 7¼x8¼x3½ inches.
Price, each..........98c

Shipping weight, 2 pounds.

Nickeled Match Safe.

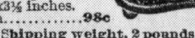

No. 18R5735 Nickeled Match Safe, smooth surface with stamped design, opens with a good spring.
Price, each.................4c
If by mail, postage extra, 2 cents.

Plain Nickel Finished Match Safe

No. 18R5737 A Plain Nickel Finished Metal Match Safe, splendid value at the price. Price, each...................9c
If by mail, postage extra, 2 cents.

Our $4.19 Meerschaum Pipe.

18R5615 A Genuine Meerschaum, well shaped bowl, with ...ed genuine amber shove bit ...piece. The part of the bowl ...e amber mouthpiece sets in is ...ted with fine gold band. In ...n chamois covered plush lined ...t case.
...each.....................$4.19
... mail, postage extra, 4 cents.

SMOKERS' SUNDRIES.

8R5617 Carved Brier Cigar Holder, ...rn mouthpiece. Price, each.........13c
8R5619 Brier Cigar Holder, horn ...ece. Price, each.............9c
Shipping weight, 3 ounces.

Twisted Rubber Cigar Holder.

No.18R5621 Twisted Rubber Cigar Holder, something ne... to give a nice cool smoke.
Price, each......
Shipping weight, 3 ounces.

Solid Amber Cigar Holder.

Sple...
per...5623 Finest
30 ...chamois
...ined case, a very
In l... Come in four
...h, each.....$0.97
rives... each... 1.11
... each... 1.34
Dou... 1.58
...ostage extra,
'ument..

Meerschaum Cigar Holders.

No. 18R5625 Genuine Meerschaum Cigar Holder, with amb... mouthpiece. Comes in leather ca...
Price, each...........3
If by mail, postage extra, 3 cen...

No.18R5627 Genuine Meerschaum Cigar Holder, fancy carved, with real amber bit, each in leather case. Order by number.
Price, each..........57c
If by mail, postage extra, 3 cents.

No. 18R5629 Genuine Meerschaum Cigar Holder, similar to above, but finer, with fine amber mouthpiece. The meerschaum has carved designs such ... horse, dog, deer, etc., inlaid in fine leather case, sat... and plush lined. Length, 3¼ inches.
Price, each.............8...
If by mail, postage extra, 3 cents.

No. 18R5631 Genuine Meerschaum Cigar Holder elegantly carved designs similar to above, but mu... finer goods, real amber mouthpiece. Total length holder, 3½ inches. In finest plush lined case.
Our special price, each..............$1...
If by mail, postage extra, 3 cents.

French Brier Cigar Holder.

No. 18R5633 French Brier Cigar Holder, with 1¼-inch genuine am... mouthpiece, ornamented with ha... some design, gold trimmings. To... length of holder, 2½ inches. This ... an extremely rich and handso... holder. Price, each......................$2...
If by mail, postage extra, 3 cents.

Rubber Mouthpieces.

No. 18R5635 2-inch straight rubber mouthpie... Price, each...
No.18R5637 2¼-inch curved rubber mouthpie... Price, each...
No. 18R5639 2-inch square rubber mouthpie... Price, each...
No. 18R5641 2¼-inch rubber mouthpiece, w... nickel ferrule. Price, each.........
If by mail, postage extra, 2 cents.

ZIGARRENETUI AUS METALL UND LEDER

$1.65

Best.-Nr. 711439 –
Elegantes Zigarrenetui, lederbezogen, mit Rahmen und Verschluss aus satiniertem Metall. Hochwertiges Produkt, dessen Ladenpreis bei über 3 $ liegt.

Bei uns nur 1,65 $

Zigarrenetui aus Metall und Leder

Ich mistete gerade den Hühnerstall aus und das ist die grässlichste Arbeit, die auf einem Bauernhof anfällt. Sollte euch jemand erzählen, dass das nicht stimmt, dass es schlimmer ist, sich um die Schweine zu kümmern oder so, dann beweist das nur, dass er noch nie knietief in Hühnerkacke gestanden hat, denn es gibt auf der Welt wirklich nichts Ekligeres.

Ich stand also mit der Mistgabel da und rings um mich herum gackerten die Hühner und schimpften, als ob ich in ihrem Stall nichts verloren hätte, da tauchte plötzlich im Stalleingang ein Schopf roter Haare auf und darunter Jojus bezauberndes Zahnlückenlächeln.

Ich war unglaublich glücklich darüber, sie wiederzusehen, auch weil ich nicht wusste, was mit ihr geschehen war, seit man unsere kleine Verschwörung entdeckt hatte. Gleichzeitig aber jagte mir ihr Besuch einen ganz schönen Schrecken ein.

»Was machst du hier? Wenn sie dich entdecken, kann ich was erleben!«

»Weißt du was?«, fragte sie, während sie in den Hühnerstall kletterte. »Du hörst dich schon genau so wie Eddie an.«

Auch von Eddie hatte ich seit Tagen nichts mehr gehört. Als ich ihn zuletzt gesehen hatte, hatte er geheult wie ein Schlosshund.

»Warst du bei ihm? Wie geht es ihm?«

»Ungefähr so wie dir«, antwortete Joju und sah sich im Hühnerstall um. »Ich musste an den Verandapfosten hochklettern, um in sein Zimmer zu kommen, und als er mich gesehen hat, hat er vor Schreck laut geschrien. Beinahe hätten sie mich entdeckt.«

Der arme Eddie. Ich hätte nie gedacht, dass er mir so fehlen würde.

»Hat er dir alles erzählt?«, wollte ich wissen. »Von unseren Strafen und so?«

Ja, Joju wusste schon alles. Und obwohl sie und Tit nicht bestraft worden waren, weil ihre Mutter andere Sorgen hatte, hatte sie doch beschlossen, sich lieber für eine Weile ruhig zu verhalten.

»Ich musste euch aber sehen«, sagte sie, »es ist so etwas wie ein Notfall. Da ist so ein Typ in die Stadt gekommen. Vor nur ein paar Stunden, über die Straße, die von New Orleans herführt.«

Da erst merkte ich, dass ihre Stimme ein wenig zitterte.

»Ein Typ? Was für ein Typ denn?«

»Ein Fremder, gut angezogen, mit Sporen an den Stiefeln und einem Mantel wie frisch aus dem Schaufenster. Er kam auf dem schönsten Pferd angeritten, das ich jemals gesehen habe, einem glänzenden Rappen, und an seinem Sattel hing ein Köfferchen mit einer Aufschrift.«

Joju war so aufgeregt, dass sie gar nicht mehr aufhören konnte zu reden, und das machte wiederum mich nervös. Denn schließlich konnte Chuck jeden Moment auf die Idee kommen nachzuschauen, wie ich im Hühnerstall vorankam, und ich hatte keine große Lust, von ihm noch mal mit dem Gürtel verdroschen zu werden.

»Und«, fragte ich ungeduldig, »was stand denn auf dem Koffer?«

»*Walker & Dawn*«, antwortete Joju. »Verstehst du? Der Typ arbeitet für das Versandhaus. Aber was in aller Welt will er hier?«

»Keine Ahnung …«

»Ich kann dir sagen, was er hier will. Er ist wegen uns hier.«

Ich schüttelte den Kopf. Nein, das konnte nicht sein.

»Doch«, bekräftigte Joju. »Gleich nachdem dieser Typ angekommen ist, ist er zu Monsieur Quenau gegangen und hat sich mit ihm im Postamt eingeschlossen. Danach sind sie beide wieder raus und ich habe gesehen, wie Quenau ihm den Weg zu eurer Farm gezeigt hat. Dann sagte er noch: ›Heute ist es schon spät, aber ich werde Sie morgen begleiten.‹ Der Typ meinte, er wolle doch noch heute zu euch, denn er hätte es eilig und es sei ja noch hell und er könne auch allein zu eurer Farm reiten. Aber Quenau hat ihm abgeraten und gesagt, er wäre nicht der erste Fremde, der sich im *Bayou* verirrt. Quenau hat den Typen dann zu Bouffers Hotel gebracht, wahrscheinlich wird er dort übernachten.«

»Und dann?«, fragte ich.

Joju schüttelte den Kopf. »Nichts weiter. Ich habe das Hotel noch eine halbe Stunde lang beobachtet, bis der Fremde rausging, auf sein Pferd stieg und in diese Richtung ritt. Deshalb bin ich zu Eddie und habe ihn überredet, von zu Hause abzuhauen und das Pony aus dem Stall zu holen. Wir sind beide auf seinen Rücken gesprungen und jetzt sind wir hier. Wir hatten Angst, er würde vor uns ankommen, aber wir haben die Abkürzung durch den Wald genommen und anscheinend sind wir ihm doch zuvorgekommen.«

»Eddie? Dann ist er auch hier?«

»Ja, er hat sich drüben in den Büschen versteckt. Angeblich, um aufzupassen, aber in Wirklichkeit hat er Angst, glaube ich … Sobald er den Mann auf seinem Pferd kommen sieht, will er wie ein Kuckuck rufen.«

Wow! Was für eine verrückte Geschichte! Wenn nicht Joju sie mir erzählt hätte, hätte ich sie wahrscheinlich gar nicht geglaubt.

Sie schien sich ernsthaft Sorgen zu machen. Während ich das noch dachte, zerriss ein seltsamer Laut die Stille. Er klang ein bisschen wie ein Hustenanfall und ein bisschen wie der Schrei eines verletzten Tieres.

Eddie war nie besonders gut darin gewesen, einen Kuckuck nachzuahmen.

Ich nahm Joju bei der Hand und wir machten, dass wir aus dem Hühnerstall rauskamen.

Das Pferd war soeben um die Kurve gebogen und ging nun in langsamem Schritt auf unsere Farm zu.

Im Sattel saß der Mann, den Joju mir beschrieben hatte: Er trug einen weiten Mantel, den er vorne offen gelassen hatte, einen Hut mit einem glänzenden Hutband und Stiefel. Er sah sich um wie jemand, der sich in der Gegend nicht auskennt und befürchtet, sich verirrt zu haben, denn offenbar wusste er nicht, dass er in nur zwei Minuten mitten auf unserem Hof stehen würde.

Wenn er die Farm erreichte, bedeutete das für mich das Ende. Mama oder Chuck würden ihn ansprechen und wenn der Typ tatsächlich für Walker & Dawn arbeitete, kam die ganze Wahrheit ans Licht und das würde schlimme Folgen für mich haben.

»Geh und hol Eddie«, flüsterte ich Joju zu. »Dann kommt ihr zu mir und unterstützt mich.«

Flink wie ein Eichhörnchen verschwand sie zwischen den Büschen und ich schaute mich schnell um: Chuck war gerade ins Haus gegangen und Te Deux arbeitete am anderen Ende des Hofs. Die Luft war rein.

Mit unschuldiger Miene ging ich dem Mann auf seinem Pferd entgegen.

Als er mich erblickte, setzte er ein überaus freundliches Lächeln auf und tippte sich an die Hutkrempe, so als sei ich ein Erwachsener.

»Hallo!«, begrüßte er mich. »Ich suche die Farm der Familie Chevalier. Weißt du zufällig, ob sie irgendwo hier in der Gegend wohnt? Ich kenne mich nicht aus und womöglich bin ich vorhin an der Kreuzung falsch abgebogen.«

Er hatte die kräftige Stimme eines Predigers und ein sympathisches Gesicht.

Es war auch klar, dass er nicht von hier war, denn er hatte mich auf Englisch angesprochen, während wir hier im *Bayou* Französisch sprechen.

Ich antwortete ihm auf Englisch: »Sie sind schon richtig, Mister. Die Farm ist dort hinter den Bäumen. Und ich bin Peter Chevalier, aber alle nennen mich Te Trois.«

»Te Trois, ja?«, meinte der Fremde. »Ein französischer Name, aber ihr sprecht ja hier alle Französisch. Aber, sag mal, junger Mann: Ist deine Mutter zu Hause? Ich habe mit ihr etwas Geschäftliches zu bereden.«

Genau das hatte ich hören wollen. Deshalb bemühte ich mich, noch viel unschuldiger auszusehen, und fragte: »Um was für Geschäfte geht es denn? Einfach nur so aus Neugier …?«

Der Typ sah mich aufmerksam an. Dann sprang er geschickt wie ein Akrobat aus dem Sattel, rückte seinen Hut zurecht und sagte: »Ich bin ein Angestellter der Firma Walker & Dawn in Chicago. Vielleicht hast du schon mal davon gehört, das ist die Firma, die …«

»Die den Versandhauskatalog verschickt«, erwiderte ich sofort. Ich überlegte kurz und fügte dann hinzu: »Meine Freunde und ich, wir haben uns vor einigen Wochen etwas aus diesem Katalog bestellt …«

Ich hörte hinter mir Geräusche und drehte mich um. Eddie und Joju waren aus ihrem Versteck gekommen und führten das Pony am Zügel mit.

Als der Fremde sie erblickte, lachte er laut los: »Ihr habt also etwas aus dem Katalog bestellt? Dann muss ich gar nicht zu Madame Chevalier, sondern zu euch. Kommt, gehen wir von der Straße runter, ich will nicht, dass uns jemand sieht … Das ist doch auch in eurem Interesse, oder?«

Er war wirklich ein aufgeweckter junger Mann. Jetzt zwinkerte er uns auf eine derart komische Weise zu, dass Eddie lachen musste.

Wir verzogen uns in den Schatten einer Gruppe von Bäumen, die etwas abseits von der Straße wuchsen. Der Fremde zog aus einer Tasche seines Mantels ein Zigarrenetui und nahm einen schlanken Zigarillo heraus, der richtig teuer duftete.

Er steckte sich den Zigarillo in den Mund. Dabei bemerkte er meinen Blick und fragte: »Willst du auch einen? Na ja, vielleicht bist du ja schon alt genug, um zu rauchen. Und im Grunde gehören Zigarren zu einer geschäftlichen Besprechung dazu.«

Der Fremde steckte meinen Zigarillo mit einem schönen Blechfeuerzeug in Brand und ich genoss den besten Tabak, den ich in meinem bisherigen Leben jemals geraucht hatte. Er war so stark, dass mir die Augen tränten.

»Also«, begann der Typ und streckte Eddie die Hand hin. »Wie schon gesagt bin ich ein Angestellter von Walker & Dawn. Ich heiße Jack.«

Eddie gab ihm die Hand und versetzte mir einen Stoß mit dem Ellbogen, weil er ebenfalls rauchen wollte. Nach dem zweiten Ellbogenstoß reichte ich ihm den Zigarillo rüber.

Inzwischen hatte Jack Joju die Hand geküsst, wie es unter feinen

Leuten üblich ist, aber offenbar wusste meine Freundin das nicht, denn sie machte ein angeekeltes Gesicht. Zum Glück war Jack sehr höflich und tat, als bemerke er es nicht.

»Es geht um Folgendes«, begann er. »Ich bin weit gereist, um hierherzukommen, aber Walker & Dawn ist eine ganz besondere Firma, der die Zufriedenheit ihrer Kunden sehr am Herzen liegt, wie der Werbeslogan schon sagt: ›Die niedrigsten Preise! – Geben Sie Ihr Geld klug aus! – Bei Nichtgefallen Geld zurück!‹«

Er zog lange an seinem Zigarillo und sein Lächeln wurde noch breiter. »Es sieht ganz so aus, als wäre unserer Versandabteilung ein schlimmer Fehler unterlaufen, und den soll ich jetzt wieder ausbügeln. Ich reite seit Tagen in Louisiana herum und besuche alle Familien, die in letzter Zeit bei uns bestellt haben. Eine ziemlich anstrengende Angelegenheit.«

Allerdings passte sein Lächeln nicht zu dieser Bemerkung, denn er sah ganz so aus, als sei es ihm in Wirklichkeit alles andere als unangenehm, mit seinem Pferd und seinen Zigarren in Louisiana unterwegs zu sein und das machte ihn mir nur noch sympathischer.

»Lassen Sie mich raten«, sagte ich. »Jemand sollte einen bestimmten Artikel erhalten und erhielt stattdessen einen anderen, den er nicht bestellt hatte. Stimmt's?«

Jacks Lächeln verschwand aus seinem Gesicht. Er beugte sich vor und fragte: »Warum? Ist das vielleicht zufällig euch passiert?«

Grinsend drehte ich mich zu meinen Freunden um. Eddie sah sehr zufrieden aus, während Jojus Gesicht einen seltsamen Ausdruck angenommen hatte, den ich nicht deuten konnte.

»Vielleicht«, murmelte ich mit geheimnisvoller Miene.

Jack lachte laut auf. »Na, das nenne ich einen Glücksfall. Ich habe nicht nur den richtigen Ort gefunden, sondern auch die richtigen

Leute! Es war mir aber auch gleich komisch vorgekommen, dass ausgerechnet eine Dame einen Polizei-Revolver bestellt ... He, guckt nicht so, ich habe die Kundenliste gesehen und kenne alle Bestellungen, die von dieser Gegend aus aufgegeben wurden. Ihr hattet einen Revolver und die Munition dafür bestellt, stimmt's?«

»Ja, das stimmt«, bestätigte ich. »Aber in dem Päckchen war etwas anderes drin.«

»Und was war das?«, fragte Jack.

Ich wollte ihm antworten, als Joju mich an einer Schulter packte, und deshalb hielt ich den Mund.

Jack lächelte wieder sein gewinnendes Lächeln. »Hört mal, jetzt erkläre ich euch, wie es hier weitergeht. Ihr müsst mir sagen, welchen Gegenstand ihr anstatt des Revolvers erhalten habt ... Damit ich prüfen kann, ob ihr die Wahrheit sagt. Ich vertraue euch. Abgesehen davon, woher hättet ihr sonst wissen sollen, wieso ich hier bin? Aber es ist mein Job, ich muss mich trotzdem vergewissern.«

Er zwinkerte mir zu. »Und wenn ihr, wie ich glaube, diejenigen seid, die ich suche, dann werde ich euch bitten, mir diesen Gegenstand zu geben. Als Gegenleistung erhaltet ihr von mir eine schöne Belohnung. Ein großzügiges Geschenk, mit dem sich die Firma für ihren Fehler entschuldigt, für die Unannehmlichkeiten und so weiter. Haltet euch fest!«, sagte Jack bedeutungsvoll. »Denn ich rede hier von 50 Dollar! 50 Dollar ganz allein für euch!«

Faucet Can.

No. 23R6907 The Faucet Can. The most desirable faucet can made. Corrugated galvanized iron; brass faucet, nickel plated.
3 gallons. Weight, 2¼ lbs. Each..49c
5 gallons. Weight, 3¾ lbs. Each..54c

The Swinging Can.

No. 23R6910 Galvanized iron, corrugated, with spring valve spout. It is absolutely the most convenient can made, all the objectionable features in pump and faucet cans are overcome. The frame work is cut from heavy steel and is separable from the can when taken to the store. Warranted to be satisfactory. To fill the lamp, swing the can in position and push the button. Only one size, 5 gallons. Weight, 4¾ pounds. Price, each.............................78c

Pump Can.

No. 23R6912 Galvanized iron, corrugated, with tin top. Supplied with steady steam pumps which are removable from the can, will give satisfaction in every way. Only one size made, 5 gals. Weight, 4 pounds. Price ...

as it
No
Pri
No.
Pri
No.
Pric

BLENDLATERNE AUS NICKEL- UND MESSINGBLECH

Best.-Nr. 31N559 – Eine kleine handliche Laterne für den Gebrauch im Freien. Auch dafür geeignet, an einem Sattel befestigt zu werden. Windgeschützt durch beweglichen Schirm. Brenner Größe 0, Docht zu 3/8 Zoll, Glas Nr. 1
Gewicht: 1 Pfund
Preis: 95 Cent

No. ... Seaml... Steel Oilers are cheap, durable and elegant. They are heavily electro copper plated on the inside to prevent rust and to prevent the oil from becoming gritty. On the outside they perfectly resemble solid burnished copper. The 9-inch nozzles are bent, all others are straight. Have clock steel spring bottoms.

Diameter of bottom....	2¾	3⅜	3⅜	3⅜	3¾	4⅛	4⅛
Length of nozzle, inches	2½	3	5	9	3	3	9
Weight, each, ounces...	2	3	4	5	6	7	8
Price, each..............	13c	16c	17c	19c	22c	27c	30c

Zinc Oilers.

No. 23R6955 Zinc Oilers, spring bottom.

Size................	0	1	2	4	5
Weight, ounces...	1	2	2½	3	4
Price, each........	5c	6c	8c	10c	13c

No. 0 is small, 2 inches across bottom and holds about ⅛ pint. No. 5 is 4¾ inches across bottom and holds about 1 pint. The others are graduated between. The weights vary from 4 to 7 ounces.

Automatic Oilers.

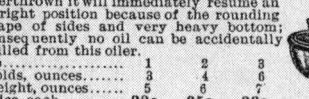

No. 23R6958 Automatic Zinc Oilers. This oiler cannot be tipped over like the ordinary zinc oiler. When accidentally overthrown it will immediately resume an upright position because of the rounding shape of sides and very heavy bottom; consequently no oil can be accidentally spilled from this oiler.

No....................	1	2	3
Holds, ounces.......	3	4	6
Weight, ounces......	5	6	7
Price, each..........	22c	25c	28c

TUBULAR LANTERNS.

We illustrate all the latest designs and our Lanterns have the latest improvements. We show a larger variety to select from. They are safe and reliable. While our prices are lower than formerly, we still maintain our superior quality.

In selecting a lantern you should aim to secure the safest and best. Remember there are some makes of cheap lanterns that cause much annoyance as well as damage. The difference in price between our lanterns, the very best, and inferior makes is but a few cents.

Dietz Square Lift, or Star Tubular Lantern.

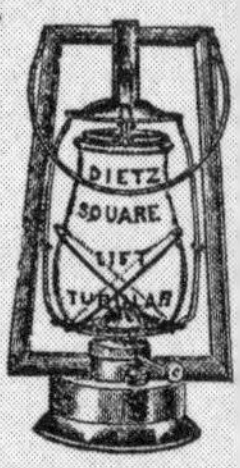

For Kerosene.

Our 47c Lantern has no equal for the money. Over 8,000 sold last year.

No. 23R7000 This is the old reliable Square Lift Lantern. We have sold it for years, and it gives universal satisfaction. One of our most popular lanterns. The globe is raised by the thumb piece on top. No. 1 burner, ⅝-inch wick. No. 0 glob... Weight, about 1¾ 47c

Dietz Side Lift or Victor Tubular Lantern.

For Kerosene.

No. 23R7002 This is the most popular lantern on the market today. The crank at the side raises and lowers the globe and locks the burner in place when down. A late improvement on this lantern consists of a bend on the guard wire over which the crank moves thus perfectly locking the globe frame and burner down. No. 1 burner, ⅝-inch wick. No. 0 globe Weight, about 1¾ pounds.
Price, each.............................47c

... Crystal Tubular Lantern.

No. 23R7005 This is a strongly guarded tubular lantern with a glass fount instead of tin. This enables the user to see how much oil is in the fount, **and the fount will never leak.** Fitted with our improved side lift. While the fount on this lantern is strongly guarded and is not liable to breakage, still in case of accidentally breaking it can easily be removed and a new one put in. No. 1 burner, ⅝-inch wick, No. 0 globe. Weight, about 2½ pounds. Price, each.........68c

Dietz U. S. Brass and Nickel Plated Tubular Lantern.

No. 23R7007 This is the smallest tubular lantern we make Made of brass, very handsome For use around the house and for ladies' use it cannot be excelled No. 0 burner, ⅜-inch wick, U. S. globe, Weight, 1¼ pounds.
Price, each...............................63c
No. 23R7008 Same as above **nickel plated.** Price, each.....95c

Dietz No. 1B Side Lift Tubular Lantern.

For Kerosene.

No. 23R7012 This Lantern has the No. 2 burner, 1-inch wick, and should fill a want where a large amount of light is needed in a hand lantern. **The oil pot** holds 1¼ pints of oil, and the lantern will burn nineteen hours without refilling.

Blendlaterne aus Nickel- und Messingblech

Mir blieb die Luft weg. Ich schüttelte den Kopf wie ein Hund, der sich nach einem Bad das Wasser aus dem Fell schüttelt.

Kichernd meinte Jack: »Ihr habt richtig gehört. Ich habe tatsächlich ›50 Dollar‹ gesagt.«

Eddie neben mir zitterte und Julie hatte ihre Augen weit aufgerissen. Was könnte man mit einer derartigen Summe nicht alles machen! Ich konnte es mir gar nicht richtig vorstellen.

»Wow!«, rief ich aus. »Das ist ja wirklich großzügig!«

»Nicht wahr?«, erwiderte Jack. »Die Firma Walker & Dawn setzt sich für ihre Kunden wirklich ein. Und um diese 50 Dollar zu erhalten, braucht ihr mir nur den Inhalt des Päckchens zu übergeben.«

»A…aber«, stotterte ich, »wir haben die Uhr nicht hier. Wir … wir müssen sie erst holen gehen.«

»Aha!«, machte Jack. »Ihr habt also eine Uhr gefunden. Das wollte ich hören. Und wie sieht sie aus?«

Eddie antwortete an meiner Stelle: »Sie ist von der American Company, ein Eisenbahnermodell mit einem Silbergehäuse … Und sie funktioniert nicht.«

Zufrieden schnalzte Jack mit der Zunge. »Genau! Das entspricht genau der Beschreibung. Also, wo habt ihr sie versteckt? Wann könnt ihr sie mir geben? Seid mir nicht böse, aber ich habe es eilig, diese Angelegenheit zu erledigen und nach New Orleans zurückzukehren.«

Ich wollte ihm schon vorschlagen, mit uns zusammen zu Joju nach Hause zu gehen, doch sie lehnte sich zu mir herüber und flüsterte mir ins Ohr: »Ich will nicht, dass er unser Haus sieht.«

Also sagte ich schnell: »Heute um Mitternacht. Wir treffen uns auf der Straße südlich der Stadt und wir bringen Ihnen die Uhr. Aber vergessen Sie nicht, die 50 Dollar mitzubringen!«

Jack nahm den Hut ab und verbeugte sich. »Das vergesse ich bestimmt nicht. Es ist eine Freude, mit euch Geschäfte zu machen. Wir sehen uns heute um Mitternacht.«

Unnötig zu erzählen, dass wir sofort in Jubel ausbrachen, kaum dass Jack hinter der nächsten Wegbiegung verschwunden war. Ich umarmte Joju, sie umarmte Eddie und Eddie umarmte mich und vor lauter Freude hätten wir beinahe auch noch das Pony umarmt.

»Könnt ihr euch das vorstellen?«, fragte ich. »50 Dollar! Selbst wenn wir das durch drei teilen, dann hat jeder immer noch …«

»Wenn wir es durch vier teilen«, unterbrach mich Joju. »Du darfst Tit nicht vergessen.«

»Aber Tit war doch jetzt gar nicht dabei. Und er ist noch so klein …«

»Tit war mit dabei, als wir die drei Dollar gefunden haben. Außerdem ist die Uhr jetzt bei ihm und er hat sie sogar sehr gern. Seit wir sie ihm gegeben haben, trägt er sie ständig mit sich herum.«

»Aber angesichts von 50 Dollar wird er sich wohl überreden lassen …« Ich begann, nervös zu werden.

»Außerdem ist es nicht gerecht«, schaltete Eddie sich ein, »denn wenn wir durch vier teilen, bekommen ich und Te Trois nur 12 Dollar 50 Cents pro Kopf, während du und Tit, wo ihr doch Geschwister seid, das Doppelte habt und …«

Wir sahen uns an und mussten lachen. 12 Dollar 50 Cents pro Kopf! Noch nie hatte einer von uns so viel Geld zu sehen bekommen und jetzt wurden wir schlagartig zu Geizhälsen!

»Tit bekommt seinen Anteil, es spielt keine Rolle, dass er dein Bruder ist«, beschloss ich. »Aber du musst ihn überreden, uns die Uhr zu geben. Eddie und ich gehen jetzt zu unserer Hütte und warten dort auf euch.«

»Zur Hütte?«, murrte Eddie. »Aber es ist schon fast Zeit fürs Abendessen …«

»Überleg doch mal«, entgegnete ich. »Inzwischen haben deine Eltern sicherlich gemerkt, dass du das Pony aus dem Stall geholt hast, oder? Und sie wissen, dass du weggegangen bist, obwohl du Hausarrest hast. Wenn du jetzt nach Hause gehst, sperren sie dich mindestens eine Woche lang in die Besenkammer. Ich jedenfalls habe überhaupt keine Lust, dafür bestraft zu werden, dass ich den Hühnerstall nicht fertig ausgemistet habe. Ich will nicht mehr ununterbrochen arbeiten. Deshalb gehen wir beide jetzt zur Hütte und warten auf Joju und wenn wir heute Nacht mit 12 Dollar 50 pro Kopf nach Hause zurückkehren, werden sie uns feiern wie Helden!«

Ich sah alles schon vor mir. Mama würde vor Freude vor mir auf die Knie gefallen, würde sich bei mir entschuldigen und Chuck befehlen, mir von nun an sein Zimmer zu überlassen.

Ich überredete Eddie, Joju das Pony zu leihen, weil sie einen längeren Weg hatte als wir. Dann gingen Eddie und ich pfeifend davon.

»Te Trois, wo steckst du nur?«, hörte ich Chuck auf dem Hof rufen. »Wenn ich dich zu fassen kriege, peitsch ich dich so durch, dass sich deine Haut ablöst!«

Ja, ja, dachte ich nur. Mal sehen, was du sagst, wenn ich mit einem Vermögen in den Taschen nach Hause zurückkehre.

Als wir bei der Hütte ankamen, war es fast schon dunkel und die Mücken schwebten in großen angriffslustigen Schwärmen über dem Sumpf. Weil Eddie und ich inzwischen ziemlich hungrig waren, beschlossen wir zu angeln, anstatt uns gleich in die Hütte zu setzen.

Wir blieben eine Weile am Wasser, den Rücken an unseren aufs Ufer gezogenen Einbaum gelehnt. Wir waren immer noch wahnsinnig aufgeregt und redeten die ganze Zeit. Die Mücken ließen uns auch keine Ruhe und durch unser Gerede und Gezappel verscheuchten wir vermutlich die Fische, denn es biss kein einziger an.

Es wurde Abend und dann wurde es Nacht. Irgendwann hörten wir in der Ferne einen Hufschlag: Joju und Tit kamen mit dem Pony.

Tits Wangen waren nass von Tränen. Joju erzählte uns, er habe die ganze Zeit ununterbrochen geweint, seit sie ihm gesagt hatte, dass er die Uhr abgeben müsse.

Ich kniete mich vor Tit auf den Boden und versprach ihm, dass wir ihm mit dem Geld von Jack eine andere wunderschöne kaputte Uhr kaufen würden, doch er hörte mir gar nicht zu, sondern heulte einfach weiter und hatte die Finger so fest um die alte Zwiebel geschlossen, als hinge sein Leben von ihr ab.

»Alles der Reihe nach«, sagte ich schließlich. »Jetzt gehen wir erst einmal zu der Kreuzung, es wird bald Zeit für unsere Verabredung.«

Wir brachen auf. Eddie, der das Pony zwischen den Treibsandstellen hindurchlenkte, ging voraus. Unterwegs sprachen Joju und ich leise mit Tit. Der konnte gar nicht mehr aufhören, an der Krone dieser verdammten Uhr herumzudrehen, und dieses ständige Krak! Krak! Krak! ging mir entschieden auf die Nerven.

Um diese Zeit war auf der Straße, die aus der Stadt hinausführte, nichts mehr los. Als wir die Kreuzung um Mitternacht erreichten, war Jack noch nicht da.

»Das gefällt mir nicht«, meinte Eddie. »Ich krieg hier eine Gänsehaut ...«

»Das liegt daran, dass du ein Angsthase bist«, spottete ich. »Was soll denn hier schon passieren? Es ist doch niemand da!«

»Aber es könnte jemand kommen. Keine Ahnung, Banditen oder so ... Banditen überfallen einen immer an Kreuzungen.«

Ich überlegte, aber ich konnte mich nicht erinnern, jemals so etwas gehört zu haben.

Doch Joju ergriff meinen Arm und sagte: »Vielleicht hat Eddie recht.«

»Ja und?«

»Vielleicht ist es besser, wenn Tit und ich uns erst einmal zwischen den Bäumen dort drüben verstecken. Wenn Jack kommt und euch die 50 Dollar zeigt, gebt ihr uns ein Zeichen und wir bringen ihm die Uhr.«

Als sie »Uhr« sagte, ließ Tit ein besorgtes Maunzen hören.

»Hm«, machte ich.

Aber eigentlich fand ich die Idee gut. Auf diese Weise würde es wie eine Übergabe zwischen Verschwörern ablaufen, wie in diesen Abenteuerromanen, die uns Eddie gelegentlich vorlas. Für notwendig aber hielt ich diese Vorsichtsmaßnahme eigentlich nicht.

»Dein Freund Jack«, fuhr Joju fort. »Also, ich weiß nicht ... Fandet ihr nicht, dass er ... irgendwie zu viel lächelte? Und die Art, wie er sich bei uns eingeschmeichelt hat ... mit Zigarillo und Handkuss und allem ...«

»Na ja, er ist ein Verkäufer«, stellte Eddie fest. »Das hat mit seinem Beruf zu tun, dass er sich so benimmt.«

»Ja, aber ich habe ein besseres Gefühl, wenn ich mich verstecke. Lieber kein Risiko eingehen, findet ihr nicht?«

Und sie nahm Tit bei der Hand und verschwand mit ihm im Dunkeln zwischen den Bäumen.

Joju hatte mir die Ruhe genommen. Vielleicht hatte sie ja recht und Jack dachte nicht im Traum daran, uns die 50 Dollar zu geben.

Ich hatte ihn auf Anhieb sympathisch gefunden. Aber vielleicht hatte er sich nur verstellt, damit wir ihm auf den Leim gingen. So etwas in der Art hatte ich letztes Jahr erlebt, als ein Mann in die Stadt kam, der eine Medizin verkaufte. Das Mittel sollte bewirken, dass Haare schneller und dichter wuchsen, aber später hatte sich herausgestellt, dass in den Flaschen nur schmutziges Wasser war.

»Wenn Jack kommt, dann lass mich reden«, raunte ich Eddie zu. »Es könnte eine schwierige Verhandlung werden.«

Eddie sagte nichts, aber im nächsten Moment sah ich in der Ferne das Licht einer Laterne, die wie betrunken hin und her schwankte. Etwas später hörte ich den Hufschlag des Pferdes und bald erkannten wir Jack, der gemächlich auf uns zugeritten kam. Den Hut hatte er aufbehalten, obwohl die Sonne jetzt ja nicht mehr schien.

An seinem Sattel hingen zwei große Ledertaschen. Offenbar hatte er nicht vor, in der Stadt zu übernachten, sondern wollte gleich nach unserem Treffen weiter.

»Genau«, bestätigte er auf meine Frage hin, als er abstieg. »Ich reite noch heute Nacht nach New Orleans weiter und schlafe irgendwo unterwegs. Der Mond scheint, ich habe eine Laterne … und eilig habe ich es auch.«

Er leuchtete uns mit der Blendlaterne ins Gesicht und Eddie wich erschrocken zurück.

»Also, habt ihr die Uhr dabei?«

»Ja«, antwortete ich. »Die kaputte Uhr, wie besprochen.«

»Und wo ist sie?«

Vielleicht bildete ich es mir nur ein, aber auf einmal gefiel mir sein Ton nicht mehr und ich fand das Abenteuer nicht mehr so lustig.

»Ich ... ich zeige sie Ihnen gleich«, stammelte ich. »Aber haben Sie auch die 50 Dollar?«

»Klar hab ich die, macht euch mal keine Sorgen. Rückst du jetzt endlich die Uhr raus, oder was?«

Er hatte es allzu eilig, sein Ton hatte allzu drängend geklungen, das hatte er offenbar selbst gemerkt. Deshalb hustete er, rückte seinen Hut zurecht und meinte dann: »Also, ich muss nachschauen, ob es wirklich das richtige Modell ist. Du hast ja gesagt, es sei eine kaputte Uhr, nicht wahr? Aber eigentlich sollte sie nicht kaputt sein ...«

Er log. Vielleicht war ich vorhin ein gutgläubiger Trottel gewesen, so wie mein Freund Eddie es manchmal ist, aber ich merkte immer, wenn mich jemand anlog.

»Zuerst die 50 Dollar«, forderte ich, wobei ich mich bemühte, meine Stimme möglichst entschlossen klingen zu lassen. »Dann die Uhr.«

Ich hätte nie gedacht, dass dieser Jack so schnell reagieren könnte. Im nächsten Augenblick packte er mich am Hemdkragen und zog mich hoch, sodass seine Laterne gegen meine Brust drückte.

»Jetzt reicht es aber, Kleiner!«, knurrte er mich an. »Gib mir diese Uhr.«

Eddie und ich schrien gleichzeitig, so laut wir konnten: »Julie! LAUF!«

»Das Mädchen! Wo ist es?«

Jack schaute sich um und ich nutzte die Gelegenheit, ihm einen Tritt dorthin zu verpassen, wo Männer am empfindlichsten sind.

Er klappte zusammen und griff sich mit beiden Händen an den

Unterleib. Dazu musste er mich loslassen und sobald meine Füße den Boden berührten, rannte ich los. Eddie rief irgendetwas, aber ich verstand es nicht. Ich erreichte die Bäume und lief dorthin, wo ich Joju vermutete. Ich hörte Eddie hinter mir, aber auch Jack, der uns fluchend und hinkend hinterherlief und immer näher kam.

Er hatte sein Pferd zurückgelassen, so wie wir das Pony, und es schien ihm allmählich wieder besser zu gehen, denn er wurde schneller und der Schein seiner Laterne reichte fast bis zu mir.

Ich konnte nichts mehr denken, ich spürte nur noch bei jedem Atemzug die Stiche in der Lunge und die hohen harten Gräser, die bei jedem Schritt gegen meine Beine schlugen.

Dann war ich bei Joju. Sie gab sich Mühe, schnell zu laufen, doch der verängstigte Tit stolperte ständig, die Finger der einen Hand immer noch fest um die Uhr geschlossen. Ohne langsamer zu werden, bückte ich mich, riss Tit hoch und lud ihn mir auf den Rücken. Es war ungefähr so, als hätte ich mir einen Sack voller Steine aufgeladen. Ich hätte nie gedacht, dass Tit so schwer sein könnte.

Ich versuchte weiterzulaufen, aber durch die Last war ich so langsam geworden, dass sogar Eddie mich überholte. Tit klammerte sich an meinem Hals fest und ich bekam kaum noch Luft.

Ich hielt an, weil ich keine andere Wahl hatte. Ich ließ Tit auf meine Schultern klettern und rannte weiter.

Jack kam näher, immer näher, immer näher und rief: »Halt oder ich schieße!«

Hatte er wirklich eine Pistole? Das konnte gut sein und ich hatte keine Lust herauszufinden, ob es tatsächlich stimmte.

Inzwischen hatten Joju und Eddie die Wackelbrücke hinter sich gelassen und liefen auf den festen Stellen zwischen dem Treibsand. Zumindest glaubte ich das, denn Jacks verdammte Laterne schien mal hierhin und dorthin, sodass ich in diesem ständigen Wechsel von Licht und Dunkelheit nichts richtig erkennen konnte. Habe ich schon erwähnt, dass eine Laterne im *Bayou* gefährlich werden kann? Ich glaube ja.

Ich sprang auf die Wackelbrücke, die in Wirklichkeit nur eine Art von Brett ist, das die beiden Ufer des Flusses verbindet und auf dem man bei Hochwasser nasse Füße bekommt. Aber auch sonst ist das Holz feucht und rutschig.

Vorsichtshalber lief ich auf der Brücke langsamer.

Hinter mir hörte ich Jack rufen: »Jetzt habe ich dich gleich, du Rotznase!«

Ich erreichte die andere Seite und ließ mich in den Schlamm fallen. Dadurch fiel auch Tit hinein und begann gleich wieder zu flennen.

Jack stieß einen Triumphschrei aus und stürzte sich in vollem Tempo auf die Wackelbrücke. Ich dachte nur daran, dass ich sofort wieder aufstehen und Tit auf meine Schultern heben musste.

Ich lief weiter mit ihm, obwohl ich dachte, dass meine Flucht sinnlos war, denn das Licht blendete mich jetzt so stark, dass ich kaum sehen konnte, wohin ich trat. Und das war gefährlich, denn da, wo ich jetzt war, war auch der Treibsand.

Hinter mir erklang ein lauter Fluch. Es war Jack, aber er klang nicht mehr wütend, sondern verzweifelt. Jetzt vernahm ich auch andere Geräusche, ein Plätschern, ein Rascheln, aber ich hörte nicht richtig hin, ich hatte viel zu viel Angst.

Niemals hätte ich gewagt, stehen zu bleiben und mich umzudrehen, denn vielleicht war es nur ein Trick von Jack, um mich zu erwischen. So schnell ich konnte, stürmte ich auf die Bäume vor mir zu, um endlich dem Licht der Laterne zu entkommen. Immer weiter drang ich in den Sumpf vor. Hier war es dunkel. Hier waren wir sicher.

WALKER AND DAWN CO. CHEAPEST CATALOGUE — CHICAGO 1904

Mackintosh, Greene & Co.'s Dark Frieze Overcoat

No. 45R242 Th...
from dark Ox...
especially desira...
cloth
sple...
as ...
The ...
quali...
good ...
and is ...
through ...
order fo...
lieve tha...
to send u...
best valu...
get in cl...
than can b...

Price for ...

**Mackinto...
Co.'s Ox...
$...**

No. 45R2...
is made up ...
goods as the a...
It is made of d...
ounce frieze, jus...
ster as will co...
price elsewhere ...
nish sizes only fro...
inches breast measu...
one length, 50 inches ...

Price for ulster........

**All Wool Blue Beaver Overco...
$5.00.**

No. 45R246 This ...
is made of all wool blu...
beaver, heavy weight
goods that will wear an...
satisfaction to the one who ...
it, made up as shown by ...
illustration, extra well made, t immed in a first class manner, ...
breasted style only. We are offering the coat at our one s...
margin of profit plan price We purchase all piece goods for re...
made clothing for much less than it is actually worth; thus we
enabled to give our customers the value we claim.

Price for overcoat .... $5.0...

All Wool Blue Black Beaver Ulster, $6.00.

No. 45R248 This ulster is made from the same materia...
as the above overcoat. It is a dark blue black all wool beaver
goods that will give you satisfaction The price is very low and
you may imagine that a good ulster cannot be had for the
price we name, but you can take our word that this coat is an
exceptional value and a splendid garment for this money. We
guarantee it to be the best coat ever offered for the price, and
upon examination, if it is not found satisfactory, your money will be
refunded. We take all chances on style, size or quality of goods.

Price for ulster..............................$6.00

WE ADVOCATE ORDERING READY MADE CLOTHING FROM OUR CATALOGUE.

It is just as satisfactory, we take the same special care to fill your
order exact. You will be always sure of getting garments that will
fit and please you. If you desire samples, however, FOR 5 CENTS
IN POSTAGE STAMPS we will mail you our cloth sample book of

Mens' Ready to Wear Clothing.

Why we can save you 50 cents to $1.00 more on every overcoat by
asking 5 cents for SAMPLE BOOK No. 56R, is explained on page 1129.

$7.25

HERRENMANTEL

Best.-Nr. 420004 – Herrenmantel aus schwerem Wollstoff, gefüttert. Dank hochwertiger Verarbeitung und eleganter Details auch für besondere Anlässe geeignet. Hornknöpfe, zwei Außentaschen, eine Innentasche, Satinfutter. Verfügbar in den Farben Schwarz, Grau und Dunkelblau. Bei der Bestellung bitte die Größe angeben.

Preis: 7,25 $

...dy Made Overcoat, $6.00.

is made from a dark navy blue
... well made and trimmed, sewed
... a coat as you cannot get from
... our price. Made up as shown
... en from photographs, and will
... y the coat will look. Send us
... at this coat will fit you, will
... returned to us at our expense

..........................$6.00

...lster, $7.00.

... up of the same mate-
... y weight cloth, especially
... would like very much to
... know that you will
... it to your friends and
... ders. Please remem-
... that the coat we send
... y This coat is made
... figure; made in sizes

.................$7.00

...ENT FROM US

that you cannot
... ng you get from
... with ours in
... dy made suit,
... is your future
...ED.

...xtra heavy
sle... We would like to
have your order, as we know we
can give you perfect satisfaction,
and retain your future patronage
in the clothing line. This garment is made up as shown by
ulster style 12, fashion figure,
and in sizes from 34 to 42 inches
breast measure.

Price for ulster style......... $8.00

Herrenmantel

»Wer ist da?«

»Wer soll da schon sein, du Affe? Lass mich rein!«

Die Tür der Hütte ging auf und zwei Hände zogen mich ins Innere.

»Wo ist Jack?«

Das war Eddie.

»Geht es Tit gut?«

Das war Joju.

In der Hütte war es stockdunkel und ich hörte die anderen atmen. Ich setzte Tit ab und spürte, wie er zu seiner Schwester hinüberflitzte und sie umarmte.

Wenn das nicht so ein Weiberkram wäre, hätte ich sie auch alle umarmt.

»Also«, flüsterte Eddie. »Ist Jack noch hinter dir? Kommt er her?«

»Ich weiß es nicht«, flüsterte ich zurück.

»Wie, du weißt es nicht?«

»Ich habe wirklich keinen Schimmer. Erst hat mich seine Laterne so geblendet, dass ich nichts sehen konnte, verstehst du? Und dann habe ich plötzlich einen Schrei und Geräusche gehört, aber ich bin weitergelaufen.«

»Und was ist mit Jack passiert?«, wollte Joju wissen.

»Keine Ahnung.«

»Bist du nicht stehen geblieben und hast nachgesehen?«

»Ihr meint, ich hätte stehen bleiben sollen? Ich bin doch nicht blöd. Außerdem habe ich auch noch Tit getragen, ich finde, es ist schon eine Leistung, dass ich es überhaupt bis hierher geschafft habe.«

»Hm«, meinte Eddie. »Du hast Geräusche gehört? Was waren das denn für Geräusche?«

»So ein Schmatzen, wie vom Schlamm. Und er hat ordentlich geflucht.«

Alle schwiegen. So langsam dämmerte mir, was diese Geräusche bedeuten könnten. Treibsand. Vermutlich war Jack hineingeraten. Er kannte sich hier in der Gegend nicht aus und auf dem Treibsand lagen Blätter, überall wuchsen Gräser, man musste schon ein besonderes Gespür und auch Erfahrung besitzen, um die Treibsandstellen zu meiden.

»Um Himmels willen!«, flüsterte Joju. »Was machen wir denn jetzt?«

Ich wusste es nicht. Ich konnte im Moment sowieso nicht mehr denken, mir war, als hätte ich den Treibsand im Kopf.

Monsieur Dubois, ein Jäger hier aus unserer Gegend, hatte einmal mit angesehen, wie ein erwachsener Bär in den Treibsand geraten und in ihm versunken war, bis nur noch die Ohrenspitzen herausschauten. Aber Monsieur Dubois erzählte auch viel Unsinn und die meisten Treibsandstellen waren kaum tiefer, als mein Arm lang ist. (Ich hatte das einmal mit einem Stock nachgemessen.)

Abgesehen davon war Jack jung, kräftig und mit allen Wassern gewaschen.

»Ich denke, er wird bald hier sein«, meinte ich schließlich. »Er wird sich befreien können und herkommen und er wird so wütend sein wie eine Mokassinotter, der man auf den Schwanz getreten ist.«

»Und genauso dreckig«, kicherte Eddie. Doch dann verstummte er, denn es war wirklich nicht der richtige Moment, um dumme Witze zu machen.

Mittlerweile hatten sich meine Augen an die Dunkelheit gewöhnt. Ich schlich zu dem Hanfsack, in dem wir unsere Habseligkeiten aufbewahrten, und holte mein Taschenmesser heraus. Es war ein billiges Ding mit einer schartigen Klinge, aber doch immer noch ein Messer. Ich fühlte mich gleich besser, als ich es in der Hand hielt.

»Los«, flüsterte ich, »helft mir, die Tür zu blockieren.«

Gemeinsam mit Eddie klemmten wir ein Brett gegen die Tür.

Unsere Hütte war ein meiner Meinung nach sehr hübsches Häuschen, aber es war alles andere als stabil. Ein Mann wie Jack hätte die Wände einrennen können, indem er sich mit der Schulter dagegenwarf. Aber auf diese Weise konnten wir ihn wenigstens ein bisschen aufhalten.

»Und was machen wir jetzt?«, fragte Eddie.

»Wir warten«, erwiderte ich.

»Ich habe Angst«, sagte Eddie.

»Es ist besser, wir sind still«, bemerkte Joju.

Also schwiegen wir, aber ehrlich gesagt fand ich diese Stille ziemlich beängstigend und es kam mir vor, als würde die Zeit überhaupt nicht vergehen.

Schließlich flüsterte ich: »Joju, ich glaube, du hattest recht. Jack hatte nie vor, uns die 50 Dollar zu geben.«

»Ja, aber es wäre mir lieber gewesen, ich hätte nicht recht behalten.«

Eddie nahm die Brille ab und putzte sie mit seinem Hemd. »Auf jeden Fall muss die Uhr tatsächlich sehr wertvoll sein. Sonst würde Jack sie doch nicht unbedingt haben wollen, oder?«

Darüber hatte ich noch gar nicht nachgedacht, aber was Eddie sagte, stimmte. Wenn Jack sogar dazu bereit war, uns zu erschießen, nur um an die Uhr zu kommen, dann musste sie einen gewissen Wert haben.

Mittlerweile hatte ich wirklich keine Lust mehr, im Dunkeln herumzustehen und zu spüren, wie mir die Angst die Kehle zuschnürte. Ich musste mich bewegen, irgendetwas tun oder ich würde hier drinnen noch wahnsinnig werden.

»Okay«, flüsterte ich. »Inzwischen müsste Jack schon längst hier sein. Und wenn er nicht hier ist, ist er vielleicht umgekehrt oder er hat sich im Sumpf verirrt. Ich gehe jetzt nachsehen, denn vielleicht brauchen wir uns hier gar nicht mehr einzuschließen, sondern können abhauen.«

»Wenn du draußen nachschauen gehst, komme ich mit«, sagte Joju sofort.

»Ihr wollt uns doch nicht etwa hierlassen, oder?«, protestierte Eddie. »Tit und ich kommen auch mit.«

Das war mir nicht recht. »Wenn wir laufen müssen, hält Tit uns nur auf.«

»Aber ich bleibe hier nicht allein zurück«, verkündete Eddie und es war klar, dass er sich nicht umstimmen lassen würde.

Also verließen wir alle zusammen die Hütte. Der Sumpf hatte einen eigenartigen silbrigen Glanz.

Ich ging als Erster, mit dem Taschenmesser in der Hand. Die anderen folgten mir im Gänsemarsch. Nach einer Weile sah ich zwischen den Bäumen etwas leuchten. Das konnte nur Jacks Laterne sein! Ich blieb so plötzlich stehen, dass Eddie mit dem Kopf gegen meinen Rücken stieß.

»Pscht«, machte ich und kauerte mich auf den Boden.

Eine Weile beobachtete ich den leuchtenden Punkt. Dann flüsterte ich: »Das Licht bewegt sich nicht.«

Die Laterne schien am Boden zu liegen. Vielleicht hatte Jack begriffen, dass man sich im *Bayou* am besten im Dunkeln fortbewegt. Oder es war eine Falle und er hatte sich von hinten an uns herangeschlichen und würde uns gleich überfallen.

Nachdenklich kaute ich auf meiner Unterlippe herum. Tit war bei uns und hatte die Uhr. Vielleicht wäre es für Eddie doch sicherer gewesen, allein in der Hütte zu bleiben.

»Ich gehe da mal hin«, flüsterte ich. »Aber ihr wartet hier auf mich.«

»Vergiss es«, sagte Joju. »Wir kommen alle mit. Aber leise, verstanden!«

So schlichen wir zwischen den Bäumen hindurch und weil ich hier normalerweise nie entlanglief, blieb ich alle zwei Schritte stehen und tastete mit den Zehen den Boden ab, um nicht doch noch im Treibsand zu landen.

Endlich sah ich, was geschehen war: Jack lag mit dem Gesicht nach unten im Schlamm. Er war bis zur Taille im Treibsand eingesunken. Sein linker Arm war steif und unnatürlich verdreht. Und sein rechter Arm war nicht mehr da. Jemand oder etwas hatte ihn abgerissen und mitgenommen.

»Oh mein Gott!«

»Ist er denn tot?«

»Natürlich ist er tot«, sagte ich. »Der Arm und die Schulter sind weg und vielleicht auch sein Herz.«

»Bist du dir ganz sicher?«, fragte Joju.

»Er hat sehr viel Blut verloren«, stellte Eddie fest. »Und er liegt seit mindestens einer Stunde hier. Der Ärmste ist mausetot. Dabei hatte er sich schon beinahe aus dem Treibsand herausgearbeitet.«

»Der Ärmste, na hör mal ... Er wollte uns umbringen!«

»Ja, aber ...«

Joju war leichenblass. »Was glaubt ihr, was das war?«

»Ein Ungeheuer?«, schlug ich vor.

»Ich glaube, das war das Alligatorweibchen«, stellte Eddie fest. »Wir sind ganz in der Nähe ihres Nests. Es hat sich durch Jacks Gestrampel im Treibsand gestört gefühlt und da ist es aus seinem Versteck gekrochen und ... zack!«

»Geht hier weg«, warnte ich. »Vielleicht ist es noch in der Nähe.«

Ich zitterte am ganzen Körper und konnte nichts dagegen tun. Trotzdem schlich ich mich zu Jack hinüber.

Offenbar hatte er, als er eingesunken war, seinen schönen grauen Mantel ausgezogen und sich mit dem Oberkörper daraufgelegt, um auf diese Weise aus dem Treibsand herauszukriechen. (Wer sich mit Treibsand auskennt, weiß, dass das eine sinnvolle Methode ist, denn sobald sich der Stoff mit Wasser vollgesogen hat und mit Sand verklebt ist, wird er fester und bildet so etwas wie eine Plattform, auf die man sich retten kann.)

Ich überlegte noch, was ich jetzt machen sollte, als sich im Gebüsch etwas bewegte. Ich meinte, das Auge eines Alligators aufblitzen zu sehen.

»Hey, Leute!«, rief ich. »Vorsicht! Der Alligator ist hier!«

Ich wich einen Schritt zurück und sah mich nach einem großen Stein oder einem Stock um.

Plötzlich war Eddie zwischen mir und dem Tier, riss die Arme zum Himmel empor, hüpfte wie ein Verrückter herum und rief: »Schwester Alligatorin, wir danken dir, denn du hast uns vor diesem

Mann gerettet, der uns töten wollte ... Auch wenn es besser gewesen wäre, du hättest ihn nicht umgebracht ... Trotzdem vielen Dank! Jetzt befiehlt dir der Schamane der Sümpfe, dich von hier zu entfernen. Und zwar sofort!«

Ich weiß nicht, ob Alligatoren unsere Sprache verstehen. Vielleicht war dieses Weibchen aber auch nur ebenso verrückt wie mein Freund Eddie oder aber sein Theater hatte es erschreckt und es wollte zu seinen Eiern zurück, um sie vor ihm zu beschützen. Auf jeden Fall bewegte sich das Gebüsch wieder, wir hörten ein Rascheln und dann nichts mehr. Es war verschwunden.

Ich schaute Eddie an, und Julie ebenfalls, und dann sahen wir alle wieder zu dem Toten hinüber und Tit versteckte sein Gesicht im Rock seiner Schwester.

Eine Leiche. Wir wussten nicht so recht, was wir nun tun sollten.

»Und jetzt?«, flüsterte ich.

Joju seufzte. »Jetzt durchsuchen wir ihn. Wir schauen nach, ob wir in seinen Taschen etwas finden, das uns zu verstehen hilft, was eigentlich los ist. Er wollte uns keine 50 Dollar geben, das ist klar. Aber er hat uns bis hierher verfolgt. Ich glaube, Eddie hat recht: Diese kaputte Uhr muss sehr viel wert sein.«

Ich habe nie wieder ein Mädchen erlebt, das so logisch denken konnte wie Joju. Allerdings war es eine Sache, so etwas zu sagen, und eine andere, einen Toten anzufassen.

»Wer macht's?«, fragte ich.

Eddie nahm Tit an der Hand und als ich das sah, begriff ich, dass es mal wieder mich treffen würde. Also ging ich näher, wobei ich genau darauf achtete, wo der Treibsand anfing. Schließlich legte ich mich auf das letzte Stück festen Bodens, streckte mich, so weit ich konnte, und griff nach dem Mantel. Jacks Finger waren in den

Stoff gekrallt und er schien nicht loslassen zu wollen, aber als ich mit ganzer Kraft zog, kam der Mantel frei.

Er war sehr schwer und als ich im Licht der Laterne die Taschen durchsuchte, merkte ich auch, warum.

In der rechten Außentasche war eine Pistole. Ein echter Revolver, dessen Lauf eine Handbreit lang war, mit sechs Patronen in der Trommel. Er sah noch gefährlicher aus als der, den wir uns aus dem Katalog bestellt hatten. Das lag auch daran, dass er voller Blut war. Vielleicht hatte Jack versucht, ihn aus der Tasche zu ziehen, als das Alligatorweibchen angegriffen hatte, war aber nicht schnell genug gewesen.

Ich wischte die Pistole am Mantel ab und steckte sie mir in den Hosenbund. In der anderen Außentasche des Mantels fand ich eine Brieftasche aus Leder und einen dick gefüllten Umschlag.

Ohne den Mantel loszulassen, kroch ich rückwärts zu meinen Freunden zurück. Für mich war die Durchsuchung abgeschlossen, ich würde Jack auf gar keinen Fall noch in die Hosentaschen langen. Erstens, weil ich dabei Gefahr lief, ebenfalls im Treibsand zu versinken. Und zweitens, weil ich es auch ohne Treibsand niemals getan hätte, nicht um alles Gold der Welt.

»Kann ich mal die Pistole haben?«, fragte Eddie sofort.

Ich schüttelte den Kopf. »Vielleicht nachher.«

Aber im Grunde hatte ich überhaupt nicht die Absicht, ihn die Pistole anschauen zu lassen.

WALKER AND DAWN CO. CHEAPEST CATALOGUE   CHICAGO 19

Our $1.12 Opera Shopping Bag

No. 18R2703 Opera Shopping Bag. Made of black moire silk, round extension frame with filigree top, fancy gilt tops. Silk cord handles. We recommend this number. Size, 8¾x9 inches.
Price, each............$1.12
If by mail, postage extra, 7 cents.

Quaker Purse

No. 18R2705 Genuine Pigskin. 2 pockets. Size, 2¾x2¾ inches. Its peculiar shape and formation admit of handling the coin without danger of losing its contents. Price, each....39c
If by mail, postage extra, 3 cents.

SPECIAL VALUES IN MEN'S POCKETBOOKS AND CARD CASES.

All the novelties as well as staples in this line. Note our prices carefully. A pocketbook or card case makes an acceptable present.

Men's Coin Purse and Bill Fold.

No. 18R2707 Coin Purse and Bill Fold. A handy book for gents, with a compartment for silver and bills; made of best New Zealand calf. Size, closed, 3x3½ inches.
Price, each............46c
If by mail, postage extra, 3 cents.

Portafogli da uomo in morbidissima pelle di agnello, due tasche per banconote. Dimensioni 3 x 8 pollici
No. 18R2709 Bill Fold.

English Calfskin Pocketbook.

No. 18R2721 Highly polished finish and faced with kid; four regular and three small pockets. Bill fold, with flap and tuck strap. Size, 2¾x4¾ inches.
Price, each............52c
If by mail, postage extra, each, 3 cents.

Seal Leather Strap Pocketbook.

No. 18R2723 Four regular pockets, bill fold, with flap and tuck strap, leather faced. Regular $1.00 pocketbook. Size, 2¾x4¾ inches.
Price, each............69
If by mail, postage extra, each, 3 cents.

Grain Leather Pocketbook.

No. 18R2725 Five large pockets and three small inner pockets. A pliable and serviceable purse. Size, 2¾x4 inches. Price, each....44c
If by mail, postage extra, each, 3 cents.

No. 18R272
Fine Morocco Grain Leather Billbook. Four large full size pockets, also card and ticket pocket; kid faced and canvas lined....36

HERREN-BRIEFTASCHE

Best.-Nr. 28T582 — Herren-Brieftasche in hervorragender Qualität, außen Ziegenleder mit Saffianleder-Paspeln, Innenfutter aus Leinen. Mit zwei Münzfächern und zwei Abteilungen für Geldscheine.

Maße: 3¾ x 8 Zoll
Preis: 55 Cents

No. 18R2715
Case of Seal Leather in black only. Size, 2¾x4½ inches. Inside finished in smooth calf and seal, one ticket and two regular pockets, one with flap and tuck strap; also place for stamps. Price, each, 47c
If by mail, postage extra, each, 4 cents.

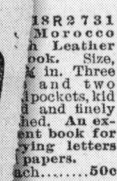

18R2731
Morocco Leather book. Size, in. Three pockets, kid and finely ent book for ying letters papers.
ch.........50c
by mail, postage extra, each, 5 cents.

No. 18R2733
Gentlemen's Bill book. Made of fine quality, smooth calf, yellow finish leather. Stitched throughout. Has two regular pockets and two bill folds, one side of which secured by flap and tuck. Size, 3¾ inches. One of the most durable and best books made.
Price, each....
If by mail, postage extra, each, 6 cents.

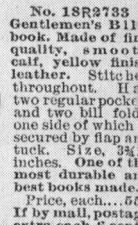

Herren-Brieftasche

Wir kehrten wieder zu unserer Hütte zurück. Inzwischen musste es ungefähr zwei oder drei Uhr morgens sein.

Am liebsten wäre ich jetzt zu der Kreuzung gegangen, an der hoffentlich noch Eddies Pony und Jacks Pferd auf uns warteten, und hätte Jacks Satteltaschen durchsucht. Aber es war klar, dass wir da jetzt auf gar keinen Fall hinkonnten. Sicherlich fragten sie sich bei mir zu Hause seit einiger Zeit, wo ich wohl stecken mochte, und wer weiß, was für Suchaktionen Eddies Eltern inzwischen veranstalteten.

In der Hütte stellten wir eine alte Kiste verkehrt herum auf, damit wir sie als Tisch nutzen konnten, und legten alles darauf: die kaputte Uhr, die Brieftasche und den Umschlag.

Eddie verlangte, dass ich auch die Pistole dazulegte, aber das sah ich überhaupt nicht ein.

»Fangen wir mit der Brieftasche an«, beschloss Joju.

Wir sahen gespannt zu, wie sie die lederne Brieftasche aufschlug.

»Wow!«, rief Eddie aus.

In der Brieftasche waren ein dickes Bündel Geldscheine, einige Münzen sowie zwei Schecks, die auf die Firma Walker & Dawn ausgestellt waren. Außerdem war noch ein zusammengefaltetes Stück Papier darin. Darin stand, dass Mr Richard Norton Bolton als Handelsvertreter für Walker & Dawn arbeitete und deshalb ermächtigt war, für diese Firma Verträge und Vereinbarungen abzuschließen.

»Glaubt ihr, dass Richard Jacks richtiger Name ist?«, fragte Joju.

»Vielleicht. Oder aber Jack war ein Verbrecher, der diesen Richard ausgeraubt hat«, vermutete Eddie.

Ich zählte die Geldscheine, die zwischen meinen Fingern raschelten, und verstand zum ersten Mal in meinem Leben, was Reverend Thomson damit gemeint hatte, als er gesagt hatte, es zahle sich im Leben aus, wenn man gut rechnen könne.

In der Brieftasche waren insgesamt 34 Dollar und 80 Cents. Um sicherzugehen, zählte ich dreimal nach, aber es kam immer dieselbe Summe heraus: 34 Dollar, 80 Cents.

Ich freute mich wie ein kleines Kind an Weihnachten: »Schaut nur, Leute! Wir sind reich!«

»Klar«, sagte Joju. »Und sobald sie entdecken, was mit Jack passiert ist und im Sumpf seine Leiche finden, nehmen sie uns alles wieder weg, bis auf den letzten Cent.«

Fieberhaft versuchte ich eine Lösung zu finden. Sollten wir das Geld irgendwo vergraben?

Währenddessen öffnete Joju den Umschlag und zog eine aus mehreren zusammengefalteten Blättern bestehende lange Liste heraus: eine ellenlange Aufzählung von Namen, Gegenständen und Adressen. Auf den ersten vier Seiten war jede einzelne Zeile mit einem Federstrich durchgestrichen. Der erste Name auf der fünften Seite, der nicht durchgestrichen war, war der meiner Mama.

»*CHEVALIER JOANNA, Mrs*«, stand auf dem Blatt, daneben der Name unserer Stadt und die Anschrift der Farm. Danach kam »*Best.-Nr. 61R510 und 92R510 – Revolver und Munition – GESAMTWERT $ 2,10*«. Dahinter stand das Datum, das wir auf unsere Bestellung geschrieben hatten, und das Datum, an dem das Päckchen versendet worden war.

»Donnerwetter«, staunte Eddie. »Dieser Jack oder Richard, oder wie der hieß, wusste wirklich alles über uns.«

»Logisch«, erwiderte ich. »Das ist eine Liste der Bestellungen aus dem Katalog. Er hat uns ja gesagt, dass er alle Leute besucht hat, die etwas bestellt haben, um herauszufinden, bei wem die Uhr gelandet ist.«

Joju hatte die Blätter einzeln durchgeschaut und eines gefunden, das anders als die anderen aussah. Es war keine Liste, sondern ein Brief. Sie gab ihn Eddie, der besser lesen konnte.

»*An alle Handelsvertreter der Firma Walker & Dawn. Anlage.*«

»Anlage? Was soll das bedeuten?«, fragte ich.

Julie und Eddie zuckten die Schultern. Also wussten sie es auch nicht.

»*Beim Versand eines Artikels ist ein schwerwiegender Fehler unterlaufen*«, las Eddie weiter vor. »*Die Lieferung könnte erfolgt sein in folgende Gebiete: Bundesstaat Louisiana, Region New Orleans; Bundesstaat Texas, Region San Antonio; Bundesstaat Oklahoma, Region Buffalo; Bundesstaat Kansas, Region Kansas City; Bundesstaat –*«

»Ja, schon gut«, unterbrach ihn Joju. »Das reicht. Lies jetzt das, was darunter steht.« Das flackernde Kerzenlicht warf seltsame Schatten auf ihr Gesicht und ließ sie wie eine Indianerin aussehen.

»*Der Fehler betrifft eine Einzelsendung, die im Laufe der beiden Wochen vor Datum des Briefs, dem dieses Schreiben beigelegt ist, unser Haus verließ. Im fraglichen Paket befindet sich ein Objekt von unschätzbarem Wert, namentlich: 1 Eisenbahner-Chronometer der American Company. Bei der Uhr handelt es sich um eine genaue Kopie unseres Katalogmodells, Best.-Nr. 99S171, siehe dortige Beschreibung. Das Gehäuse weist zahlreiche Kratzer auf, insbesondere einen kreuzförmigen Kratzer im oberen linken Teil. Auf den Rand der Uhr wurde das Baujahr 1881 eingeprägt. Die Uhr funktioniert nicht.*«

Ich merkte, dass ich zitterte. »Tit«, sagte ich. »Gib mir die Uhr.«
Der kleine Junge schüttelte verneinend den Kopf.

»Tit«, mahnte Joju, »es ist wichtig.«

Seufzend reichte mir Tit die alte Zwiebel und ich war so aufgeregt, dass ich sie beinahe fallen ließ. Ich hielt sie an der Krone fest, drehte sie um und fand sofort den kreuzförmigen Kratzer, so tief, als hätte man ihn absichtlich mit einem Nagel eingeritzt. Und am Rand erkannte ich die kleinen Ziffern der Jahreszahl: 1881.

»Wow, ist diese Uhr alt!«, sagte ich und stieß einen anerkennenden Pfiff aus. »Mehr als zehn Jahre ...«

»Ähem ...«, hüstelte Eddie, »wenn ihr mal still wärt, könnte ich weiterlesen. *Die Uhr wiederzufinden ist von höchster Wichtigkeit. Deshalb sind alle Haushalte aufzusuchen, die im genannten Zeitraum und in den genannten Regionen Sendungen erhielten. Die Höhe der dem Besteller auszuhändigenden Entschädigungssumme liegt im Ermessen des Handelsvertreters und kann maximal 4000 Dollar betragen.*«

»Was!«, schrie ich laut und kippte vor lauter Aufregung beinahe unseren Kistentisch um. »4000 Dollar! Könnt ihr euch das vorstellen? Diese Uhr ist teurer als Gold! Und wir haben sie!«

Auch Joju war aufgesprungen. »Jack hat uns ganz schön reingelegt! Von wegen 50 Dollar! Aber jetzt ...«

Eddie beachtete uns gar nicht, sondern las weiter: »*Nach Sicherstellung des Objekts ist unverzüglich ein Telegramm an den Firmensitz in Chicago zu schicken. Anschließend soll sich der betreffende Handelsvertreter sofort in den nächsten Zug nach Chicago setzen und das Objekt persönlich in den Firmensitz von Walker & Dawn bringen. Kosten spielen dabei keine Rolle. Auf gar keinen Fall aber darf das Objekt mit der Post verschickt werden, noch darf das Objekt auch nur eine Sekunde unbewacht bleiben. Es ist unbedingt persönlich zu übergeben.*«

Eddie atmete tief durch und sagte dann: »Darunter steht eine Liste der Handelsvertreter und der Regionen, die ihnen zugewiesen wurden. Ich glaube, das ist für uns nicht so interessant. Der Brief schließt mit den Worten: *Mr Richard Bolton sind die Nachforschungen in Louisiana anvertraut. Viel Glück!*«

Dieser letzte Satz berührte mich auf eigenartige Weise.

Wir sahen uns alle an.

»Und jetzt?«

Über die Antwort auf Eddies Frage brauchte ich nicht lange nachzudenken.

»Jetzt machen wir einfach, dass wir nach Chicago kommen!«

Ich hatte den Satz noch gar nicht fertig gesprochen, da sprang Eddie mit so viel Schwung auf, dass die umgedrehte Kiste umkippte, die Kerze auf den Boden fiel und nach allen Seiten heißes Wachs verspritzte.

»Hast du noch alle Tassen im Schrank?«, rief Eddie.

»Pass auf oder ich haue dich!«

Eddie schien mich gar nicht gehört zu haben, er wirkte vollkommen erschüttert. »Wir haben hier beinahe zehn Dollar pro Nase, das ist sehr viel Geld. Wenn wir damit nach Hause gehen, empfangen sie uns wie Helden. Genau, wie du es wolltest.«

Ich konnte gar nicht glauben, dass mein Freund Eddie mir so in den Rücken fiel.

»Aber was sollen wir mit den elenden zehn Dollar«, wetterte ich. »Wir haben die Möglichkeit, unglaublich reich zu werden. Das ist die Chance, auf die wir unser Leben lang gewartet haben, wir können sie nicht einfach verstreichen lassen. Es ist ein unglaublicher Glücksfall!«

»Tit und ich, wir machen mit«, sagte Julie ganz leise. »Meinetwegen können wir auch gleich los.«

Tit ergriff ihre Hand und Joju schenkte ihm das liebevollste Lächeln, das ich jemals gesehen hatte, wie um ihm zu verstehen zu geben, dass sie sich um alles kümmern und gut auf ihn aufpassen würde.

»A…aber Chicago ist so weit«, stammelte Eddie. »Und was werden unsere Eltern sagen? Wir müssten ihnen wenigstens Bescheid geben …«

»Keiner von uns kann jetzt nach Hause zurück«, stellte ich fest. »Könnt ihr euch vorstellen, was dann los wäre? Sie suchen uns sicher schon überall. Wenn sie uns zu fassen kriegen, bekommen wir mindestens ein Jahr Hausarrest. Und wenn jemand Wind von dieser Sache bekommt, dann fährt er an unserer Stelle nach Chicago und wir gucken in die Röhre.«

Ich sah Chuck schon vor mir, wie er in den Zug einstieg, zu Walker & Dawn fuhr und am Ende noch in die Zeitung kam. Das sähe ihm ähnlich! Ich hatte nicht die geringste Absicht, ihm das zu ermöglichen.

»Aber sie werden sich furchtbare Sorgen machen«, wimmerte Eddie.

»Nein, denn so bald wir können, schicken wir ihnen ein Telegramm«, beruhigte ich ihn. »Wir schreiben ihnen, dass es uns gut geht und dass wir etwas Wichtiges erledigen müssen. Wenn wir erst einmal stinkreich sind, werden sie sich freuen und stolz auf uns sein. Denk doch mal nach, diese Uhr ist mindestens 4000 Dollar wert. Davon kann sich jeder von uns eine eigene Plantage kaufen. Und …«

»Ich habe keine Lust, nach Hause zurückzukehren …«, murmelte Joju.

»Dann wirst du eben in der Welt herumreisen, wie eine feine Dame. Hört mal, wir müssen jetzt gleich los, wir dürfen keine Zeit mehr verlieren. Wir suchen zusammen, was wir mitnehmen wollen, und dann los. Noch heute Nacht. In zwei Tagen sind wir in New Orleans und dann ...«

»Und dann?«, fragte Eddie herausfordernd.

Ich wusste nicht einmal genau, wo Chicago überhaupt lag. Ich wusste nur, dass es weit weg war.

»Dann kaufen wir uns eine Landkarte!«, rief ich. »Das wird schon nicht so schwer sein. Außerdem stand in Jacks Schreiben etwas von einem Zug und Geld haben wir ja. Vorher aber müssen wir nach New Orleans kommen ...«

»Wie denn? Zu Fuß?«, kreischte Eddie.

»Mit dem Einbaum«, erklärte ich. »Wenn wir dort sind, suchen wir den Bahnhof und fragen nach dem ersten Zug, der nach Chicago oder in die Nähe davon fährt. Vielleicht müssen wir unterwegs auch mal umsteigen ... Aber das erfahren wir dann schon. Auf jeden Fall bin ich mir sicher, dass wir es bis nach Chicago schaffen.«

»Von New Orleans nach Chicago sind es mehr als 1000 Meilen. Das weiß ich, weil mein Vater zu Hause einen Atlas hat. Wir müssen praktisch sämtliche Bundesstaaten der USA durchqueren und du tust so, als ob das eine Kleinigkeit wäre ...«

»Nein, Eddie, es ist überhaupt keine Kleinigkeit. Es wird das Verrückteste sein, das wir je getan haben, aber wenn wir wieder zu Hause sind, schickt uns keiner mehr in die Sonntagsschule und niemand wird sich mehr über Julie und Tit lustig machen ...«

Ich verstummte, weil ich das vielleicht lieber nicht hätte sagen sollen.

Doch Joju lächelte. »Ja, alles wird anders sein. Für immer.«

Ich streckte die Hand aus, Joju legte ihre darüber und Tit seine kleine Hand über die seiner Schwester, und schließlich meinte Eddie, wir seien alle verrückt, aber er könne auf gar keinen Fall als Einziger nach Hause zurückgehen, denn sonst würde er auch unsere Prügel abbekommen und dazu hätte er überhaupt keine Lust.

Und deshalb legte er schließlich doch noch seine Hand zuoberst auf unsere Hände.

Jetzt blieb nur noch eine sehr wichtige Frage zu klären und zwar, wer von uns der Expeditionsleiter sein sollte. Ich wollte es nicht aussprechen, aber im Grunde kam nur ich infrage. Eddie war dafür nicht stark und entschlossen genug und außerdem trug er eine Brille. Joju war ein Mädchen und Tit war sowieso zu klein.

Allerdings darf sich ein richtiger Anführer nicht selbst vorschlagen, sondern er muss auserwählt und vom niederen Volk gefeiert werden. Nun wartete ich also darauf, gefeiert zu werden, und überlegte schon, was ich alles sagen würde, bevor ich die Wahl annahm (»Nein, das ist eine zu große Ehre ... Ihr seid zu gut zu mir ...« und ähnliche bescheidene Sprüche). Doch da fing Eddie an zu tönen, er müsse der Expeditionsleiter sein, weil er ein Schamane sei und mit den Alligatoren sprechen könne. Und Joju behauptete, sie müsse der Boss sein, weil sie die Cleverste von uns sei. Und Tit schwenkte die Uhr, als wolle er sich auch zur Wahl aufstellen.

Ich seufzte nur, denn mit derartigen Untergebenen muss ein Boss sehr geduldig sein. Ich boxte Eddie in den Bauch, dass ihm Tränen in die Augen traten. Bald war die schönste Rauferei im Gang und am Ende war klar, dass nur ich der Expeditionsleiter sein konnte und dass man mit einem echten Anführer nicht diskutiert.

»Als Erstes«, verkündete ich, »ordne ich an, dass wir packen und sofort losfahren, denn es ist schon sehr spät und wir müssen bei Sonnenaufgang weit weg sein, sonst entdecken sie uns am Ende noch.«

Eddie und Tit sammelten alles ein, was wir unterwegs brauchen könnten, darunter auch Jacks Brieftasche und das Schreiben und sogar den blutverschmierten Mantel. Währenddessen machte ich den Einbaum klar und legte die Angeln und noch ein paar andere nützliche Dinge hinein.

Eine knappe Stunde später gingen die anderen an Bord. Ich schob den Einbaum ins Wasser und sprang dann an den Kommandoplatz, der sich hinten im Heck befindet. Ich nahm das Paddel und paddelte mit voller Kraft immer tiefer in den Sumpf hinein.

Ich war überrascht, wie schnell unsere Hütte hinter uns verschwunden war. Sie blieb in der Ferne zurück, ebenso wie unsere Farm, die Hütte von Julies und Tits Mutter und das Haus von Eddies Eltern sowie alles, was wir bisher gekannt hatten.

Der Fluss und die Straße

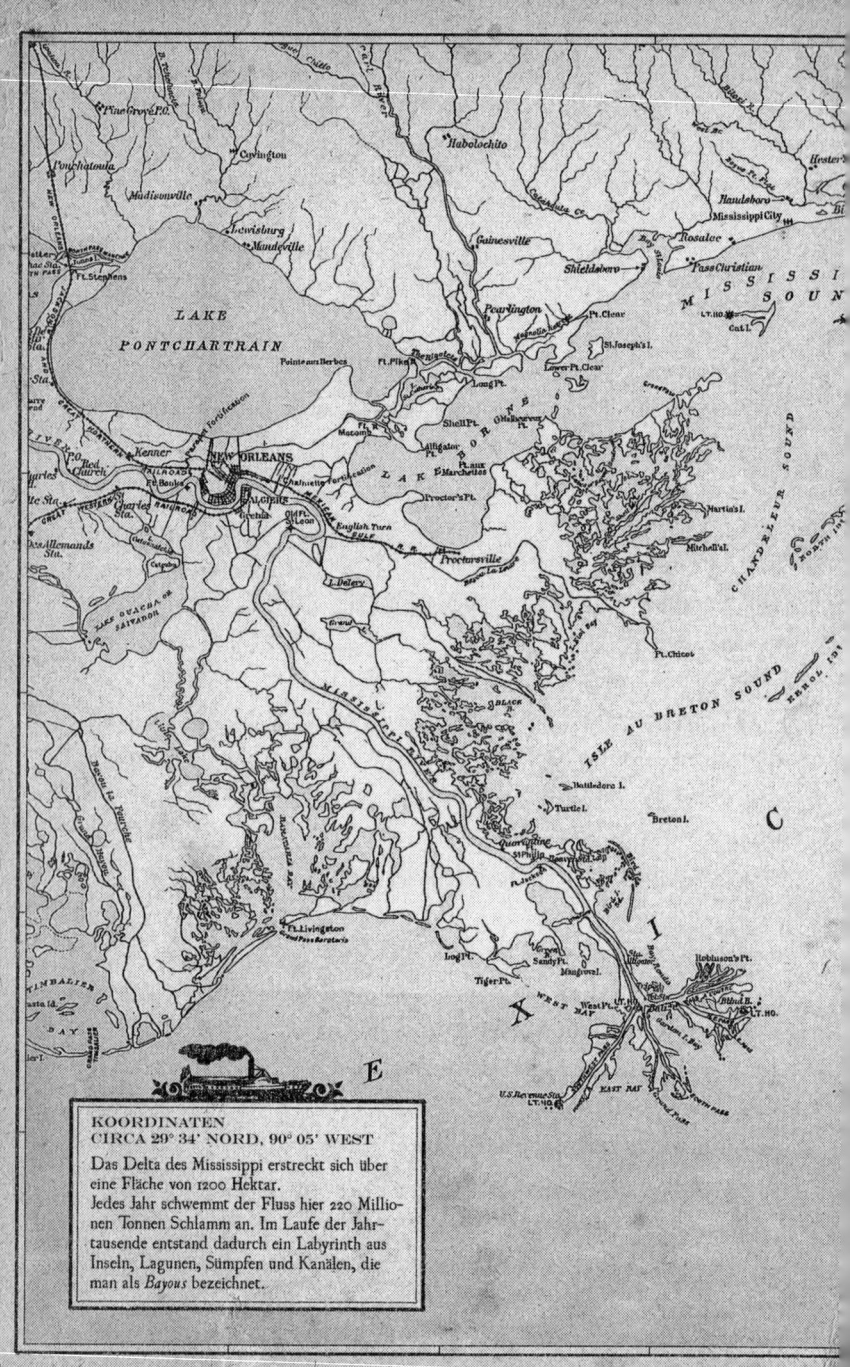

KOORDINATEN
CIRCA 29° 34' NORD, 90° 05' WEST

Das Delta des Mississippi erstreckt sich über eine Fläche von 1200 Hektar.
Jedes Jahr schwemmt der Fluss hier 220 Millionen Tonnen Schlamm an. Im Laufe der Jahrtausende entstand dadurch ein Labyrinth aus Inseln, Lagunen, Sümpfen und Kanälen, die man als *Bayous* bezeichnet.

Das Delta des Mississippi

Te Trois ruderte durch die Nacht und es war, als würde er niemals müde werden. Er hielt das Paddel schräg wie einen Speer und tauchte es immer zweimal rechts ein, zog es langsam und kräftig durch, dann zweimal links, wieder langsame und kräftige Schläge.

Der Einbaum glitt schnell durch das Wasser. Julie und Tit dösten. Ich hatte mich vorne im Bug zusammengerollt wie ein Igel. Die Brille saß mir schief auf der Nase. Angespannt lauschte ich in den Sumpf hinein.

»Eddie, was ist da draußen?«, fragte Te Trois.

»Ein Schlangennest, drüben am Ufer, aber ich glaube nicht, dass die Schlangen uns gefährlich werden können«, antwortete ich. »Aber zwei Meter vor uns lauert ein Alligator, wir sollten ihn lieber in Ruhe lassen.«

Te Trois nickte und lenkte den Einbaum zum Ufer. Er vertraute mir.

Dabei machte er sich sonst immer über mich lustig, wenn ich sagte, dass ich die Sprache der Tiere verstehen könnte.

»Das sind doch nur Spinnereien, Eddie«, spottete er immer in dieser selbstsicheren Art und schien nicht den geringsten Zweifel an seinen Worten zu haben.

»Nein, es stimmt«, entgegnete ich einmal. »Schau mal, auf den Ast dort drüben werden sich gleich zwei Rotkardinäle setzen.«

Und im nächsten Augenblick waren zwei der kleinen roten Vögel herbeigeflogen und hatten genau das getan, was ich vorhergesagt hatte.

Ich irre mich nie, denn ich bin ein Schamane. Ein Schamane des Sumpfes.

Auch der alte Joe war ein Schamane. Er lebte in dem Wald hinter unserem Haus. Ich hatte ihn ganz zufällig kennengelernt, an einem Tag, an dem ich durch den Wald streifte, hatte ich ihn auf einem Baum sitzen sehen. Wie ein Vogel hockte er auf einem Ast.

In der Stadt hieß es, Joe sei ein Säufer und dass er stahl, um sich von dem Geld Whiskey zu kaufen. Dabei wussten sie gar nichts über ihn. Joes richtiger Name war Malihomma. Er war ein Medizinmann der Choctaw und konnte mit den Vögeln und den Alligatoren sprechen.

»Es hat mit den Augen zu tun, noch mehr aber mit den Ohren«, sagte er. »Du musst dich darauf konzentrieren, das zu hören, worauf die Menschen nicht achten, weil sie einfach nur zu dumm dazu sind.«

Ich hatte ganze Nachmittage damit verbracht, einfach nur mit geschlossenen Augen in dem Nussbaum in unserem Garten zu sitzen und mich auf die Vogelstimmen zu konzentrieren. Und ganz allmählich hatte ich begonnen zu verstehen.

»Eddie, was ist da los?«, fragte Te Trois und riss mich aus meinen Gedanken. »Ich höre ein Geräusch, das mir nicht gefällt.«

»Das ist nichts«, beruhigte ich ihn. »Das ist nur ein Kanal. Er beginnt hinter den Bäumen dort drüben und scheint ziemlich breit zu sein. Die Fische lassen sich von der Strömung forttreiben. Lenk den Einbaum mehr zum Ufer rüber oder du musst dich doppelt so stark anstrengen.«

Te Trois tat, was ich sagte. Drei Paddelschläge auf einer Seite, der

Bug des Einbaums bäumte sich über dem Wasser auf, überwand eine Welle und wir nahmen Kurs auf die dunklen Inseln in Ufernähe.

Es war der zweite Tag unserer Reise.

Ich hatte genau 112 Sorgen. Ich hatte sie sorgfältig durchgezählt. Einmal hatte ich sie mir sogar in einem Heft aufgeschrieben und durchnummeriert.

Die ersten 17 waren meine Unnennbaren Sorgen. Sie betrafen Dinge, die mir derartig Angst machten, dass ich sie nicht einmal aufschreiben konnte.

Danach kamen die Schweren Sorgen: sterben, krank werden und sterben, mich erkälten und krank werden und sterben und so weiter.

Die nächsten waren die Mittelschweren Sorgen, es folgten die Normalen Sorgen und schließlich die Kleinen Sorgen wie etwa: »Beim Abfragen nichts wissen und von Reverend Thompson dafür bestraft werden« (das war Sorge Nr. 112).

Seit wir unterwegs waren, waren zu meinen bisherigen Sorgen neue dazugekommen, mindestens 20, und ich hätte gern mein Heft zur Hand gehabt, um sie einzutragen. Zu ihnen zählten »beinahe ertrinken« und »verhungern und verdursten«.

Mein Herz schlug immer noch viel zu schnell und mir fehlten einige Dinge, wie zum Beispiel der Kompass, den mir mein Vater geschenkt hatte und der jetzt in der Schublade meines Schreibtischs lag, unerreichbar wie ein verlorener Schatz.

Vor allem aber fehlten mir meine Bücher.

Einmal, vor langer, langer Zeit hatte ich zu Joe dem Indianer gesagt, dass Bücherlesen nur Zeitverschwendung sei, und er hatte mir dafür eine schallende Ohrfeige gegeben.

»Ein Medizinmann kennt viele verschiedene Magien. Ich bringe dir die der Choctaw bei, aber die Bücher sind die Magie des Weißen Mannes.«

Da begriff ich, dass im Grunde auch mein Vater Doktor Brown ein Medizinmann war. Es spielte keine Rolle, dass er immer Anzug, Hemd und Krawatte trug, seine Schnurrbartspitzen nach oben zwirbelte und den Sumpf hasste, weil man dort schmutzige Schuhe bekam.

Meine Mutter war noch nie im Sumpf gewesen. Ich nahm sogar an, dass sie, seit ich von zu Hause ausgerissen war, nicht mehr aus dem Bett aufgestanden war und die ganze Zeit nur darin lag, verschwitzt und leichenblass. Meiner Mutter ging es nicht gut, sie bekam eine Krankheit nach der anderen und schon bei der kleinsten Beunruhigung flüchtete sie sich in ihr Bett.

Wer wusste, was sie jetzt durchmachte! Vielleicht würde sie an gebrochenem Herzen sterben. Und dies war, um ehrlich zu sein, meine Sorge Nr. 2.

Den ganzen gestrigen Tag über hatten wir uns von den stärker befahrenen Kanälen ferngehalten, aus Angst, jemand könne uns sehen und in die Stadt zurückbringen.

Wenn wir in einer Sackgasse gelandet waren, also in einem Kanal, der einfach irgendwo aufhörte, was ziemlich oft vorkam, schleppten wir den Einbaum durch Schilf und Schlamm. Te Trois ging dann vorn und ich hinten und Julie und Tit trugen unser geringes Gepäck. Dann ließen wir den Einbaum zu Wasser und es konnte weitergehen.

Ich ermittelte den Kurs anhand der Sterne und der Pflanzen. Wenn ich Schildkröten sah, wusste ich, dass wir in die Richtung fahren mussten, aus der sie kamen, denn um diese Jahreszeit schwimmen die Schildkröten der *Bayous* immer zum Meer.

Wir dagegen fuhren nach Norden, immer weiter nach Norden.

Gelegentlich beobachtete ich Te Trois, wenn er es nicht merkte. Er war schön, ein Wesen des Wassers und der Wälder. Ob er sich wohl jemals fragte, wie es jetzt bei ihm zu Hause aussah? Ich wusste, wenn ich ihn fragte, würde er mir irgendetwas von seinem Bruder Chuck erzählen und von einem Telegramm, das er in New Orleans abschicken wollte … oder vielleicht auch nicht.

Auch Julie und Tit dachten nicht an zu Hause, aber bei ihnen war das anders, denn ihr Zuhause war ein Ort, von dem man nur so schnell wie möglich fliehen will.

Also blieb nur ich, Eddie Schiefauge, der Schamane mit der Brille, der Junge, der den Sumpf und die Bücher kannte.

Inzwischen hatte unser Einbaum den Fluss erreicht. Von einem Ufer zum anderen waren es mindestens 20 Schritte und die Strömung war so stark, dass sie uns nach hinten riss.

Ich riet Te Trois, noch näher zum Ufer zu paddeln, wo das Wasser ruhiger war, und so fuhren wir zwischen Schilf und kleinen Schlammhügeln stromaufwärts.

Es war zehn oder elf Uhr abends und dunkel.

»Ich habe Hunger«, verkündete Julie. »Und Tit kann nicht mehr still sitzen. Wann machen wir Pause?«

»Bald«, erwiderte ich. »Siehst du den dunklen Schatten, der dort über den Bäumen kreist? Es ist ein Uhu und er jagt. Das bedeutet, dass dort drüben fester Boden ist.«

Julie sah mich etwas komisch von der Seite an, so als würde sie denken: Schau mal an, unser Eddie steckt wirklich voller Überraschungen. Und tatsächlich war ich im *Bayou* ein anderer Mensch, ich fühlte mich dort frei und stark, ganz anders als zu Hause in der Stadt.

Der Einbaum berührte das Ufer und blieb im Schlamm stecken. Te Trois sprang als Erster ins kniehohe Wasser und zog das Boot an Land.

Ich merkte schon beim Aussteigen, dass ich vor Müdigkeit kaum noch stehen konnte. Julie war ganz bleich und Tit hielt die Augen geschlossen. Die Uhr aber ließ er auch jetzt nicht los.

Im Laufe des Tages hatten wir dicke Krebse mit roter Schale gefangen. Te Trois machte jetzt Feuer und wir grillten die Krebse im Feuer, bis ihre Schalen schwarze Streifen bekamen.

Ihr Fleisch war unglaublich zart und süß, an den Rändern angesengt und in der Mitte noch ziemlich roh. Ich hatte noch nie zuvor etwas derartig Köstliches gegessen und Te Trois war so hungrig, dass er sie am liebsten mitsamt der Schale verschlungen hätte. Julie lächelte glücklich.

Als er sich satt gegessen hatte, gab Te Trois einen lauten Rülpser von sich, wischte sich den Mund mit dem Ärmel ab und meinte: »Jetzt geht es mir besser.«

»Mir ginge es auch gut, wenn du nicht so rülpsen würdest«, sagte Julie, doch während sie es noch sagte, rutschte ihr auch ein kleines Bäuerchen raus. Na ja, vielleicht war es gar nicht so klein.

Wir mussten alle lachen, sogar Tit. Über uns spannte sich ein dunkler sternenloser Himmel und die Nacht war feucht und von leisen raschelnden Geräuschen erfüllt.

»Wir sollten jetzt ein bisschen schlafen«, schlug ich vor. »Wenn ich mich nicht total verkalkuliert habe, überqueren wir morgen den Salvador und dann sind wir in New Orleans.«

»Was ist dieser Salvador?«, wollte Julie wissen.

Te Trois benutzte ein dünnes Krebsbeinchen als Zahnstocher. »Ja, was ist das?«

Ich hatte immer gern in den Geografiebüchern meines Vaters geblättert.

»Es ist ein See, der südlich vor New Orleans liegt«, erklärte ich. »Er ist ziemlich groß und markiert das Ende der *Bayous*. Die Überquerung wird einige Zeit dauern, aber wir werden noch vor dem Abend in der Stadt sein.«

»Und dann brauchen wir einen Plan«, sagte Julie. »Wir wollen ja schließlich nach Chicago. Aber wie kommen wir da hin? Wir wissen nicht einmal genau, wie weit es bis dorthin ist!«

»Doch, ich weiß es ungefähr«, widersprach ich. »Chicago liegt im Norden und ist sehr weit weg.«

»Eben, zu Fuß kommen wir da nicht hin.«

Te Trois streckte sich gähnend, so als ob ihn dieses Gespräch zu Tode langweilte.

»Darüber haben wir doch schon gesprochen«, sagte er. »Wir finden schon eine Möglichkeit, dort hinzukommen. Wir haben Geld und wir können den Einbaum verkaufen.«

»Und Jacks Pistole«, schlug ich vor.

Um ehrlich zu sein, war ich wegen dieser Pistole ziemlich sauer auf Te Trois. Seit er sie aus Jacks Manteltasche gezogen hatte, hatte ich sie mir kein einziges Mal in Ruhe anschauen dürfen.

Jetzt gähnte Te Trois schon wieder. »Wir sollten uns nicht so viele Sorgen machen, finde ich. Auch weil ich jetzt todmüde bin.« Er hatte den Satz kaum zu Ende gesagt, da lag er auch schon auf der Seite und schlief.

Julie lächelte. »So etwas habe ich noch nie gesehen. Er muss wirklich sehr müde gewesen sein.«

Mir dagegen ging das, was Julie vorhin gesagt hatte, noch eine ganze Weile im Kopf herum. Sie hatte recht, es würde nicht leicht sein, Chicago zu erreichen, und ich würde derjenige sein, der den Weg dorthin finden musste. Ich war der Scout, denn schließlich war ich der Älteste und kannte sowohl die Magie des Weißen Mannes als auch die der Indianer.

Aber ich hatte Angst. Te Trois sagte immer, ich sei ein Feigling, ein Angsthase, weil ich wegen jeder Kleinigkeit zu heulen anfing. Vielleicht hatte er recht damit und ich sollte lieber schleunigst machen, dass ich nach Hause kam, dorthin, wo ich in Sicherheit war.

Ein Junge mit 112 Sorgen ist nicht dafür geschaffen, Abenteuer zu erleben.

»Warum machst du so ein Gesicht, Eddie?«, erkundigte sich Julie. Sie rückte näher zu mir heran und legte ihren Kopf auf meine Schulter.

Julie roch sehr gut, so süß wie angesengtes Zuckerrohr. Ihr Kopf ruhte schwer auf meiner Schulter. Vorsichtig drehte ich den Kopf so, dass ich ein bisschen von ihrem Gesicht sehen konnte, und merkte, dass auch sie eingeschlafen war. Tit hielt sich wie immer abseits und schien auf einen Punkt hoch oben über den Baumwipfeln zu starren.

Wer weiß, worüber er nachdachte.

»Jetzt sind nur noch wir beide wach, Tit, nicht wahr?«, flüsterte ich.

Der kleine Junge antwortete nicht. Stattdessen stand er auf, kam zu mir und legte sich auf den Boden, den Kopf auf mein Bein gestützt.

So soll es sein, dachte ich. Sie schlafen alle und Eddie, der Schamane, wacht und unterhält sich mit der Nacht.

Der Uhu, den ich vor ein paar Stunden gesehen hatte, rief. Es waren lange, tiefe Rufe, die wie das Brummeln eines alten Mannes klangen.

Ich verstand, was er mir sagen wollte: Ich solle mir keine Sorgen mehr machen.

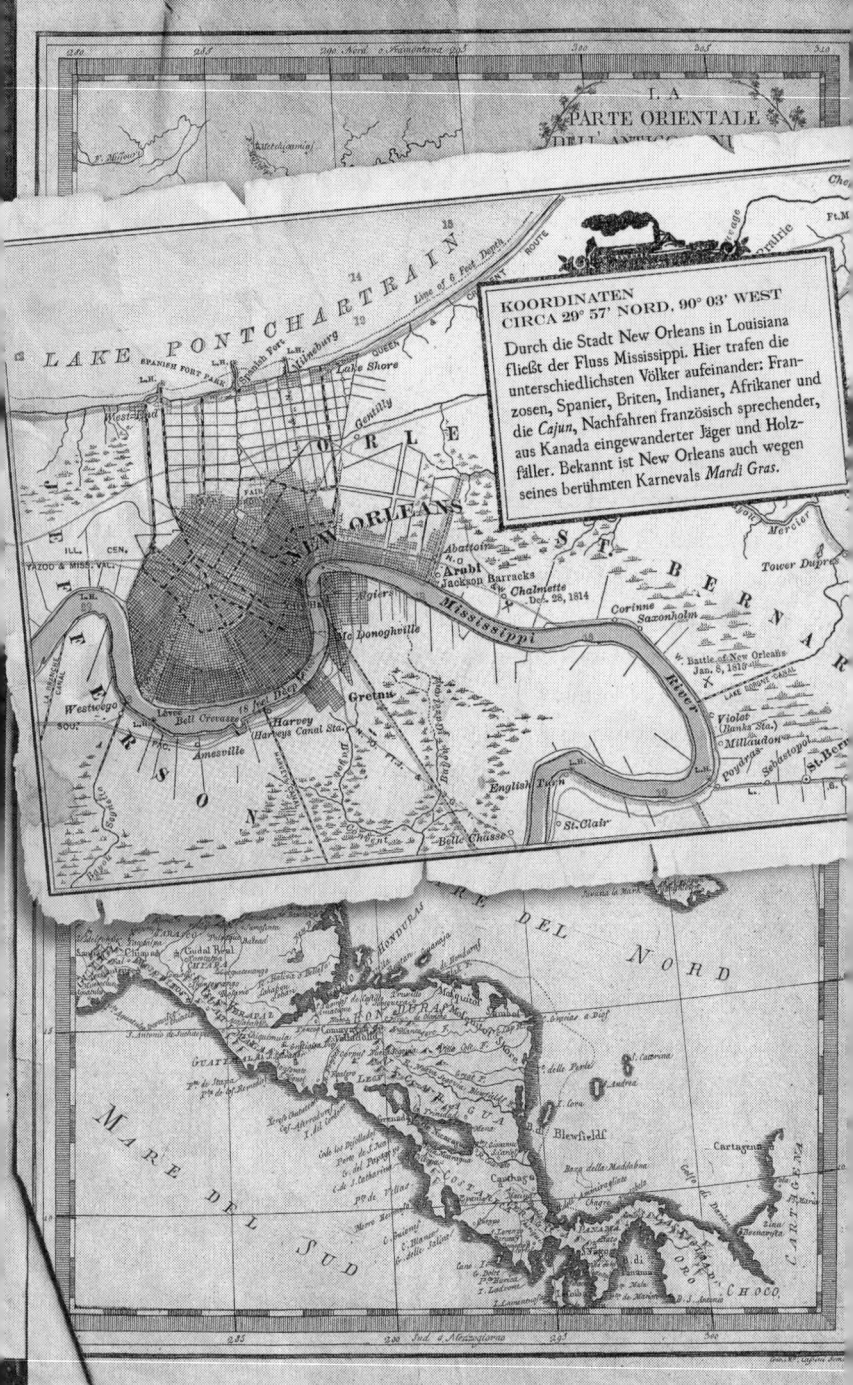

KOORDINATEN
CIRCA 29° 57' NORD, 90° 03' WEST

Durch die Stadt New Orleans in Louisiana fließt der Fluss Mississippi. Hier trafen die unterschiedlichsten Völker aufeinander: Franzosen, Spanier, Briten, Indianer, Afrikaner und die *Cajun*, Nachfahren französisch sprechender, aus Kanada eingewanderter Jäger und Holzfäller. Bekannt ist New Orleans auch wegen seines berühmten Karnevals *Mardi Gras*.

New Orleans

Wir erreichten New Orleans, als die Sonne unterging.

Ich war der Einzige von uns, der bereits einmal hier gewesen war. Es war im Winter gewesen und mein Vater war mit mir zu einem Augenarzt gegangen. Damals hatte ich meine Brille bekommen. Ich mochte meine Brille, denn ohne sie sah ich nicht gut. New Orleans aber hatte mir damals überhaupt nicht gefallen. Es gab zu viele Häuser, zu viele Menschen, es stank überall und die Straßen waren voller Schlamm. Überall war Schlamm, viel zu viel Schlamm. Diese feuchte Kälte. Und der Schlamm.

Jetzt war Sommer, es war heiß und stickig, ich war erschöpft und vielleicht hatte ich auch ein bisschen Fieber.

Die Überquerung des Salvador war anstrengender gewesen als gedacht. Ich hatte Te Trois immer wieder ablösen und viele Stunden lang unter der prallen Sonne paddeln müssen. Außerdem hatten wir beide auf langen Strecken den Einbaum durch das Schilf ziehen müssen und nun taten mir Arme und Rücken weh und ich hatte überall Mückenstiche. Wahrscheinlich würde ich jetzt auch noch krank werden, nach all den Strapazen.

»Jetzt reicht's!«, rief ich. »Wir schlagen ein Lager auf und verbringen hier die Nacht.«

»Warum hier?«, fragte Julie.

»Weil es inzwischen dunkel ist und wir die Stadt beinahe erreicht haben«, antwortete ich. »Auf dieser schönen Wiese werden wir wunderbar schlafen.«

Te Trois und Julie sahen mich komisch an, so als ob mir plötzlich Fühler gewachsen wären oder so.

»Warum, was schlagt ihr vor?«

»Wir schlagen einen Stadtbummel vor, du Trottel!«, spottete Julie. »Ich war noch nie in New Orleans, ich will es mir mal anschauen.«

»Aber es könnte gefährlich sein!«, widersprach ich.

Ich wollte gar nicht daran denken, was uns dort alles passieren könnte, und wenn ich mein Heft bei mir gehabt hätte, hätte ich meine Sorgenliste noch um einiges verlängern können.

»Unsere ganze Reise ist gefährlich«, stellte Te Trois fest. »Und das ist doch das Schöne daran, findest du nicht?«

Wir ließen den Einbaum am Fuße einer Böschung zurück. Er war so gut im Schilf versteckt, dass man ihn kaum erkennen konnte. Ich hätte auch gern ein Loch in den schlammigen Boden gegraben, um unsere wertvollsten Habseligkeiten darin zu verstecken, doch die anderen waren dagegen und außerdem wäre es gar nicht möglich gewesen, Tit die verdammte Uhr wegzunehmen.

»Ihr müsst wissen, dass New Orleans die Stadt der Diebe ist, das ist bekannt«, redete ich auf die anderen ein. »Eigentlich sollte einer hierbleiben und unsere Sachen bewachen …«

»Dann bleib du doch hier«, erwiderte Te Trois. »Ich gehe lieber in die Stadt und amüsiere mich.«

»Und ich komme mit«, sagte Julie und nahm Tit bei der Hand.

Ich sah zu, wie sie in Richtung der Häuser davonzogen. Da beschloss ich, dass ich doch keine Lust hatte, allein an der Böschung zurückzubleiben und mich einem Heer hungriger Mücken auszuliefern.

Ich atmete einmal tief durch und lief ihnen hinterher.

Stellt euch vier Kinder vor, die immer nur mitten in den Sümpfen gelebt haben, und steckt sie dann mitten in eine große Stadt. Dann könnt ihr euch vorstellen, wie wir uns in New Orleans fühlten.

Es war alles so anders, dass es mir vorkam, als sei ich anstatt in New Orleans auf dem Mond gelandet. Ich war so verwirrt und gleichzeitig so glücklich und so verängstigt, dass mir schwindelig wurde.

Die Stadt war überhaupt nicht so, wie ich sie in Erinnerung hatte. Sie war ein einziger Wirbel aus Geräuschen, Gerüchen und Energie. Überall waren Menschen, weiße und schwarze und Indianer, und sie alle aßen und tranken, redeten, liefen herum, lachten und prügelten sich.

Überall hingen kleine Laternen, die die dunklen Straßen in ein Firmament zitternder Sterne verwandelten. Kutschen und Pferde waren unterwegs und sogar Herren auf Fahrrädern, die ich bisher nur im Katalog gesehen hatte.

»Wow!«, murmelte ich erstaunt. »Es ist alles so ... so ...«

»Fantastisch!«, rief Julie.

Sie flitzte durch die Menge und zog Tit wie den Schwanz eines Drachens hinter sich her.

Te Trois und ich folgten, so schnell wir konnten, und drehten dabei die Köpfe in sämtliche Richtungen, um von dem Schauspiel um uns herum nichts zu verpassen. An einer Straßenecke kämpften zwei mit Messern bewaffnete Betrunkene und Leute standen im Kreis um sie herum und feuerten sie an. Drei barfüßige Mädchen tanzten und eine Gruppe junger Männer klatschte den Takt dazu. Ein Schwarzer spielte Mundharmonika.

Die Luft war von Musik erfüllt, von Alkoholschwaden und vom Geruch nach gebratenem Fleisch.

In einer Straße waren besonders viel junge Leute. Sie drängelten sich dicht an dicht, schauten alle in dieselbe Richtung, schienen aber nicht Schlange zu stehen. Die Jungen hielten die Mädchen an der Hand oder umfassten ihre Taille.

Erst dann hörte ich die Musik. Ein entfesselter Rhythmus, der herrlichste, den ich jemals gehört habe.

Ohne lange nachzudenken, schlängelten wir uns zwischen den Leuten durch, bis wir die erste Reihe erreicht hatten. Die Musik stammte von einer kleinen Gruppe schwarzer Musiker. Sie waren alle sehr elegant gekleidet und alle in Weiß. Einer spielte Kontrabass, ein zweiter Gitarre, einer Posaune und zwei Klarinette. Und der, der ganz vorn stand, blies mit vollen Backen in eine Trompete.

Was für ein Anblick! Aus dieser Trompete kamen die eigenartigsten Melodien, mal klangen sie lustig und mal todtraurig und alle anderen Musiker stellten sich auf sie ein und folgten ihrem Rhythmus.

Das Wunderbarste daran aber war, dass sich die Melodie danach richtete, was ringsherum geschah. Ein Mädchen begann zu tanzen und wirbelte wieder und wieder um die eigene Achse und die Trompete gab eine Tonfolge von sich, die ebenso durch die Luft zu wirbeln schien wie der Rocksaum des Mädchens. Zwei junge Männer drängelten einander nach vorn, bis sie beide hinfielen und am Boden lagen, und die Trompete erfand ein lustiges Motiv, das alle zum Lachen brachte.

Das war nicht die ernsthafte, steife Musik, die meine Mutter manchmal auf dem Klavier im Wohnzimmer spielte. Es war unvorhersehbare, improvisierte Musik. Sie war *lebendig*.

Auf einer Seite der kleinen Kapelle stand ein alter Mann mit schmuddeligem Bart. Zwischen seinen Beinen war ein Fass, aus dem er mit großen Krügen eine Flüssigkeit schöpfte.

»Rachenputzer, der Krug zu einem Cent!«, rief er.

Noch bevor ich es richtig merkte, stand Te Trois schon vor ihm und sagte: »Ich will einen Krug.«

»Hast du denn einen Cent?«

»Klar.«

Te Trois holte eine Münze aus der Tasche und der alte Mann reichte ihm einen Glaskrug, der mit der durchsichtigen, scharf riechenden Flüssigkeit gefüllt war.

»Wer spielt denn da?«, fragte ich den Alten.

»Ihr seid wohl nicht von hier«, antwortete er lächelnd. »Denn sonst hättet ihr schon mal von dem großen Buddy Bolden gehört, der beste Kornettist von New Orleans. Wenn er spielt, kommt die ganze Stadt, um ihm zuzuhören.«

»Wow!«, murmelte ich bewundernd. »Und wie nennt man diese Musik?«

Der alte Mann zuckte mit den Schultern. »Ich weiß nicht, aber ist das nicht egal? Um Musik zu verstehen, braucht man ihr keinen Namen zu geben, man muss sie sich nur anhören.«

Julie packte mich an der Schulter und zog mich in die erste Reihe zurück, wo wir weiter Buddy Boldens Musik lauschten. Te Trois reichte mir den Krug und ich nahm einen großen Schluck. Mir war, als würde ich flüssiges Feuer trinken.

Ich musste husten. Wir tanzten und dann trank ich noch einen Schluck. Und dann … Dann weiß ich nicht mehr, denn an das, was danach geschah, kann ich mich nicht mehr erinnern.

Als ich aufwachte, lag ich oben auf der Böschung und mein Mund war voller Schlamm.

Die Sonne stand schon hoch am Himmel und mein Kopf schmerzte, als hätte jemand einen Nagel hineingeschlagen. Ich drehte mich auf die Seite und erbrach mich. Mir kam es vor, als dauere das stundenlang.

»Schau nur, wer wieder unter uns ist«, sagte Te Trois. Sein Gesicht tauchte vor mir auf, aber ich sah ihn nur unscharf.

»Was ist denn mit mir passiert?«, fragte ich.

Julie, die irgendwo in der Nähe meiner Füße stand, antwortete: »Dir ist schlecht geworden und wir mussten dich bis hierher schleppen.«

»Ich glaube, gerade geht es mir auch nicht besonders gut«, gestand ich.

»Du solltest dich aber schleunigst wieder erholen«, meinte Te Trois und reichte mir meine Brille. »Du musst nämlich in die Stadt gehen.«

»Ich? Ich meine, ich ganz allein?«

»Ja, genau.«

Ich setzte meine Brille auf und die unscharfen Schatten und Farbflecken verwandelten sich in meine Freunde zurück. Doch immer noch war mir, als drehe sich alles. Ich musste mich setzen. Sicherlich hatte ich auch Fieber.

»Ich glaube, ich habe Fieber«, sagte ich.

»Ich glaube, du hast einen Kater«, erwiderte Julie kichernd. »Und du musst trotzdem in die Stadt gehen, es gibt keine andere Möglichkeit.«

»Wieso denn?«

Te Trois seufzte und Julie zwinkerte mir zu. »Sag mal, ist dir gestern Abend nichts aufgefallen? Ich meine, außer dass du keinen Alkohol verträgst?«

»Nein, mir kam alles ganz normal vor. Wir haben getanzt und alle haben uns angeschaut ...«

Julie nickte. Ich blickte zu Te Trois rüber und nun verstand ich.

Mein Freund war barfuß, seine auffällig kurze Hose war verschlissen und völlig ausgefranst. Sein Hemd hatte mindestens drei lange Risse und sah aus, als würde es bald ganz auseinanderfallen. Außerdem war er überall mit Schlamm verschmiert und von Grasflecken übersät. Sein struppiges Haar sah wie ein Vogelnest aus.

Er sah einem Geist aus dem *Bayou* ähnlicher als einem Schuljungen, während die Bewohner von New Orleans alle sehr elegant angezogen waren und mit blank polierten Schuhen durch ihre Stadt spazierten.

»Die Wahrheit ist, dass wir wie vier abgerissene Landstreicher aussehen«, sagte Julie. »Außerdem wissen wir gar nicht, wie man sich in der Stadt benimmt, und das macht uns verdächtig. Wenn wir hier weiter so auffällig rumlaufen, wird uns früher oder später ein Polizist nach unseren Papieren fragen oder wissen wollen, wo unsere Eltern sind. Und dann landen wir bald wieder zu Hause.«

Ihre Stimme zitterte ein bisschen, so als könne sie sich nichts Schlimmeres vorstellen. Aber ich spürte auch noch etwas anderes, so etwas wie ... Scham. Und ich überlegte, ob es ihr gestern Abend peinlich gewesen war, in ihrem alten schmutzigen Kleid gesehen zu werden, während alle anderen Mädchen und Frauen feine schicke Sachen getragen hatten.

»Was schlagt ihr denn nun vor?«, fragte ich.

»Du bist der Größte von uns, du kannst so sprechen wie die vornehmen Leute, du hast deine Brille ... und vor allem sehen deine Kleider immer noch viel besser aus als unsere. Deshalb musst du in die Stadt gehen, um Informationen zu sammeln und um für uns alle neue Kleider zu kaufen.«

Ich hatte keine Wahl, das war klar. Also stand ich auf und versuchte, trotz Kopfschmerzen und Fieber aufrecht zu stehen. Als mir dies einigermaßen gelang, kletterte ich die Böschung hinunter, wusch mich im Wasser des Kanals und kämmte mir das feuchte Haar mit den Fingern aus dem Gesicht.

»Wie sehe ich aus?«, fragte ich Julie.

»Wie ein feiner Herr«, erwiderte sie.

Auf dem Weg in die Stadt merkte ich, dass mir das Laufen ganz guttat.

Ich hatte die Taschen voller Geld, in meinem Kopf spielte immer noch die Musik, die wir gestern gehört hatten, und es war ein herrlicher sonniger Tag. Was wollte ich mehr?

An einem Kiosk an der Straße kaufte ich mir eine Scheibe Krabbenkuchen. Ich hatte ein schlechtes Gewissen dabei, denn die anderen hatten mit Sicherheit kein Frühstück gehabt. Allerdings hatte ich auch einen Auftrag zu erfüllen und benötigte deshalb eine Stärkung. Außerdem schmeckte der Krabbenkuchen sehr gut.

Ich schlenderte durch die Straßen, bis ich auf ein elegantes Geschäft stieß, in dem ich vielleicht fündig werden könnte. Mir klangen immer noch Julies Worte im Ohr. Möglicherweise wurde der Verkäufer misstrauisch, wenn ein Junge in den Laden kam, der viel Geld bei sich hatte. Deshalb dachte ich mir eine passende Geschichte aus. Nämlich, dass meine Eltern in Kansas lebten, dass ich soeben in New Orleans angekommen war, um dort meinen Onkel zu besuchen, und dass mich dieser Onkel beauftragt hatte, Kleidung zu kaufen, während er in der Stadt andere Dinge erledigte.

Ich hatte meine Geschichte noch nicht zu Ende erzählt, da lachte der Verkäufer schon laut los: »Und du willst aus Kansas kommen?«

»Ja, Monsieur, ich bin dort geboren und aufgewachsen.«

»Und warum sprichst du dann Französisch?«

An dieses kleine Detail hatte ich nicht gedacht, nämlich, dass Französisch die Sprache der *Cajun* ist, der Bewohner der *Bayous* und der Sümpfe, während in Kansas alle Englisch sprechen.

Beschämt lief ich aus dem Laden hinaus und überlegte mir für das nächste Geschäft eine neue Geschichte. Im zweiten Laden klappte es besser, im dritten war ich mit mir zufrieden und die Sache begann, richtig Spaß zu machen.

Insgesamt kaufte ich an jenem Vormittag Folgendes ein: einen hochherrschaftlichen Sommeranzug aus grauem Leinen für mich. Ein geblümtes Kleid für Julie. Eine karierte Weste für mich. Ein gebrauchtes Hemd für Te Trois. Einen Hut mit Seidenrippsband für mich. Eine gebrauchte Dienerlivree für Tit. Ein paar Strümpfe für mich. Ein Baumwolljäckchen für Julie. Eine Krawatte mit Krawattennadel für mich. Einen Samtbeutel, in dem Tit die Uhr aufbewahren konnte. Kalbslederstiefeletten für mich. Rote Schuhe mit Absatz für Julie. Einen gebrauchten Lederkoffer mit Messingschlössern, in den wir das alles packen konnten.

Bei meinem Geplauder mit den Verkäufern erfuhr ich einiges, was uns auf unserer weiteren Reise nützlich werden konnte, und in einem Bücherladen erstand ich eine Karte der USA sowie eine Karte von Louisiana.

Erst gegen Mittag war ich wieder bei meinen Freunden. Als ich kam, teilten sie sich im Schatten einer großen Zypresse eine Zigarette. Mit betont eleganten Bewegungen nahm ich den Hut ab, rückte meine Krawatte zurecht und stellte den Lederkoffer ab, genau so, wie es ein europäischer Reisender machen würde, der soeben seinen Passagierdampfer verlassen hatte.

»Entschuldigt bitte die Verspätung«, erklärte ich geziert. »Ich hoffe, ihr habt euch in meiner Abwesenheit nicht allzu sehr gelangweilt.«

»Nein, ganz im Gegenteil«, behauptete Te Trois und blies mir ein

Rauchwölkchen entgegen. »Ich habe inzwischen den Einbaum verkauft.«

»Wirklich?«

»Ich habe zwei Dollar dafür bekommen.«

Ich konnte es gar nicht glauben, doch Julie bestätigte es sofort: »Der Typ, der ihn gekauft hat, war ziemlich verrückt. Er sagte, es sei ein echter *Cajun*-Einbaum, und er wolle ihn unbedingt haben, Geld spiele keine Rolle.«

»Wenn wir früher gewusst hätten, dass hier solche Irren herumlaufen«, fügte Te Trois hinzu, »dann hätten wir einfach einen Einbaum nach dem anderen gebaut und sie alle hier in New Orleans verkauft.«

Ich wusste nicht, was ich davon halten sollte. Bisher hatte ich noch nie Geld gebraucht. Joe der Indianer hatte nie Geld und konnte trotzdem gut leben. Inzwischen begann mir klar zu werden, dass die übrige Welt anders funktionierte, und bei meiner Expedition heute Vormittag hatte ich einen Vorgeschmack davon bekommen.

»Übrigens ...«, sagte ich etwas verlegen, »ich habe für unsere Kleider zehn Dollar ausgegeben.«

Te Trois rutschte vor Schreck die Zigarette aus dem Mund. »Was? Spinnst du?«

»Ich dachte, das sei gut ausgegebenes Geld.«

»Aber es ist fast die Hälfte von dem, was wir hatten.«

»Genauer gesagt ist es ungefähr ein Viertel von unserem Geld. Das noch nicht eingerechnet, was wir durch den Einbaum verdient haben. Außerdem können wir notfalls immer noch Jacks Pistole verkaufen.«

»Du rührst diese Pistole nicht an!«

Ich dachte einen Augenblick lang nach, ob ich mich auf ihn werfen sollte. Aber dann fielen mir meine neuen Sachen ein und dass sich ein Gentleman wie ich nicht mit einem Wilden aus dem Sumpf prügelt.

»Anstatt uns zu streiten, sollten wir uns lieber um wichtigere Dinge kümmern«, schimpfte Julie. »Eddie, hast du herausbekommen, wie wir unsere Reise fortsetzen können?«

Ich setzte den Hut wieder auf und machte ein wichtiges Gesicht. »Aber sicher«, sagte ich. »Deshalb war ich ja so lange unterwegs.«

Ich setzte mich zu ihnen (nachdem ich ein Taschentuch auf den Boden gelegt hatte, um meine neue Hose nicht schmutzig zu machen) und breitete die Karte der USA vor ihnen aus.

Tit, der sonst immer in seiner eigenen Welt zu leben schien, lief herbei. Er hob die Karte auf, besah sie sich von allen Seiten und legte schließlich einen Finger auf den Schriftzug *New Orleans*. Danach bewegte er den Finger eine Handbreit weit nach oben und tippte den Schriftzug *Chicago* an.

»Waaas?«, rief ich. »Tit, seit wann kannst du lesen?«

Der kleine Junge schaute mich an, grinste und sagte wie üblich … kein Wort.

»Julie, hast du ihm das beigebracht?«

»Nein, aber Tit lernt schnell. Er redet zwar nicht viel, aber sein Gehirn funktioniert ausgezeichnet.«

Julie sagte immer, dass Tit schlau sei, aber um ehrlich zu sein, hatte es bisher nicht besonders viele Beweise für seine Intelligenz gegeben. Manchmal kam mir Tit mehr wie ein Tier des Waldes vor als wie ein Kind.

Te Trois hatte sich nicht ablenken lassen, sondern konzentrierte sich voll und ganz auf die Karte. »Ich wusste nicht, dass Chicago so weit weg ist. Bis dort ist es ganz schön lang hin.«

»Das kannst du laut sagen«, bestätigte Julie.

Wir mussten praktisch so weit fahren, wie die USA hoch sind, einmal der Länge nach von Süden nach Norden. Man konnte schon auf der Karte erkennen, was für eine lange Reise das werden würde.

»Diese rote Zickzacklinie ist eine Eisenbahnstrecke«, erklärte ich, während ich mit dem Finger daran entlangfuhr. »Der Zug ist das schnellste Verkehrsmittel für unsere Reise: Wir steigen ein, fahren die ganze Nacht durch und sind am folgenden Tag in Memphis. Dort steigen wir in einen anderen Zug um und nach einem weiteren Tag kommen wir in Chicago an.«

»Fantastisch!«, freute sich Te Trois.

»Es gibt da aber das eine oder andere Problem?«, vermutete Julie.

Sie konnte irgendwie in mich hineinschauen, ich erlebte es immer wieder.

»Ich habe versucht herauszubekommen, was die Fahrkarten kosten«, erklärte ich. »Sie kosten eine Menge Geld. 27 Dollar, um bis nach Chicago zu kommen. 27 Dollar *pro Kopf*!«

Te Trois reichte mir die Zigarette, ohne dass ich ihn darum zu bitten brauchte, und ich sog daran, bis mir die Kehle brannte.

»Die andere Möglichkeit wäre, an Bord eines Schaufelraddampfers zu gehen und den Mississippi hinaufzufahren.« Ich klopfte mit dem Fingernagel auf die Karte, dort wo sich der große Fluss durch das Land schlängelte. »Der Mississippi fließt genau auf der Strecke, die wir zurückzulegen haben, aber weil er so viele Schleifen macht, braucht man mit dem Schiff wesentlich länger als mit dem Zug.«

»Verdammt, wir hätten den Einbaum nicht verkaufen sollen!«, ärgerte sich Te Trois.

Ich verbiss mir das Lachen. »Die Reise auf dem Fluss ist 1200 Meilen lang, so weit hätten wir niemals paddeln können, noch dazu gegen den Strom. Nein, wir müssen mit dem Dampfer fahren und auch so dauert es mindestens fünf Tage, bis wir in Saint Louis sind.«

Ich wartete, bis Julie und Te Trois diese Stadt auf der Karte gefunden hatten.

»Dort müssen wir nach einer Möglichkeit suchen, die 300 bis 400 Meilen zurückzulegen, die uns dann noch von Chicago trennen.«

»Puh«, machte Te Trois. »Und wie viel kosten die Fahrkarten für den Dampfer?«

»Fünf Dollar pro Kopf, wenn wir auf dem Deck schlafen. Und Tit zahlt nur die Hälfte, weil er unser Diener ist.«

»Tit ist kein Diener!«, schrie Julie. »Er ist mein Bruder.«

»Das weiß ich doch. Wir tun ja nur so, als ob. Denn dadurch können wir ein bisschen was sparen.«

Julie wirkte nicht sehr überzeugt. »Und was bedeutet eigentlich ›fünf Dollar pro Kopf‹? Nachdem du so viel für die Anziehsachen ausgegeben hast, kommen wir, wenn wir die Fahrkarten bezahlt haben, in Saint Louis fast ohne einen Cent an!«

Ich zuckte die Schultern. Julie hatte ja recht, vielleicht hatte ich doch etwas zu unüberlegt eingekauft. Aber daran ließ sich jetzt nichts mehr ändern.

»Irgendwie schaffen wir das schon«, brummelte ich.

Julie schien immer noch nicht zufrieden zu sein und es entstand ein peinliches Schweigen.

Weil mir nicht einfiel, was ich jetzt noch hätte sagen können, öffnete ich den Koffer und zog die roten Schuhe heraus, die ich für Julie besorgt hatte.

Einen Augenblick lang sah es aus, als bekomme sie feuchte Augen.

»Sind die … für mich?«, fragte sie zögernd.

»Klar«, antwortete ich. »Ich dachte, sie könnten dir gefallen.«

Julie schaute mich ganz komisch an. »Du steckst wirklich voller Überraschungen, Eddie Brown.«

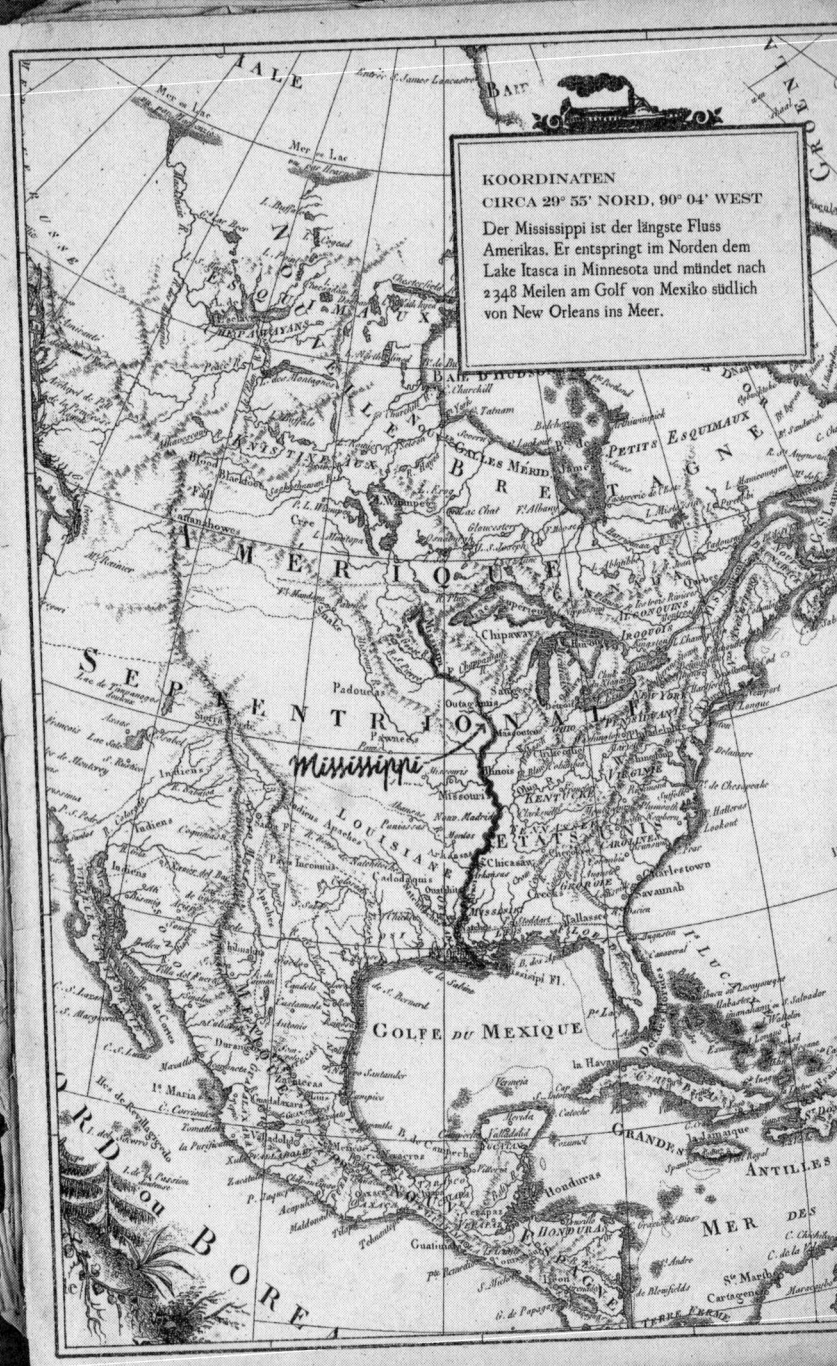

Der Mississippi

Der Entschluss war gefasst. Die Mississippi-Bande würde in New Orleans an Bord eines Flussdampfers gehen, um ihren weiteren Abenteuern entgegenzufahren (so hatte Te Trois sich ausgedrückt).

Wir erreichten den Hafen von New Orleans erst spät am Nachmittag. Der Mississippi floss langsam und majestätisch dahin. Die Sonnenstrahlen spiegelten sich auf seiner glatten Oberfläche. Die entlang der Kais vertäuten Dampfer sahen mit den Rauchwolken, die aus ihren Schornsteinen kamen, wie stolze Indianerhäuptlinge mit hohen weißen Federhauben aus.

Wir hatten bis dahin nicht gewusst, dass es derart große Schiffe geben könne. Jeder dieser Schaufelraddampfer war ein schwimmender, mit bunten Fähnchen verzierter dreistöckiger Palast. Ganz oben thronte, von den riesigen Schornsteinen eingerahmt, die Kommandobrücke, hinten am Heck war das große Schaufelrad, das den Dampfer den Fluss hinaufschieben würde.

Um diese Zeit war im Hafen nicht viel los. Wir sahen nur ein paar Matrosen, die einen Frachtkahn entluden, und einige Passagiere, die an den Relings eines abfahrenden Dampfers standen.

Das Schiff hieß *Louisiana Story* und unten an der Gangway stand ein Mann, der die Fahrkarten verkaufte.

Als er uns kommen sah, kniff er die Augen zusammen und spuckte einen dicken Schleimklumpen auf den Kai.

»Was wollt ihr denn hier?«, fragte er.

Ich trat vor, weil ich der Älteste war.

»Drei Fahrkarten für mich und meine Freunde«, antwortete ich. »Und eine ermäßigte Fahrkarte für Tit ... äh ... ich meine, für unseren Diener hier.«

Ich konnte nur hoffen, dass der Verkäufer, dem ich die Information über die verbilligten Fahrkarten verdankte, die Wahrheit gesagt hatte.

»Und wo wollt ihr hin?«

»Nach Saint Louis«, sagte ich.

»Das ist ganz schön weit.«

»Ja, stimmt.«

»Der Preis bis Saint Louis beträgt zehn Dollar pro Kopf, wenn ihr eine Kabine wollt, und fünf, wenn ihr an Deck reist. Der Schwarze zahlt die Hälfte. Falls ihr an Bord essen wollt, dann kostet das 25 Cents pro Person. Aber das ist viel Geld.«

Wir hatten nicht daran gedacht, uns Proviant zu besorgen, aber wir hatten ja noch ein bisschen was gespart. Deshalb sagte ich zu dem Mann, er solle sich mal keine Sorgen machen, und zeigte ihm zwei Geldscheine zu je zehn Dollar. Dem Typ wäre beinahe die Nase aus dem Gesicht gefallen. Aber er riss sich schnell wieder zusammen.

»Und wo ist euer Begleiter?«, fragte er.

»Was ... was für ein Begleiter?«, stotterte ich.

Der Fahrkartenverkäufer grinste hämisch. Er freute sich darüber, mich ganz offensichtlich in Verlegenheit gebracht zu haben.

»Sobald Leute diese Gangway betreten, werden sie zu Passagieren und die Schifffahrtskompanie ist für sie verantwortlich, ganz besonders, wenn es sich um Kinder wie euch handelt. Aber es muss einen Erwachsenen geben, der euch hierher begleitet, und einen zweiten, der euch in Saint Louis abholt, nicht wahr? Man kann euch doch nicht einfach allein auf Reisen schicken.«

»Ich ... das wusste ich nicht«, stammelte ich.

Ich schaute Julie an, die ebenso beunruhigt zu sein schien wie ich. Doch Te Trois rettete die Situation. »Mein Cousin Eddie hier wusste das wirklich nicht und offenbar war das auch unserem Onkel nicht bekannt. Ich meine, Eddies Vater. Ich weiß nicht, ob Sie ihn kennen, er ist Bürgermeister ...«

»Bürgermeister?«, wiederholte der Fahrkartenverkäufer.

»Ja, und auch noch Senator«, fügte Te Trois hinzu, auf seine lässige Art und mit seinem sympathischen Grinsen. »Er wusste nicht, dass er uns hätte begleiten sollen.«

»Er ist nämlich immer sehr beschäftigt«, ergänzte Julie, die sich nützlich machen wollte.

»Deshalb hat er uns einfach nur mit der Kutsche hierhergebracht. Mit der da drüben, die gerade wegfährt. Er hat uns mitsamt unserem Diener am Hafen abgeladen, und fertig. Wir sollen von hier aus nach Saint Louis fahren, wo uns einer seiner Bediensteten abholen wird.«

Der Fahrkartenverkäufer schaute uns ratlos an. Er wusste offenbar nicht, ob er uns glauben sollte oder nicht. »Und dieser Bürgermeister und Senator ... Der lässt euch auf dem Deck mitfahren? Wisst ihr, wie die Matrosen die Leute nennen, die auf Deck übernachten? ›Lebende Fracht‹. Denn diese Leute müssen sich zwischen den Kisten mit Waren und den Baumwollballen ein Plätzchen suchen.«

»Eigentlich wäre eine Kabine schon besser, vor allem für meine Cousine«, bestätigte Te Trois. »Aber vielleicht wusste unser Onkel das nicht.«

»Er wusste das nicht?« Der Fahrkartenverkäufer schüttelte ungläubig den Kopf.

Dann machte er sich daran, unsere Fahrkarten zu beschriften. Er nahm unser Geld entgegen, als ob er fürchtete, sich daran die Finger zu verbrennen. Er reichte uns die Fahrkarten und sagte, dass wir die Gangway hinaufgehen sollten, ohne zu trödeln.

Ich sah ihm deutlich an, dass er sich wünschte, uns nie mehr wiederzusehen, und ich meinerseits hoffte, dass sein Wunsch in Erfüllung ging.

Es war ein herrliches Schauspiel, als der Dampfer bei Sonnenuntergang ablegte. Die Bronzeglocke läutete und die Matrosen in ihren blauen Uniformen zogen die Gangway ein und lösten die Leinen.

Die anlaufenden Maschinen ließen das Deck erzittern. Es war, als ob ein riesiges Tier langsam erwachte. Die beiden Schornsteine spuckten schwarze Rauchwolken aus.

Das Schaufelrad begann sich zu drehen. Erst ganz, ganz langsam und das Schiff löste sich vom Kai. Und dann schneller und noch schneller, sodass das Wasser hochspritzte.

Kein Tier der Welt würde beim Schwimmen so viel Lärm machen und so wild herumplanschen. Der Dampfer war reine Magie, die Magie des Weißen Mannes. New Orleans wurde hinter uns immer kleiner und verschwand schließlich. Ich sah Reiher über den Fluss fliegen und die Tiere des *Bayou* an den Ufern, und mit einem Mal fühlte ich mich sehr leicht.

»Uuuuh«, sagte Te Trois, der an der Reling neben mir stand. »Schau nur, Eddie, wie schnell das Schiff fährt! Glaubst du, wir dürfen da rauf auf die Brücke und den Kapitän besuchen?«

»Ich will da auch hin!«, sagte Julie sofort. »Ich wette, dass ich mal das Steuerrad halten darf, wenn ich darum bitte.«

»Die ist ja lustig«, kicherte jemand hinter uns.

Wir drehten uns alle gleichzeitig um und erblickten drei barfüßige Jungen, die uns offenbar schon einige Zeit beobachtet hatten.

Sie waren mehr oder weniger so alt wie wir und trugen alle drei graue Hosen und dazu blaue Westen. Abgesehen von ihrer Kleidung aber sahen sie sehr unterschiedlich aus: Der eine war so dick und kräftig wie ein Bison, der zweite war dünn, mit riesigen Augen, und der dritte war noch dunkelhäutiger als Tit und hatte überhaupt keine Zähne. Wenn er lächelte, sah man nur sein rosafarbenes Zahnfleisch.

»Wieso bin ich lustig?«, fragte Julie drohend, die Hände zu Fäusten geballt.

»Weil Frauen nicht ans Steuerrad dürfen. Und du bist eine Frau oder eigentlich eher ein Mädchen«, sagte der ohne Zähne.

»Und woher willst du wissen, dass Frauen nicht ans Steuer dürfen?«

Der Junge machte ein wichtiges Gesicht. »Ich weiß es, weil *wir* ans Steuer dürfen. Wir sind nämlich Matrosen.«

»Quatsch«, entgegnete Te Trois nur.

»Kein Quatsch. Ich bin René, er ist Tom und der da ist Mike«, sagte er und zeigte erst auf sich selbst, dann auf den Dicken und zuletzt auf den Dünnen. »Und wir sind die Schiffsjungen der *Louisiana Story*.«

»Schiffsjungen sind aber keine Matrosen«, stellte Julie fest. »Nicht wahr, Eddie?«

»Äh ... ich weiß nicht ...«

»Und wer seid ihr?«, fragte der zahnlose René. »Ihr seid rausgeputzt wie reiche Kinder, aber die schlafen normalerweise nicht an Deck. Was wollt ihr in Saint Louis?«

»Wir müssen einen wichtigen Auftrag erledigen«, sagte Te Trois beleidigt.

Ich stieß ihn mit dem Ellenbogen an, weil ich es für keine gute Idee hielt, den dreien von der Uhr und dem ganzen Rest zu erzählen.

»Mein Freund hier will damit sagen, dass wir eine ... wichtige Reise machen müssen«, stotterte ich nicht sehr überzeugend. »Wir sind die Kinder des Gouverneurs.«

»Das ist eine fette Lüge«, entgegnete René.

»Nein, ist es nicht«, widersprach ich.

»Das ist eine Lüge, darauf gehe ich jede Wette ein«, fuhr er fort. »Abgesehen davon: Wenn ihr wirklich so wichtige Kinder seid, dann habt ihr eben Pech gehabt.«

Te Trois trat einen Schritt vor. »Warum Pech?«

»Weil wir euch den Motorraum zeigen wollten. Aber vermutlich dürft ihr eure schönen Kleider nicht schmutzig machen ...«

Die Kleider waren uns plötzlich egal. Ich bin mir sicher, dass Te Trois auch nackt herumgelaufen wäre, nur um die Motoren zu sehen.

Die drei Schiffsjungen brachten uns zum Gepäckraum, wo wir den Koffer abstellten, und führten uns anschließend auf dem Schiff herum und erklärten uns alles.

»Der Dampfer hat drei Decks: Das Hauptdeck ist das unterste, da sind die Kisten und Säcke der Fracht untergebracht und Leute wie ihr. Dann kommt das Deck mit den Heizkesseln, auf dem stehen wir gerade. Hier sind auch die Kabinen. Und auf dem obersten Deck ist die Kommandobrücke. Da drüben ist der zentrale Gang. Er führt zum Saal für das Abendessen und zu der Bar, wo die Erwachsenen abends Karten spielen. Der andere Raum da drüben ist die Offiziersmesse, da genehmigen sich die Herren Offiziere gern ein Gläschen zwischendurch. In dieser Kabine hier schlafen die anderen Kinder ...«

»Was für Kinder?«, erkundigte sich Te Trois.

»Zwillinge, glaube ich, denn sie sehen sich so ähnlich wie die Arschbacken eines Pavians. Nur dass ein Zwilling ein Junge und der andere ein Mädchen ist. Sie reisen mit einem Onkel. Und in der Kabine da drüben ist auch ein Mädchen, aber das ist höchstens zehn Jahre alt und fährt zusammen mit einer Witwe ... So eine Frau habe ich noch nie erlebt. Sie hat furchtbaren Mundgeruch. Ihr Atem riecht nach Fischkacke.«

Seit wir sie vorhin kennengelernt hatten, hatten sich Tom und Mike darauf beschränkt, das, was René sagte, durch ein Nicken zu bestätigen oder höchstens mal »ja«, »nein« oder »vielleicht« zu sagen. René dagegen redete furchtbar schnell und in einem grauenhaft schlechten Französisch. Er hatte wohl wegen seiner Zahnlosigkeit eine feuchte Aussprache und streute selbst erfundene Flüche ein, die mich zum Lachen brachten und Te Trois ganz offensichtlich begeisterten.

Julie dagegen blieb etwas abseits, hielt die ganze Zeit über Tit fest an der Hand und schaute sich immer wieder um, als befürchte sie Angreifer. Manchmal benehmen sich Mädchen wirklich seltsam.

Ich dagegen fühlte mich ruhiger, seit ich an Bord jemanden kannte und wusste, dass auch noch andere Leute in unserem Alter mitfuhren. Dadurch fielen wir zum einen weniger auf, zum anderen würde die Reise sicher weniger langweilig werden. Die drei Schiffsjungen waren mir ziemlich sympathisch.

Sie brachten uns zum Hauptdeck zurück, zeigten uns das Lager für Holz und Kohle vorn im Bug und auch den Heizkessel, in den schwitzende Heizer unter dem wachsamen Blick eines Offiziers ständig neuen Brennstoff in die Flammen schaufelten. Der große Kessel verwandelte Wasser in den Dampf, der das Schaufelrad antrieb.

»Und wo ist der Maschinenraum?«

»Natürlich im Heck, da, wo das Schaufelrad ist. Hier entlang.«

Wir folgten den drei in einen Gang, der an einer Seite des Schiffs verlief, und René zeigte auf eine Holztür an dessen Ende.

»Legt da mal die Hand drauf«, forderte René uns auf. »Spürt ihr das starke Vibrieren? Und hört ihr den Krach?«

Julie unterdrückte ein Gähnen, so als ob die Maschinen sie überhaupt nicht interessierten. Te Trois dagegen schien vor lauter Ungeduld zu zittern.

Er ergriff die Türklinke, doch der dicke Tom hinderte ihn daran, sie zu öffnen. »Mach mal langsam«, sagte er. »Das ist verboten, ihr dürft hier eigentlich nicht rein.«

Wir drei nickten.

René öffnete dennoch die Tür und wir gelangten in einen Raum, der von ohrenbetäubendem Lärm erfüllt war. Überall verliefen Rohre, riesige Eisenhebel bewegten sich auf und ab, und ganz hinten konnte man das große Schaufelrad sehen, das sich unablässig drehte und Wasser in alle Richtungen spritzen ließ. Metalltafeln an der Wand waren voller Hebel, Knöpfe und Aufschriften, und ein Mann überwachte das alles konzentriert.

Die Schiffsjungen bedeuteten uns, still zu sein und ihnen zu folgen, und wir schlichen ihnen nach zum Schaufelrad, bemüht, nicht gesehen zu werden. Der Maschinenraum war wirklich ein faszinierender Anblick.

Plötzlich stieß Tit einen Laut aus. Ich drehte mich um und stellte fest, dass wir nicht die Einzigen waren, die sich heimlich im Maschinenraum aufhielten. Zwischen den Zahnrädern und Hebeln versteckte sich ein Junge mit dunklen Haaren, zerlumpter Kleidung und einer eigenartigen V-förmigen Narbe auf der Wange.

»Wow!«, flüsterte ich erstaunt.

René, Tom und Mike drehten sich blitzschnell um und René rief: »Heiliger Schornstein, ein blinder Passagier! Schaut nur, Jungs, wir haben einen geschnappt!«

»Was bedeutet das?«, fragte Julie.

»Das bedeutet, dass dieser Hungerleider gratis mitfahren wollte, aber stattdessen spendieren wir ihm ein Bad im Fluss. Das ist in der Flussfahrt eine alte Tradition.«

Der Junge mit der Narbe wich einen Schritt zurück und prallte mit dem Rücken gegen einen Eisenpfeiler. Ich glaube, ich hatte in meinem ganzen Leben noch niemanden gesehen, der derartig Angst hatte.

»Nein, bitte nein!«, sagte er leise. »Verratet mich nicht! Ich kann euch dafür belohnen.«

»Ach ja?«, fragte René. »Und womit?«

Der Junge zog aus seinem Versteck einen verschlissenen Reisesack heraus.

»Die da dürfen es nicht sehen«, sagte er und zeigte auf uns drei.

René nickte und ging auf den Jungen zu. Tom und Mike stellten sich hinter ihn, um uns die Sicht zu nehmen.

Doch ich spähte über Toms Schulter und sah, wie der Junge drei oder vier zerknitterte Papierblätter aus dem Sack zog.

René betrachtete sie sorgfältig. Dann spuckte er auf den Boden und lachte laut.

»Tja, Leute, was soll ich sagen«, meinte er. »Wegen mir kann der Typ gern bleiben. Und zwar solange er will!«

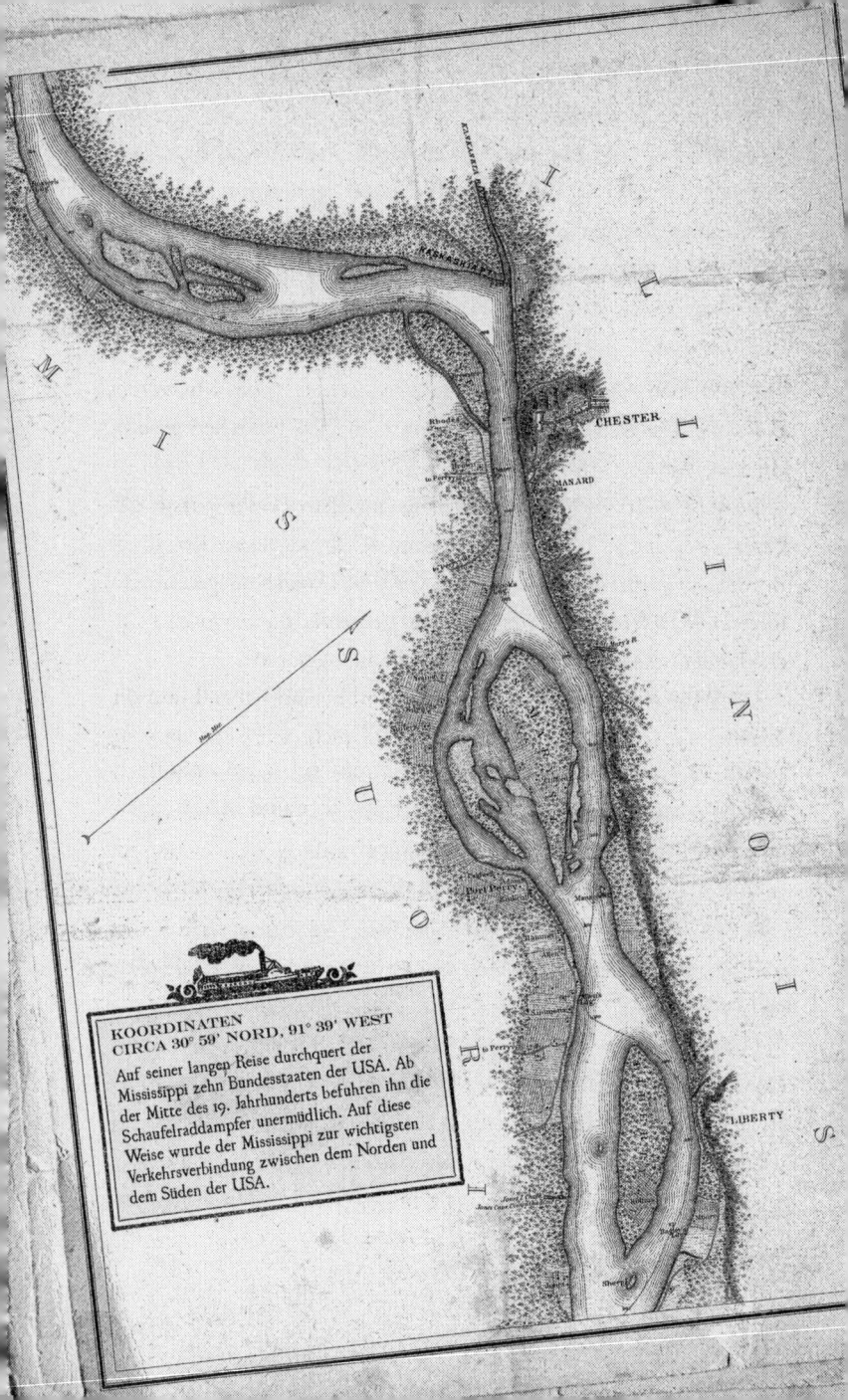

Der große Fluss und seine lange Reise

Die Indianer vom Volk der Choctaw nennen den Mississippi *Bulbancha*. Das bedeutet: »Der Ort, an dem viele Sprachen gesprochen werden.«

Je weiter wir nach Norden gelangten, desto besser passte der Choctaw-Name zum Fluss. Die Passagiere, die in Baton Rouge an Bord kamen, sprachen Französisch wie wir. Danach stiegen in den folgenden Häfen jedoch immer mehr Leute zu, die Englisch sprachen, aber derart seltsam, dass wir sie kaum verstanden.

Der Mississippi ist unglaublich breit und beeindruckend und die *Louisiana Story* fuhr stromaufwärts und so dicht am Ufer, dass sie ständig in Gefahr war, auf Grund zu laufen. Sie musste furchtbar vielen Hindernissen ausweichen: Landzungen, Inseln, Sandbänken und im Wasser treibenden Baumstämmen. Außerdem gab es ab und zu Stromschnellen und Untiefen.

In der Flussmitte fuhren andere Schiffe mit Volldampf nach Süden und nutzten dabei die Strömung, die dort wesentlich reißender war als in Ufernähe.

Hin und wieder warf ein Matrose ein an eine Schnur gebundenes Gewicht ins Wasser, zog es wieder hoch und rief seinen Kollegen etwas zu. Sein Flussfahrer-Englisch verstand ich kaum, aber hin und wieder meinte ich einen Namen herauszuhören: »Mark Twain«.

»Was bedeutet das?«, fragte mich Te Trois.

»Keine Ahnung«, antwortete ich. »Vielleicht mag dieser Matrose gern Abenteuerromane. Vor einiger Zeit habe ich ein spannendes Buch gelesen, das genau von diesem Mark Twain stammt.«

»Was ist das für ein Buch?«, wollte Te Trois wissen.

»Es geht darin um einen Jungen, der Huckleberry Finn heißt, einen Schatz findet und sehr reich wird. Nur dass er nun, weil er reich ist, in die Schule gehen muss. Er reißt dann wieder aus, baut sich zusammen mit einem Freund ein Floß und fährt damit den Mississippi hinunter ...«

»Pfff«, machte Te Trois. »So ein Blödsinn.«

»Nein«, widersprach ich. »Es ist einer der schönsten Romane, die ...«

»Ich habe ›Blödsinn‹ gesagt, weil es genau das Gegenteil von dem ist, was wir machen«, unterbrach er mich. »Dieser Huckleberry hat einen Schatz, und anstatt sich damit zufriedenzugeben, springt er auf ein Floß und lässt sich vom Fluss stromabwärts tragen. Während wir stromaufwärts fahren und uns dabei sehr anstrengen müssen und je weiter wir kommen, desto schwieriger wird es. Denn einen Schatz zu verlieren, ist leicht, aber einen zu finden ...«

»Einen Schatz zu finden ist eine ganz andere Geschichte«, beendete ich seinen Satz.

Schweigend standen wir nebeneinander an der Reling und schauten auf das schlammbraune Wasser, das in kleinen Wellen an uns vorbeifloss.

Später entdeckte ich, dass die Matrosen unseres Dampfers keine Leseratten waren, sondern einfach nur die Tiefe des Flusses maßen. Die Schnur, an der das Lot hing, war in regelmäßigen Abschnitten markiert, die man »Faden« nennt. War der Fluss zwei Faden tief, rief der Matrose »*mark twain*«, was »Markierung zwei« bedeutete, oder aber »*mark three*« und das hieß dann »Markierung drei« und so weiter. Dass der Schriftsteller auch so hieß, war wohl nur Zufall.

Nicht nur der Mississippi war ein Ort der vielen Sprachen, auch hier an Bord sprachen die Leute eine ganz eigene Sprache und mit der Zeit begann ich sie zu verstehen.

Da waren zum Beispiel jene Befehle, die sich die Männer im Maschinenraum zuriefen: »Alles anhalten, Motoren zurück, volle Kraft voraus ...«, und so fort.

Dann gab es die Wörter der Lotsen. Auf dem Schiff arbeiteten drei davon, die einander abwechselten. Sie alle waren Gegenstrom-Lotsen und darin erfahren, den Dampfer von Süden nach Norden am Ufer entlangzusteuern, dort wo die Strömung am schwächsten ist. Außerdem waren aber auch zwei Mitstrom-Lotsen dabei, die das Schiff später auf seiner Rückreise in den Süden steuern würden, und zwar in der Mitte des Stroms, wo das Wasser eine beängstigende Kraft besaß und sich in hohen Wellen aufbäumte.

Die Mitstrom- und die Gegenstromlotsen sprachen ähnliche, aber doch voneinander leicht abweichende Sprachen. Sie kannten sämtliche Inseln und Flussbiegungen auswendig, sie riefen sich Anweisungen und Ratschläge zu und erzählten einander Geschichten.

Sie sahen den Mississippi als ein Tier an, das nie still war, sondern lief und lief und dabei die Ufer aushöhlte, Böschungen zum Einsturz brachte und immer neue Inseln schuf. Manchmal nahm der Fluss eine Abkürzung, indem er sein Bett verließ und Wiesen oder Wälder überschwemmte, sich ein neues Bett grub und dadurch eine Biegung oder Schleife überflüssig machte. Und so konnte es passieren, dass Dörfer, die am Ufer entstanden waren, plötzlich im Hinterland lagen, meilenweit vom Wasser entfernt.

Te Trois und ich erfuhren das alles von René, der behauptete, schon mindestens hundert Mal von einem Ende des Flusses zum anderen gefahren zu sein.

Ich glaubte das nicht wirklich, aber ich hielt den Mund, weil René es uns ermöglichte, die Kabine des Lotsen zu besuchen, oder aber mit uns in die Kombüse ging, wo wir uns etwas zu essen holen konnten, ohne dafür bezahlen zu müssen.

An Bord des Schiffes waren wir frei, so frei wie noch nie zuvor in unserem Leben. Eigentlich sollten wir ja vom Kapitän beaufsichtigt werden, einem dicken Mann mit einem Bart wie Dorngestrüpp, der uns am ersten Abend in seine Kabine bestellt und uns einen langen Vortrag darüber gehalten hatte, wie wichtig es sei, immer brav und vernünftig zu sein.

Er hatte gesagt, dass er uns im Auge behalten würde, doch dann hatten wir ihn nie wieder gesehen und Te Trois und ich konnten auf dem Schiff herumlaufen, wie es uns gefiel.

Julie ging es nicht ganz so gut, denn sie war eben ein Mädchen und der Kapitän hatte eine der Damen an Bord gebeten, Julie zu beschäftigen und mit ihr nach Möglichkeit auch in der Bibel zu lesen.

Ausgerechnet die Bibel, wo Julie noch nicht einmal in Reverend Thompsons Sonntagsschule gegangen war!

Die betreffende Dame, die Witwe Lorence, war so freundlich und sanft wie ein Armeegeneral. Es war genau die Dame, von der René gesagt hatte, ihr Atem rieche nach Fischkacke. Ich verzichtete darauf, ihr so nahe zu kommen, dass ich das nachprüfen konnte. Aber auch so tat mir Minnie, die Nichte der Witwe, sehr leid, denn das arme Mädchen sollte mit seiner Tante noch bis Cairo reisen.

Und natürlich hatte ich Mitleid mit Julie.

Ich kannte auch andere Witwen, die wie Witwe Lorence waren.

In unserer Stadt gab es drei davon: Madame Beau, Madame Travert und Madame Flinch.

Einmal hatte ich mit Joe dem Indianer über sie gesprochen und er hatte sie als »die drei Truthahngeier« bezeichnet, weil sie sich genau wie Geier verhielten.

Sie waren schuld daran, dass Julies Mutter mit ihren Kindern aus der Stadt und in die Hütte hinter der Plantage gezogen war. Und es waren auch die drei Truthahngeier in Menschengestalt, die mit dem Finger auf Julie zeigten, über sie tuschelten und dabei scheinbar besorgt den Kopf schüttelten.

Julie hatte derartige Frauen ihr Leben lang ertragen müssen. Und das war wohl der Grund, warum sie sich immer vor der alten Witwe Lorence versteckte und nie kam, wenn diese sie rief.

Seit wir in New Orleans abgelegt hatten, waren zwei Tage vergangen und fünf Tage, seit wir uns von zu Hause davongestohlen hatten, und keiner von uns hatte ein Telegramm geschickt, um seine Familie zu beruhigen und ihr mitzuteilen, dass wir in einer wichtigen Mission unterwegs waren.

Manchmal fragte ich mich allerdings, ob es tatsächlich eine so wichtige Mission war. Vielleicht war alles ein Fehler gewesen, vielleicht war Jack gar kein Angestellter von Walker & Dawn gewesen und vielleicht war die alte kaputte Taschenuhr in Wirklichkeit keinen Cent wert.

Tit trug den Samtbeutel mit der Uhr ständig um den Hals und immer wenn er sich unbeobachtet fühlte, nahm er die Uhr heraus und betrachtete sie, als sei sie ein Schatz. Zumindest für ihn besaß diese Uhr einen beträchtlichen Wert.

»Was siehst du denn da so Tolles?«, fragte ich ihn eines Abends an Deck, als Te Trois und Julie bereits in einer Lücke zwischen zwei riesigen Baumwollsäcken eingeschlafen waren, während sich Tit wie ein Hundewelpe zu meinen Füßen zusammengerollt hatte.

»Die Sieben und die Neun«, flüsterte Tit.

Ich zuckte zusammen. Ich hatte ihn soeben zum allerersten Mal sprechen gehört. Lange Zeit hatte ich sogar geglaubt, er sei stumm.

»Wie bitte?«, fragte ich nach.

»Und ein Viertel und 44 und 27.«

Ruckartig richtete ich mich auf. »Tit, aber ... Du sprichst ja!«

Lächelnd zeigte er auf die Uhr

Ich hatte keine Ahnung, was geschehen war. Tit hatte schon immer ein gewisses Interesse an Zahlen gezeigt. Immer wenn er mit Steinchen oder anderen kleinen Dingen spielte, teilte er sie in Gruppen auf und zählte sie immer wieder durch. Gefiel ihm die Uhr deshalb, weil auf dem Zifferblatt Zahlen standen? Möglich. Aber wer wusste schon, was ihm tatsächlich durch den Kopf ging.

Der Abschnitt des Flusses, auf dem wir uns gerade befanden, markierte die Grenze zwischen den Bundesstaaten Mississippi und Louisiana. Mehrmals musste unser Dampfer den Fluss überqueren, um die Häfen größerer Städte anzufahren. So lernten wir Natchez im Staat Mississippi kennen, Vidalia in Louisiana, Vicksburg in Mississippi und Tallulah, wiederum in Louisiana.

Nie hätte ich mir träumen lassen, dass die Welt so groß war und dass es in ihr so viele Städte und so viele Menschen gab.

Der blinde Passagier, den wir im Maschinenraum entdeckt hatten, behauptete, er heiße Cheat und habe bereits ganz Amerika bereist. Er war Waise und lebte von kleineren Diebstählen und davon, dass er hier und da Arbeit fand.

Das erzählte er so, als ob sein Leben das Lustigste und Schönste wäre, was man sich überhaupt vorstellen konnte.

An diesem Nachmittag hatten wir uns im Gepäckraum versammelt, in dem es wesentlich kühler und ruhiger war als im Maschinenraum. Außerdem kam niemals jemand her.

»Erzähl doch mal«, sagte ich zu Cheat, »wie hast du die Schiffsjungen dazu gebracht, dich nicht in den Fluss zu werfen?«

»Das ist mein Geheimnis«, erwiderte er und kaute weiter auf einem Stück Trockenfleisch herum.

»Was waren das für Papiere, die du ihnen gezeigt hast?«, forschte ich weiter. »Sie sahen wie Zeichnungen aus, aber ich konnte sie nicht richtig sehen.«

»Ich wollte sie euch nicht zeigen, weil ihr das Mädchen dabeihattet.«

»Julie?«

»Ja. Sie darf das nicht sehen. Aber du schon, wenn du willst.«

Er lächelte verschlagen, öffnete seinen Reisesack und zog ein Bündel zerknitterter Blätter heraus. Zwinkernd hielt er sie mir hin.

Ich hatte mich geirrt. Es waren keine Zeichnungen, sondern Fotos. Und alle zeigten Frauen ohne Kleider. Eine nackte junge Frau rauchte, an eine Wand angelehnt, eine Zigarette. Eine andere lag ausgestreckt auf einer Wiese. Eine dritte saß im Sattel eines Pferdes.

»Heftig, oder?«, fragte Cheat.

»Oh!«, sagte ich.

Ich hatte noch nie einen anderen Menschen nackt gesehen, weder eine Frau noch einen Mann. Abgesehen von der Frau von Reverend Thompson, die Te Trois und ich einmal beim Baden im Fluss überrascht hatten. Aber das war kein schöner Anblick gewesen und wir waren sofort davongerannt.

»Entschuldige, aber ...« Ich verstand das nicht. »René hat dich nur ... nur deshalb bleiben lassen, damit er sich diese Fotos anschauen kann?« Mir war allein schon die Frage peinlich.

Cheat boxte mich scherzhaft gegen die Schulter. »Du bist wirklich ein Anfänger, Eddie. Das reinste Baby. Aber in ein paar Jahren wirst du verstehen, warum.«

Ich begriff nicht, was ich in ein paar Jahren verstehen sollte. Auf jeden Fall fühlte ich mich sofort besser, als ich Julie sah, die wie eine Furie in den Gepäckraum gelaufen kam.

Geschickt wie ein Taschenspieler ließ Cheat die Fotos verschwinden und als ich Julie ansah, wurde mir bewusst, dass ich bis in die Haarspitzen errötet war. Unwillkürlich fragte ich mich, ob sie ohne ihr Kleid genauso aussah wie die Mädchen auf den Fotos.

»Ähm ...«, brachte ich nur raus.

»Ach, da bist du. Und Te Trois?«

»Keine Ahnung. Vielleicht schaut er zusammen mit René den Heizern zu ...«

»Dann ist ja gut. Ist nicht so wichtig. Aber du musst jetzt mit mir mitkommen. Allein«, sagte sie mit einem Seitenblick auf Cheat.

Der Junge warf ihr einen Kuss zu und zwinkerte und Julie verzog verärgert das Gesicht und schaute weg.

Schulterzuckend folgte ich ihr nach draußen, wo die Luft heiß und drückend war. An der Reling fanden wir eine schattige Stelle.

»Warum bist du so rot im Gesicht?«, fragte Julie.

Ich versuchte, mir eine Antwort auszudenken, aber mir fiel nichts ein und so sah ich stumm zu, wie sie aus dem Ausschnitt ihres Kleides ein Stück von einer Zeitungsseite hervorzog. Sie reichte es mir.

»Schau mal, was ich gefunden habe«, sagte sie. »Jemand hat es vor Kurzem auf einem Tisch im Salon liegen lassen.«

»Was ist das?«, fragte ich.

»Eine Seite aus der *Picayune*«, antwortete Julie. »Die Zeitung ist zwei Tage alt und stammt noch aus New Orleans.«

»Seit wann liest du Zeitung?«

Sie zuckte mit den Schultern. »Ich habe gesehen, dass etwas über Chicago drinstand, und da bin ich neugierig geworden und dann ...«

»Und dann?«

»Und dann habe ich alles gelesen, obwohl es anstrengend war. Und da wurde ich noch neugieriger.«

Der Ausschnitt stammte aus dem Nachrichtenteil und trug die Überschrift: *DER ERMORDETE MÖRDER. KILLER VON MISS DAWN TOT IN CHICAGO AUFGEFUNDEN.*

»Was ...?«, fragte ich.

»Lies mal«, erwiderte Julie und ich rückte meine Brille zurecht.

Der Artikel rahmte das Foto eines älteren Mannes ein. Er hatte zurückgekämmtes weißes Haar und einen dicken Schnurrbart. Er trug ein weißes Hemd mit Krawatte und hatte das Aussehen eines selbstbewussten wohlhabenden Mannes.

Im Artikel stand ungefähr Folgendes: *Chicago. Die Ermittlungen zum Tod von Mr Darsley werden fortgesetzt. Darsley, der vor einigen Wochen mit drei Schüssen in der Brust ermordet aufgefunden wurde, war in jüngeren Jahren ein erfolgreicher Privatdetektiv und enger Freund der berühmten Miss Dawn gewesen, die gemeinsam mit ihrem Geschäftspartner Mr Walker das nach ihnen beiden benannte Versandhaus gegründet hatte.*

Ich schaute Julie an, die jedoch nur mit dem Finger auf das Zeitungspapier tippte, damit ich weiterlas.

Mr Darsley wurde wegen Mordes an Miss Dawn am 31. Dezember 1899 zu lebenslanger Haft verurteilt. Nur der Einsatz der besten Anwälte Amerikas konnte ihn vor der Todesstrafe retten. Dennoch blieb das Urteil stark umstritten. Nach dem kaltblütigen Mord an einem Wärter konnte Darsley zunächst aus dem Gefängnis entkommen. Wenige Stunden später aber wurde er selbst tot aufgefunden, in unmittelbarer Nähe des Bahnhofs von Chicago. Wie der Zufall es will, ist dies auch die Gegend, in der sich die Lagerhäuser der Walker & Dawn Company befinden und in der Miss Dawn wohnte.«

Weiter ging es in dem Artikel mit einer sehr negativen Beschreibung von Mr Darsley, der unter anderem als »blutrünstige Bestie« und »Mitglied einiger krimineller Vereinigungen der Stadt« bezeichnet wurde.

»Hast du verstanden?«, fragte Julie.

Nein, ich wusste nicht, was sie meinte, und deshalb las ich den Artikel ein zweites Mal von vorn bis hinten. Dieses Mal ließ ich mir dabei aber mehr Zeit.

Anschließend sah ich auf und fragte: »Ja und?«

»Kommt dir das nicht seltsam vor?«, meinte sie. »Das Versandhaus schickt uns aus Versehen eine äußerst kostbare Uhr. Die ist so kostbar, dass uns jemand beinahe ermordet hätte, nur um sie zu bekommen. Dann entdecken wir, dass der Mörder von Miss Dawn wenige Tage, bevor wir diese Uhr erhielten, aus dem Gefängnis entflohen ist. Und bald darauf selbst ermordet wurde, noch dazu in der Nähe von Miss Dawns Haus.«

Ich faltete den Zeitungsausschnitt zusammen und gab ihn Julie zurück. Aber ich hatte immer noch nicht begriffen, worauf sie hinauswollte.

»Wusstest du, dass Miss Dawn umgebracht worden ist? In der Silvesternacht 1899?«

Ich nickte. Das war etwas, das so ungefähr jeder wusste, und ich hatte ein paarmal davon gehört. Keine Einzelheiten, nur, was für ein trauriges Schicksal die arme Miss Dawn gehabt hatte. Meine Mutter und ihre Freundinnen hatten bei ihrem Teekränzchen in unserem Salon darüber gesprochen.

»Ich glaube, es besteht eine Verbindung zwischen dem Tod von Darsley und der Sache mit der Uhr«, fuhr Julie fort. »Ganz bestimmt. Und wir müssen herausfinden, was es damit auf sich hat.«

Julie ging zur Tür. Dann drehte sie sich wieder zu mir um und meinte mit einem schiefen Lächeln: »Noch etwas: Te Trois und du, ihr solltet euch vor den drei Schiffsjungen in Acht nehmen und auch vor diesem Cheat. Die gefallen mir alle kein bisschen.«

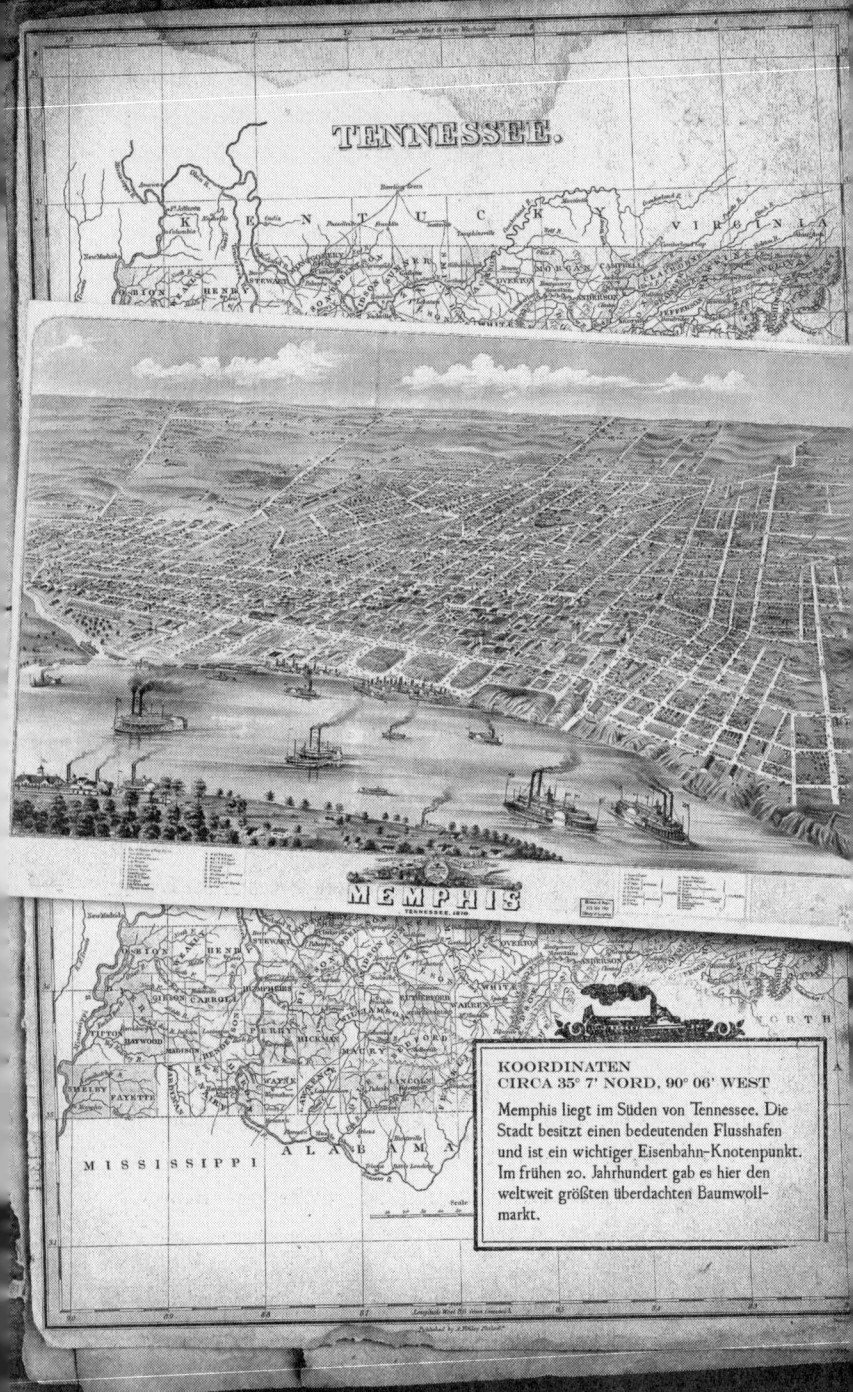

KOORDINATEN
CIRCA 35° 7' NORD, 90° 06' WEST

Memphis liegt im Süden von Tennessee. Die Stadt besitzt einen bedeutenden Flusshafen und ist ein wichtiger Eisenbahn-Knotenpunkt. Im frühen 20. Jahrhundert gab es hier den weltweit größten überdachten Baumwollmarkt.

Memphis

Unser Dampfer fuhr am Ostufer einer großen Insel mit wildem Pflanzenwuchs vorbei und bald kamen wir in Sichtweite von Memphis. Die Heizer warfen Bündel von grünen Zweigen in den Heizkessel, sodass der Rauch schwarz und gut sichtbar aus den Schornsteinen quoll. An der Reling auf dem Kommandodeck blies ein Matrose in eine weithin hörbare Pfeife.

Im Hafen bemerkte ein Mann das Schiff, sprang auf und läutete eine Glocke. Plötzlich war die Luft von lautem Geläut und schrillen Pfiffen erfüllt.

Die Passagiere, die in Memphis aussteigen wollten, holten ihr Gepäck. Händler schoben ihre Karren zu dem Kai, an dem wir anlegen würden, und wer im Hafen gerade nichts Besseres zu tun hatte, kam herbei und beäugte die Passagiere an den Relings, die sich wiederum die Müßiggänger im Hafen besahen. Auf jeden Fall war im Hafen und auf dem Schiff ganz schön was los.

Memphis war eine bedeutende Stadt, größer noch als New Orleans, und ihr Hafen konnte mehrere Dutzend Schiffe aufnehmen. Die *Louisiana Story* sollte hier einen halben Tag lang vor Anker liegen, sodass die Passagiere Zeit für einen Stadtbummel hatten.

Auch wir wollten natürlich an Land gehen. Oder besser: Julie und Te Trois wollten es.

Ich dagegen hatte ein bisschen Angst davor. Was wäre, wenn wir zu spät zurückkamen und das Schiff dann schon abgelegt hatte? Ich überlegte, ob »wegen Verspätung zurückgelassen werden und in Memphis festhängen« einen Platz auf meiner Liste bekommen sollte und wenn ja, welchen. Doch, fand ich schließlich, es war eine sehr ernst zu nehmende Sorge.

»Vielleicht wäre es besser, an Bord zu bleiben …«

»Aber das Schiff fährt erst um sieben Uhr abends weiter«, widersprach Julie. »Wir haben irre viel Zeit. Wir könnten uns schnell mal die Stadt ansehen …«

»Lass doch«, spottete Te Trois. »Eddie ist ein Angsthase, so wie immer. Wann werden wir jemals wieder die Gelegenheit haben, uns Memphis anzuschauen?«

Es war wie immer: Ich konnte entweder mit ihnen mitkommen oder aber allein zurückbleiben. Tatsächlich war es viel zu heiß, um einen halben Tag auf dem menschenleeren Schiff zu bleiben und zuzuschauen, wie die Matrosen Waren ein- und ausluden.

In Memphis war es dann aber noch drückender als auf dem Schiff. Man konnte kaum noch atmen. Auch hier wimmelte es nur so vor Menschen, elegante Leute und andere in Lumpen, dazu noch Karren und Kutschen: Überall im Hafen herrschte ein furchtbares Gedränge.

Wir schoben uns durch die Menge, Te Trois und Julie voraus, ich folgte mit Tit an der Hand. Wir gingen am Ufer des Mississippi entlang, in der Hoffnung, hier am Fluss etwas Kühle zu finden.

»Oh!«, rief Te Trois auf einmal so laut, dass ich erschrak und stolperte. »Was ist das denn?«

Er zeigte nach oben und als ich aufsah, bekam ich vor Staunen den Mund nicht mehr zu.

Ein Stück weiter vorn spannte sich eine riesige Stahlkonstruktion über den Mississippi. Mit Volldampf zog eine schnelle Lokomotive einen Zug über diese herrliche Brücke. Es sah fast aus, als flöge der Zug zwischen den Wolken hindurch.

»Wow!«, sagte ich. »Seit wann fahren Züge denn durch die Luft?«

»Das ist doch nur eine Brücke«, sagte Julie.

»Ich wusste nicht, dass es so große Brücken gibt«, meinte Te Trois. »Habt ihr das gewusst?«

Wir gingen zu der Brücke, auf der die Gleise in der Nachmittagssonne glänzten. Sie war mindestens eine Meile lang.

Te Trois wollte auf ihr den Fluss überqueren, um zu sehen, was auf der anderen Seite war (Dummkopf, natürlich das andere Flussufer!), aber es gelang mir, ihn davon abzubringen. Nicht auszudenken, was passieren würde, wenn ein Zug kam, während wir auf der Brücke spazieren gingen …! Um nicht zerquetscht zu werden, müssten wir dann wohl von der hohen Brücke in den Fluss springen.

Wir einigten uns darauf, lieber in die Innenstadt zu gehen, bummelten dort durch die Straßen und betrachteten die Schaufenster. Es war überwältigend.

»Was haltet ihr davon, wenn wir etwas trinken?«, schlug Julie vor. »Ich habe schrecklichen Durst.«

Wir betraten einen Drugstore.

»Entschuldigen Sie, Mister, ist in der Karaffe da auf der Theke Limonade? Was kostet ein Glas davon?«

Der Mann hinter der Ladentheke schaute uns an und verzog das Gesicht.

»Pro Glas einen Cent«, antwortete er.

»Dann Limonade für alle«, bestellte Te Trois.

Der Mann nahm drei Gläser aus einem Eimer voller Wasser, stellte sie nebeneinander auf die Theke und goss die Limonade hinein, sorgsam darauf bedacht, keinen einzigen Tropfen davon zu verschwenden.

»Erst das Geld, dann die Limonade«, forderte er.

Ich schüttelte den Kopf. »Mister, da fehlt ein Glas.«

»Nein, ich glaube nicht«, erwiderte der Mann.

Ich hüstelte verlegen. »Mister, wir sind zu viert. Da stehen aber nur drei Gläser.«

Der Mann zog laut die Nase hoch.

»Die Limonade ist nur für euch drei. In diesem Geschäft werden keine Schwarzen bedient.«

Diese Aussage traf mich wie ein Faustschlag.

»Aber ... aber Tit gehört zu uns!«, fauchte Julie wütend.

»Keine Schwarzen, habe ich gesagt. Gebt mir die drei Cents für die Limonade und macht, dass ihr hier wegkommt.«

»Wir haben sie noch nicht einmal getrunken. Warum sollten wir sie bezahlen?«, protestierte Te Trois.

»Weil ich die Limonade eingeschenkt habe. Die Gläser sind jetzt schmutzig. Was ist los? Wollt ihr Ärger?«

Der Mann richtete sich zu voller Größe auf und krempelte sich die Ärmel hoch, sodass seine stark behaarten muskulösen Arme zum Vorschein kamen.

»He!«, rief Te Trois, doch ich packte ihn an der Schulter.

»Komm, lass uns verschwinden, das ist die ganze Aufregung doch nicht wert.«

»Meine drei Cents!«, forderte der Mann.

Te Trois spuckte auf den Fußboden. »Hier! Das bezahle ich dir für die eklige Limonade.«

Er drehte dem Mann eine lange Nase und so schnell wir konnten, rannten wir aus dem Drugstore hinaus.

Außer Atem blieben wir schließlich stehen. Tit weinte und Julie war immer noch furchtbar zornig. Ich schämte mich einfach nur.

»Kommt, das ist doch nicht so wichtig«, murmelte ich.

»Wohl ist es wichtig!«, rief Julie.

»Aber wir können gar nichts dagegen tun«, entgegnete ich.

Julie wandte sich zu Te Trois um. »Du hast trotzdem etwas getan. Danke«, sagte sie.

Und das stimmte. Te Trois hatte dem Mann die Stirn geboten. Ich dagegen war feige gewesen und die Scham darüber brannte in meinem Innersten wie Feuer.

Jedenfalls hatten wir jetzt von Memphis die Nase voll. Außerdem war es spät geworden und wir wollten unseren Dampfer nicht verpassen. Wir beschlossen, so schnell wie möglich zum Hafen zurückzukehren, und nahmen ein paar Nebenstraßen, die in diese Richtung verliefen.

Eigentlich waren es nur Gassen. Sie waren eng und dunkel und es stank dort nach Urin. Ganz plötzlich überfiel mich Heimweh nach meinem Zuhause und dem *Bayou,* und erst als ich jenseits der Lagerhäuser das schlammbraune Wasser des Mississippi in der Sonne glitzern sah, ging es mir etwas besser. Auch jetzt, auf dem Rückweg, hielt sich Tit immer an meiner Hand fest.

»Ah, da seid ihr ja endlich. Wo habt ihr bloß gesteckt? Ich suche euch schon eine ganze Weile.«

Erschrocken schrie ich auf. Die Stimme hatte mich wirklich überrascht.

Lachend kam Cheat um die Ecke eines Lagerhauses gebogen. In seinem Mundwinkel hing ein Grashalm und er wirkte so zufrieden wie eine Katze, die schnurrend in der Sonne liegt. Wer wusste, was er hier trieb und warum er sich von Bord geschlichen hatte.

»Ach, du bist das«, sagte ich. »Du kannst dir nicht vorstellen, was uns passiert ist ...«

»Ja, ja«, unterbrach er mich. »Ich wollte dich eigentlich schon lange einiges fragen. Wer ihr seid, zum Beispiel.«

»Du weißt doch, wer wir sind«, fauchte Julie ihn an.

Cheats Gesichtsausdruck veränderte sich. Jetzt sah er nicht mehr freundlich und zufrieden aus, sondern verschlagen.

»Ich weiß nur das, was ihr mir und den anderen vorgelogen habt. Jetzt würde ich aber gerne die Wahrheit hören.« Er sagte es in der lang gezogenen Sprechweise des amerikanischen Westens. »Waaahrheit.«

»Ich habe darüber nachgedacht und bin überzeugt, dass ihr etwas zu verbergen habt«, fuhr Cheat fort. »Ihr behauptet, in einer Mission unterwegs zu sein, ihr tuschelt ständig miteinander und immer, wenn jemand in eure Nähe kommt, tut ihr ganz unschuldig oder geht weg.«

»Das stimmt nicht!«, widersprach Te Trois.

»Doch, es stimmt!«, entgegnete Cheat. »Ich lebe im Gepäckraum, erinnert ihr euch? Und so hatte ich ausreichend Zeit, mir euer Gepäck näher anzuschauen ...«

Cheat holte den Reisesack, den er auf dem Rücken getragen hatte, nach vorn und zog daraus Jacks Pistole hervor. Er hielt sie mit zwei Fingern am Lauf, als sei sie ein Froschbein. Er ließ sie eine Weile vor seinen Augen baumeln, dann umfasste er sie hämisch grinsend am Griff.

»Verdammter Dieb!«, zischte Te Trois.

»In dem Koffer war ziemlich viel Papier, doch leider kann ich nicht lesen. Aber um eine Pistole zu erkennen, braucht man ja nicht lesen zu können, nicht wahr? He, he, he! Und weil in eurem Koffer außer der Pistole hier auch ein Männermantel war ... Na ja, wenn man so etwas findet, stellt man sich bestimmte Fragen.«

Unwillkürlich zog ich Tit hinter mich, wie um ihn zu beschützen. Es war, als wäre die Zeit stehen geblieben.

Cheat nickte in meine Richtung. »Ja, das und der stumme Schwarze«, fuhr er fort. »Ich wette, der hat mit dieser Geschichte ebenfalls etwas zu tun, was? Und vielleicht gehört zu der Geschichte auch diese komische Uhr, die der Kleine immer bei sich trägt.«

Noch nie in meinem Leben hatte ich so große Angst gehabt wie in diesem Augenblick.

Auch Jack hatte gedroht, uns zu erschießen, neulich im Sumpf ... Doch damals war ich durch die Nacht gelaufen und hatte die Waffe nicht gesehen. Jetzt dagegen hatte ich sie genau vor meiner Nase und beim Reden schwenkte Cheat sie hin und her, sodass sie mal auf mich, mal auf Te Trois und mal auf Julie gerichtet war.

Wollte er wirklich auf uns schießen? Und wieso eigentlich nicht? Wir waren allein und in einer Gasse zwischen Lagerhäusern, niemand wusste, wo wir waren, und niemand würde uns zu Hilfe kommen.

»Das ist Sorge Nr. 1, Eddie«, sagte ich leise zu mir selbst.

»Macht nicht so ein Gesicht!«, rief Cheat. »Es ist doch alles ganz einfach: Jetzt gebt ihr uns all euer Geld und die schöne Lederbrieftasche, die ich schon seit einiger Zeit so gern hätte. Und die Uhr. Und dann sagt ihr uns, wer ihr wirklich seid.«

»*Uns?*«, fragte Julie.

»Ja, uns«, wiederholte Cheat. »Mir und meinen Freunden.«

Ich drehte den Kopf und sah die beiden Schiffsjungen René und Tom, die vom anderen Ende der Gasse her langsam auf uns zugingen.

René grinste breit, so als ob das alles furchtbar lustig wäre. Tom dagegen blieb ernst. Mit einer Hand umfasste er den Griff eines dieser langen, scharfen Messer, mit denen man Fische ausnimmt.

»Hallo, Leute«, sagte René. »Wie geht es euch?«

Er sagte es ruhig und mit einem Lächeln, in Wirklichkeit aber meinte er: Na, ihr feinen Pinkel, damit hattet ihr wohl nicht gerechnet, oder?

»Die Brieftasche«, forderte Cheat. »Los, her damit!«

Ich war der Scout und deshalb hatte ich Jacks Brieftasche eingesteckt. Sie befand sich in der Hüfttasche meiner Hose.

Ich weiß nicht, wieso Cheat das wusste, doch er richtete den Lauf der Pistole jetzt auf mich.

»Los, Ed«, sagte er, »gib sie mir schon.«

Mir blieb wohl keine andere Wahl, als zu gehorchen. Cheat, René und Tom waren jetzt so nah, dass ich ihren Schweißgeruch roch.

Ich nahm die Brieftasche heraus, aber ich zitterte so stark, dass sie mir aus der Hand und auf den Boden fiel. Eine kleine Staubwolke stieg dort auf, wo sie gelandet war.

»Eddie!«, schrie Te Trois. »Pass doch auf!«

Mein Freund bückte sich schnell, um die Brieftasche aufzuheben, und ich weiß nicht, wie er auf die Idee kam, aber während er mit einer Hand die Brieftasche ergriff, nahm er mit der anderen eine Handvoll Sand auf, den er Cheat mit einer schwungvollen Bewegung in die Augen schleuderte.

Blitzschnell stürzte er sich fast noch im selben Augenblick auf den Jungen und rammte ihm die Schulter in den Bauch.

In hohem Bogen flog die Pistole aus Cheats Hand durch die Luft. Ich sah nicht, wo sie landete.

»Aaah!«, schrie Cheat.

»Tom, pack ihn!«, rief René.

Ich hatte keine Lust, mich packen zu lassen. Ich nahm Tits Hand und rannte los.

Wir müssen hier weg, sagte ich mir. Bloß fort von hier!

Auch daran sieht man, dass ich durch und durch ein Angsthase bin: Weglaufen ist das, was mir immer als Erstes einfällt.

Hinter mir hörte ich aufgeregte Stimmen und die Laufschritte von Julie und Te Trois.

»Schnell, Leute!«, rief Te Trois.

Aber auch die anderen waren schnell. René war ein ausgezeichneter Läufer und Tom und Cheat hielten ganz gut mit ihm mit. Ich fragte mich, ob sie wohl die Pistole aufgehoben hatten und ob sie uns in den Rücken schießen würden.

In diesem Moment durchschnitt ein schriller Pfiff die Luft. Das Schiff! Sie würden ablegen und uns hier zurücklassen!

Ich rannte noch schneller. Te Trois überholte mich dennoch und erreichte bald das offene Gelände zwischen den Lagerhäusern und den Kais.

Ich dagegen stolperte, rutschte aus und fiel auf ein kleines Fass, das zusammen mit anderem Krempel vor einem Lagerhaus lag. Ich stand sofort auf, warf das Fässchen hinter mich und lief weiter.

Das Fässchen rollte auf René zu. Der stürzte und landete auf Tom und Cheat. Sofort bildete sich ein wirres Knäuel aus Armen, Beinen und Flüchen.

»Toll, Ed!«, rief mir Te Trois zu. »Los, weiter!«

Manchmal erlebt man so viel gleichzeitig, dass man es gar nicht ordentlich nacheinander erzählen kann.

Wir rannten auf das Schiff zu, die Ohren erfüllt vom eigenen rasenden Herzschlag. Wir sprangen über am Boden kauernde Bettler, über Taurollen, schlugen um Wagen und Kutschen Haken, den Blick nur auf die immer näher kommende Gangway gerichtet.

Zwei Matrosen gingen gerade auf sie zu, um sie einzuziehen und die Taue zu lösen.

»Wartet! Wartet! Wir sind Passagiere!«, schrie Te Trois.

Ich wusste später nicht, wie wir es schafften, aber wir sprangen in letzter Sekunde an Bord. Wir waren die Gangway so schnell hinaufgelaufen, dass wir oben nicht mehr anhalten konnten und unter den verwunderten Blicken der anderen Passagiere noch ein gutes Stück weit über die Planken des Decks schlitterten.

Nach dem letzten Pfiff, als auch das letzte Tau gelöst und an Bord gezogen war, legte die *Louisiana Story* endlich ab.

Immer noch keuchend lehnte ich mich über die Reling, um nach René, Cheat und Tom Ausschau zu halten, konnte sie aber nirgends auf dem Hafengelände entdecken.

Wir hatten sie zurückgelassen. Wir waren in Sicherheit. Vor allem aber waren wir noch am Leben.

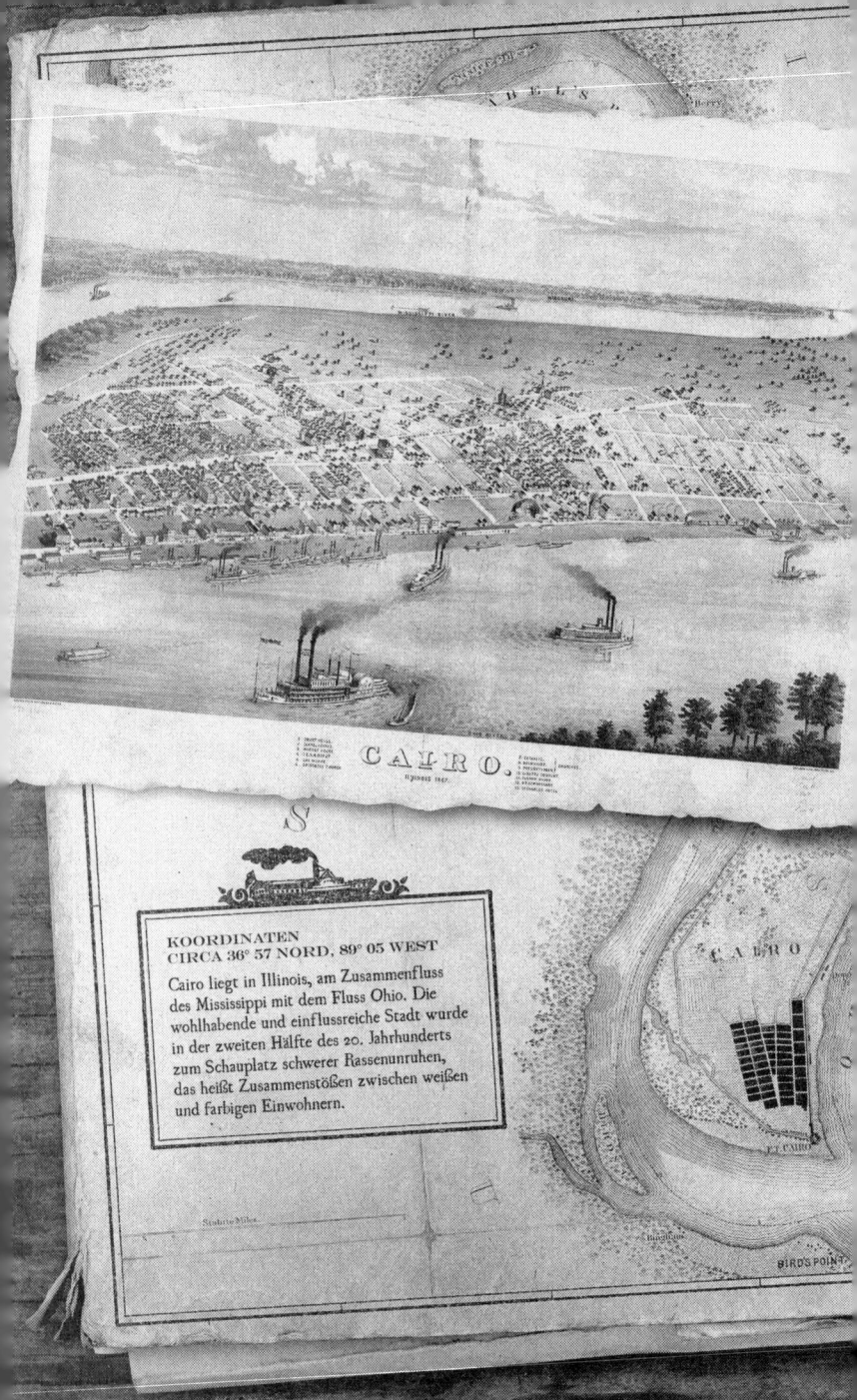

CAIRO.

KOORDINATEN
CIRCA 36° 57 NORD, 89° 05 WEST

Cairo liegt in Illinois, am Zusammenfluss des Mississippi mit dem Fluss Ohio. Die wohlhabende und einflussreiche Stadt wurde in der zweiten Hälfte des 20. Jahrhunderts zum Schauplatz schwerer Rassenunruhen, das heißt Zusammenstößen zwischen weißen und farbigen Einwohnern.

Am Zusammenfluss der großen Flüsse

Te Trois und Julie gingen in den Gepäckraum, um nach unserem Koffer zu sehen, und nahmen den immer noch schluchzenden Tit mit. Ich blieb allein zurück und versuchte, nach der ganzen Aufregung wieder einen klaren Kopf zu bekommen.

Eine frische Abendbrise hatte die drückende Hitze des Nachmittags weggefegt. Sie brachte Gerüche mit, die ich noch nie im Leben gerochen hatte.

Auch die Natur um uns herum hatte sich verändert. An den Ufern leuchteten in kurzen Abständen kleine Signallampen, die aus der Ferne an Glühwürmchen erinnerten. Wenn ich konzentriert hinsah, meinte ich zwischen den Uferpflanzen und Bäumen die Augen und feuchten Nasen von Hirschen zu entdecken, deren Geweihe verzweigten Ästen ähnelten.

An diesem Abschnitt seines Laufs markierte der Mississippi die Grenze zwischen Arkansas und Tennessee. Von hier aus war der *Bayou* nur noch eine ferne Erinnerung, denn nun umgaben uns Wälder und fester Boden. Ich kannte diesen Landschaftstyp nicht und fühlte mich hier nicht mehr in meinem Element. Hatte das, was ich von Joe gelernt hatte, hier auch noch Gültigkeit? Wie konnte ich ein Schamane der Sümpfe sein, wenn es hier gar keine Sümpfe gab?

Ich hob den Kopf und stellte fest, dass die Sterne dieselben geblieben waren, nur dass hier kein Schleier aus feuchter Luft sie verhüllte. Sie kamen mir glänzender und heller vor und die Sternbilder waren alle dort, wo sie hingehörten.

Wir hatten nicht alles verloren.

»Mit jeder Reise wird dein Gepäck schwerer«, hatte Joe immer gesagt.

Eine schwere Tasche voller Geheimnisse, Pistolen, Ängste und Erinnerungen vergangener Tage. Es war nicht wirklich das, was ich mir gewünscht hatte, aber ich hatte keine Wahl gehabt. Die hat niemand.

Anstatt mich zu den anderen zu gesellen, die sich wie üblich zwischen den Kohlesäcken schlafen gelegt hatten, blieb ich für mich, in der Nähe der großen Wasserkessel.

Es war der ruhigste Ort auf dem Schiff, denn es war dort sehr warm und die anderen Passagiere hielten sich lieber fern.

Mir dagegen machte Hitze nichts aus und ich wollte ein bisschen mit meinen Gedanken allein sein. Als ich müde wurde, legte ich mich einfach auf die Planken des Decks und versuchte einzuschlafen.

»He, du!«

Ich riss die Augen auf und erschrak, als ich erkannte, dass es Mike war, der mich geweckt hatte. Von den drei Schiffsjungen der *Louisiana Story* war er derjenige, der am wenigsten sprach und mit dem ich auch am wenigsten Kontakt gehabt hatte.

Ich wollte aufstehen, denn ich befürchtete, dass er mit den anderen gemeinsame Sache machte und gleich ein Messer oder eine andere Waffe hervorziehen würde.

»Keine Angst, ich tu dir nichts«, sagte er jedoch und setzte sich neben mich. »Ich wollte dich nur fragen, was mit René und Tom passiert ist. Sind sie in Memphis geblieben?«

»Sieht ganz so aus«, murmelte ich.

»Ja. Mr Weaver hat einen Wutanfall bekommen, als er gemerkt hat, dass sie bei der Abreise nicht an ihren Plätzen waren. Haben sie euch Ärger gemacht?«

Ich antwortete nicht darauf.

»Ich weiß, dass sie irgendetwas gegen euch im Schilde geführt haben. Das interessiert mich aber nicht. Ich bin froh, dass sie nicht mehr an Bord sind. Manchmal habe ich eine Gänsehaut bekommen, wenn ich René angesehen habe.«

Mir dagegen war es nicht so gegangen. Erst als es schon zu spät gewesen war, hatte ich gemerkt, dass mit René und seinen Kumpanen etwas nicht stimmte.

Ich bedankte mich bei Mike und wir unterhielten uns eine Weile. Nachdem er gegangen war, legte ich mich wieder hin und schlief sofort ein. Ich wachte erst auf, als die Sonne schon hoch am Himmel stand.

Am folgenden Nachmittag verkündete der übliche Pfiff, dass wir gleich Cairo anliefen, und es folgte das übliche Durcheinander. Die einen verließen über die Gangway das Schiff, andere gingen an Bord.

Julie, Tit, Te Trois und ich beobachteten sie mit gebührendem Abstand, denn uns war die Lust auf einen Landgang vergangen. Wir würden das Schiff erst am folgenden Tag in Saint Louis verlassen, und keinen Augenblick früher.

»Hey, sagte Julie, »guckt mal, wie komisch der da angezogen ist ...«

Wir begriffen sofort, wen sie meinte, denn der Mann fiel in der Menge auf wie eine Fledermaus in der Mittagssonne. Er mochte ungefähr 40 Jahre alt sein. Sein Gesicht war von der Sonne gebräunt, die grauen Haare hätten dringend einen Besuch beim Friseur nötig gehabt. Er trug einen äußerst auffälligen gestreiften roten Anzug, rote Schuhe, einen Zylinderhut und eine getupfte Krawatte.

Er hatte einen teuer aussehenden Lederkoffer bei sich und sah sich lächelnd um, so als gehe ihm gerade ein Witz durch den Kopf.

Te Trois und ich streckten uns so weit wie möglich über die Reling, um ihn anzuschauen. Er bemerkte uns und zwinkerte uns zu, bevor er die Stufen zum oberen Deck hinaufstieg. Wir sahen ihn in einer der hinteren Kabinen verschwinden, eine von denen, die von den Heizkesseln am weitesten entfernt und daher am luxuriösesten waren.

Wir drehten eine unserer Runden über das Schiff und danach blieb ich noch eine Weile an der Reling stehen und sah dem Fluss beim Fließen zu.

Später traf ich Te Trois im Salon wieder. In dem vornehm mit Möbeln aus dunklem Holz eingerichteten Zimmer saßen Männer herum, tranken Whiskey, rauchten Zigarren und spielten Poker.

Te Trois saß in einer Ecke auf dem Fußboden und begrüßte mich mit einem schiefen Grinsen.

»Was machst du hier?«, fragte ich und setzte mich neben ihn.

»Mir war langweilig und deshalb bin ich hergekommen, um zu schauen, was hier los ist«, antwortete er. »Eigentlich haben wir Kinder hier ja nichts zu suchen, aber auf diesem Schiff achtet sowieso keiner auf uns.«

Er kicherte. Als ich mich im Raum umsah, stellte ich fest, dass auch der neue Passagier in dem komischen roten Anzug da war.

»Er heißt Edward Berry«, informierte mich Te Trois und nickte zu dem Mann hinüber. »Ich habe gehört, wie er sich den anderen vorgestellt hat.«

»Edward, genau wie ich«, bemerkte ich.

»Ja, ein lustiger Zufall.«

»Und, wie spielt er? Ist er gut?«

Te Trois zuckte die Schultern. »Er verliert ständig. Wenn er nicht aufpasst, nehmen sie ihm irgendwann auch noch die Hosenträger weg.«

Ich schaute den Pokerspielern eine Weile zu. Ich kannte die Regeln, weil auch Joe der Indianer Poker spielte. Mir war es immer ein bisschen lächerlich vorgekommen: Jeder Spieler bekam fünf Karten und wettete, dass er mit diesen Karten höhere Werte erzielen würde als die anderen. Dann ging es los, die Spieler boten, immer wieder wurde Geld in die Tischmitte gelegt, bis einer der Spieler »Ich will sehen« rief. Daraufhin mussten alle ihre Karten aufdecken und der Sieger nahm sich das ganze Geld von der Tischmitte.

Es schien ganz so, als kenne Berry das Spiel nicht besonders gut, denn er tat immer das genaue Gegenteil von dem, was er eigentlich hätte tun sollen: Er legte aussichtsreiche Karten ab, verwettete sein Geld auf minderwertige Karten und irrte sich ein paarmal sogar mit den Farben, sodass er mit falschen Kombinationen prahlte. Das war ein wirklich dummer Fehler, sogar ich hätte es besser gewusst.

Allerdings verlor er mit Stil. Er lachte und machte Witze und auch wenn er schlechte Karten hatte, blieb er heiter und gelassen. Auf diese Weise machte er sich am Pokertisch beliebt und alle wollten sich mit ihm unterhalten.

Es wurde Zeit fürs Abendessen und Te Trois und ich beschlossen, Julie und Tit zu suchen, damit wir uns gemeinsam etwas zu essen besorgten.

Als wir aufstanden, drehte sich Berry zu uns um, zwinkerte uns zu und sagte: »Goodbye, Kids!«

Dabei wirkte er, als sei er der eigentliche Gewinner dieser seltsamen Pokerpartie.

Nach dem Abendessen wurde im Salon Licht gemacht und wieder setzten sich die Männer zu einem Kartenspiel zusammen. Es war der letzte Abend vor unserer Ankunft in Saint Louis und es war, als liege der Geruch verpasster Chancen und letzter Möglichkeiten in der Luft.

Te Trois, Julie, Tit und ich setzten uns in eine Ecke, in der wir niemanden störten.

Die Pokerspieler hatten bereits verschwitzte Gesichter und über dem Tisch hing eine dicke Wolke Zigarrenrauch.

Berry betrat den Raum und begrüßte als Erste uns, so als ob wir die wichtigsten Persönlichkeiten hier im Raum seien. Ich will gar nicht leugnen, dass ich mich insgeheim darüber freute.

Die anderen Spieler rückten wortlos zusammen, um ihm am Tisch Platz zu machen.

Der Geldhaufen in der Tischmitte wurde immer höher und die Spannung im Raum stieg. Noch nie in meinem Leben hatte ich so viele Dollar auf einmal gesehen. Ständig wurden Brieftaschen aufgeklappt und Geldscheine herausgezogen. Der eine oder andere jammerte leise über seine schlechten Karten oder lachte laut über einen Sieg.

Berry begann sofort, große Summen zu verlieren. Mittlerweile fand er das offenbar nicht mehr so lustig, denn seine Hände zitterten, wenn er wieder einmal die Brieftasche hervorholen musste. Ich fragte mich, warum er sich nicht lieber in seine Kabine zurückzog und sich die Zeit auf weniger kostspielige Weise vertrieb, wie zum Beispiel mit einem guten Buch.

»Ich sehe deinen Einsatz«, sagte ein Mann namens Stud, »und erhöhe um zehn Dollar.«

»Ich gehe mit«, verkündete ein anderer, der Fred hieß.

Nach und nach erklärten alle anderen Spieler am Tisch, sie seien raus, einer nach dem anderen. Fred und Stud hatten sich als ausgezeichnete Pokerspieler erwiesen und zehn Dollar waren für die meisten anderen viel zu viel Geld. Vor nur einer Woche wären sie mir ebenfalls wie eine astronomisch hohe Summe erschienen.

»Ich … ich erhöhe um zehn weitere Dollar«, rief plötzlich Berry.

Es wurde still, so unnatürlich still, als hätte der Mississippi aufgehört zu fließen. Stud und Fred wechselten einen nur allzu deutlichen Blick des Einverständnisses und ich begriff sofort, dass Berry ihnen in die Falle gegangen war. Offenbar hatten sie die ganze Zeit über etwas geplant.

»Ich gehe mit und erhöhe, aber um 50«, sagte Fred.

»Und ich erhöhe um weitere 50«, erwiderte Stud. Und zu Berry gewandt: »Zeig, ob du ein Mann bist, mein Freund.«

Berry betrachtete seine Karten, schien lange nachzudenken und verkündete: »Ich biete mit. Und ich erhöhe um weitere 50.«

Die Leute begannen zu tuscheln. Einer beugte sich zu Berry hinüber und flüsterte ihm zu, es lieber bleiben zu lassen. Doch Berry zog aus der Innentasche der Jacke eine zweite Brieftasche hervor, die er bisher noch nie benutzt hatte. Von meinem Platz aus konnte ich sehen, dass sie mit einem dicken Bündel Geldscheine gefüllt war.

Fred und Stud wechselten abermals einen Blick und begannen, höher und höher zu bieten, wohl in der Absicht, Berry bis auf den letzten Cent auszunehmen.

Berry überlegte bei jedem Gebot, schien stets zu zögern, murmelte aber schließlich so etwas wie: »Ach, ich werde schon gewinnen, ich kann einen solchen Einsatz nicht einfach anderen überlassen«, und dann erhöhte auch er.

Zum Schluss lag auf dem Pokertisch so viel Geld, dass man gut und gerne eine ganze Farm damit hätte bezahlen können. Die Männer an den anderen Tischen hatten mittlerweile aufgehört zu spielen und schauten mit angehaltenem Atem bei dieser spannenden Partie zu.

»Letzte Runde«, verkündete Fred. »Ich lege weitere 100 Dollar drauf. Was hältst du davon, mein Freund?«

»Ich bin draußen«, sagte Stud, aber dabei zwinkerte er Fred zu und das bestätigte mir, dass sich die beiden tatsächlich abgesprochen hatten und sich Freds Gewinn hinterher teilen wollten.

Ich hätte Berry gern gewarnt, aber ich wusste nicht, wie ich das hätte anstellen sollen.

Der öffnete inzwischen zum x-ten Mal seine Brieftasche. »Hm«, brummelte er. »Das ist das letzte Gebot, nicht wahr? Mal sehen, ob ich noch genug habe, um mir deine Karten anzuschauen …«

Er legte seine letzten Geldscheine auf den Tisch und zählte sein Geld. 10, 20, 30, 40 … doch mehr als 90 Dollar gab sein Geldbeutel nicht mehr her.

Ohne im Geringsten besorgt zu wirken, durchsuchte Berry nun seine Jackentaschen nach Münzen. So bekam er insgesamt 92 Dollar zusammen, nein: sogar 96, ja 97 Dollar. Mehr aber hatte er beim besten Willen nicht.

»Anscheinend ist mir wirklich nicht mehr geblieben«, meinte er schließlich.

»Aha!«, freute sich Fred und langte nach dem Geld in der Tischmitte. »Wenn du nicht mehr mitbieten kannst, gehört das alles jetzt mir!«

»Einen Moment noch!«, rief Berry. »Vielleicht kann mir jemand die drei Dollar leihen, die mir noch fehlen.«

Er wandte sich uns zu. Ja, er sah wirklich mich und Te Trois und Julie und Tit an, als er sagte: »Was meint ihr, Kinder? Habt ihr vielleicht drei Dollar übrig?«

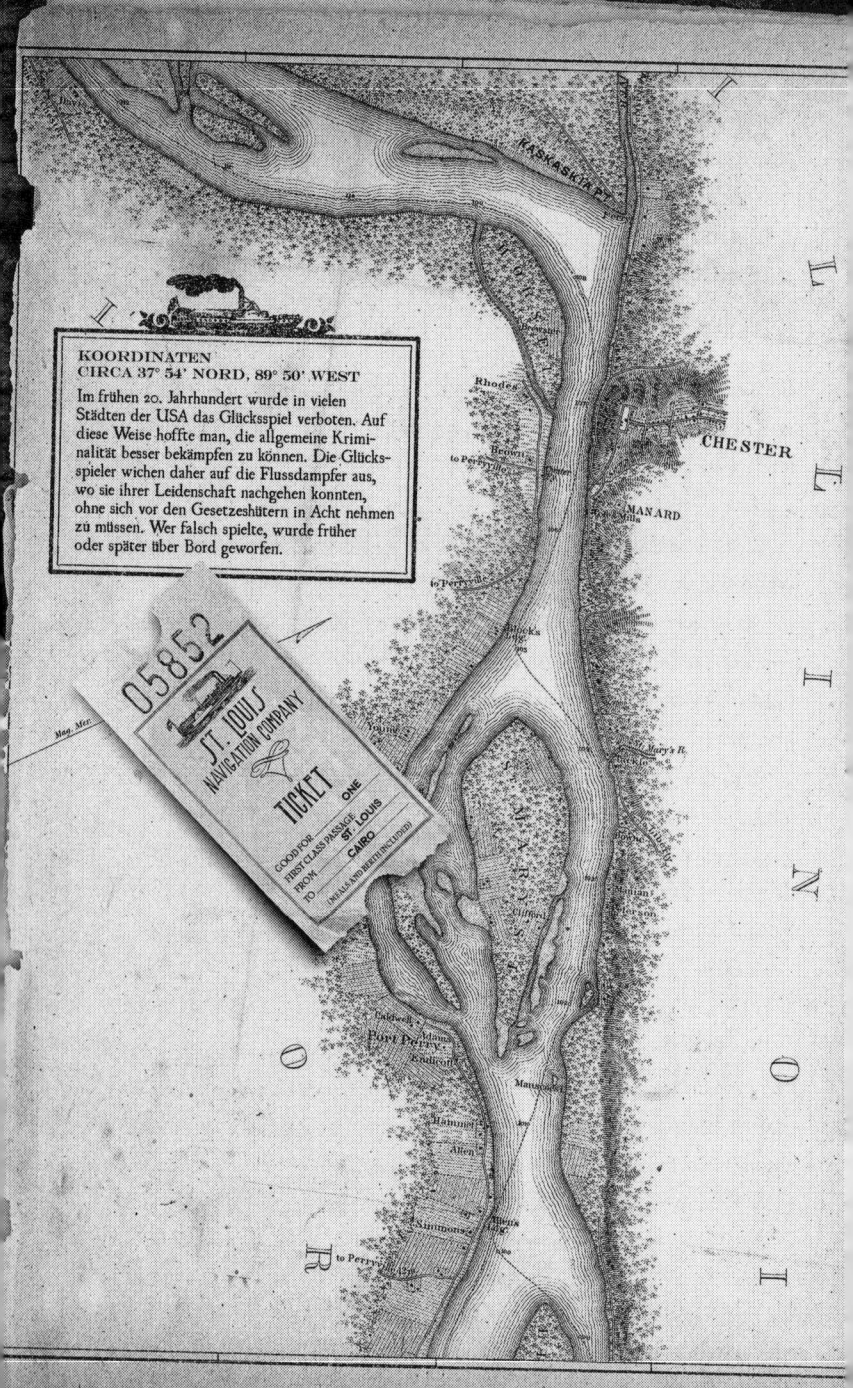

Die Schaufelraddampfer des Mississippi

Ich wusste nicht, was ich sagen sollte. Und ich hatte keine Ahnung, wie Berry erraten hatte, dass ich genau drei Dollar bei mir hatte: das letzte Geld, das übrig geblieben war.

»Drei Dollar könntet ihr mir doch borgen, oder?«

»Was …?«, wunderte sich Te Trois. »Was verdienen wir daran, wenn wir ihm Geld leihen?«

Berry bekam einen Lachanfall. »Hört ihr? Noch so jung und doch weiß er schon, worum es im Leben eigentlich geht. Wenn ihr mir helft, habt ihr euch meine Freundschaft verdient und vielleicht bekommt ihr auch vom Gewinn etwas ab.«

»He, du«, meinte einer der Männer, »die leih ich dir, die drei Dollar.«

»Lass mal lieber«, schaltete sich ein anderer ein. »Er hat die Kinder danach gefragt. Mal sehen, was die jetzt machen.«

»Gib sie ihm«, sagte Julie leise zu mir, ohne mich anzuschauen.

»Was?«

»Gib ihm das Geld.«

Das war ja der Gipfel! Am Tag zuvor noch hatten wir unser Leben riskiert, um Cheat nicht unsere kostbaren letzten Münzen (und natürlich auch die Uhr) zu überlassen. Und nun sollten wir sie an einen schlechten Pokerspieler verschwenden?

Am nächsten Tag würden wir Saint Louis erreichen. Mit drei Dollar konnten wir uns sicherlich keine Zugfahrkarten kaufen, aber wenigstens hatten wir ein paar Tage lang etwas zu essen.

Allerdings war Julie die Kaltblütigste von uns und gleichzeitig die Vorsichtigste und sie hätte mir niemals gesagt, ich solle einem Fremden unser Geld übergeben, wenn sie nicht absolut sicher gewesen wäre. Aber wessen war sie sich sicher? Ich hatte keinen blassen Schimmer.

Beinahe widerwillig zog ich einen Schuh aus und holte daraus unsere letzten drei Dollarmünzen hervor. Ich wischte sie an meiner Hose ab und reichte sie Berry.

»Danke, Junge«, sagte er.

Er warf die drei Münzen in die Luft, fing sie wieder auf und legte sie auf den Geldhaufen in der Tischmitte.

Und dann sagte er zu Fred das Zauberwort: »Ich will sehen.«

»Ich will sehen« bedeutet, dass die Runde zu Ende ist. Die Karten werden aufgedeckt und wer die höchste Kombination hat, gewinnt.

Freds triumphierendes Grinsen erinnerte mich an das von Mr Dubois zu Hause. Der grinste auch immer so, wenn ihm ein Alligator in die Falle gegangen war.

»Es tut mir leid, mein Freund«, sagte Fred zu Berry. »Und es tut mir auch wegen der Kinder leid. Aber ich habe gewonnen.«

Er deckte seine Karten eine nach der anderen auf. Pik-Ass. Herz-Ass. Kreuz-Ass. Und mit einer langsamen eleganten Bewegung präsentierte er die vierte Karte: Karo-Ass.

Ein Vierling.

»Ist das eine gute Kombination?«, fragte mich Julie. Auch dieses Mal schaute sie mich dabei nicht an.

»Allerdings«, seufzte ich. »Die ist kaum zu schlagen.«

Fred beugte sich über den Tisch, um den Geldhaufen zu sich heranzuziehen, doch Berry sagte: »Warte, ich muss erst noch meine Karten aufdecken. So macht man es doch, oder?«

Er legte eine Pik-Zwei auf den Tisch.

Ich spürte, wie mir die Tränen in die Augen traten, denn nun war alle Hoffnung verloren. Te Trois grub seine Fingernägel in meinen Arm, während Berry eine Pik-Drei aufdeckte. Danach eine Pik-Vier. Fred war leichenblass geworden. Ringsherum kam Gemurmel auf. Berry legte eine Pik-Fünf auf den Tisch. Und anschließend die letzte Karte, eine Pik-Sechs.

»Was bedeutet das?«, flüsterte Julie.

Mir hatte es die Sprache verschlagen. »Das heißt, dass es ... das ist ...«

»Ein *Straight Flush*«, vervollständigte Berry meinen Satz. »Wenn ich mich nicht irre, schlägt der *Straight Flush* den Vierling.«

Fred sprang auf. Ich dachte, er würde den Tisch umkippen, doch Berry war schneller und im nächsten Augenblick hatte er ein Springmesser in der Hand. Zischend fuhr die scharfe Klinge aus dem Perlmuttgriff.

»Keine Tricks«, sagte Berry streng. »Es tut mir leid, Fred, und es tut mir auch wegen dir leid, Stud, aber nach den Regeln habe ich gewonnen und es sind jede Menge Zeugen anwesend. Stimmt's?«

»Stimmt«, antwortete irgendjemand.

»Deshalb werde ich das Geld jetzt an mich nehmen, wenn ihr erlaubt, Gentlemen. Anschließend ziehe ich mich in meine Kabine zurück. Ich bin müde.«

Das Messer auf die beiden Pokerkumpel gerichtet, winkte mich Berry mit der anderen Hand herbei. »Junge, nimm die Tasche und tu das Geld hinein. Ein Teil davon gehört natürlich euch.«

Ich beeilte mich zu gehorchen. Mit der gefüllten Tasche, die ich wie einen Pokal hoch über meinen Kopf hielt, verließ ich den Salon.

Anstatt in seine Kabine zu gehen, fragte uns Berry: »Wo ist denn eure Kabine, Kinder? Ich hoffe, ihr habt nichts dagegen, mich diese Nacht bei euch aufzunehmen, denn Fred und Stud kommen mich sicher in ein paar Stunden besuchen und es ist besser für mich, wenn sie mich nicht antreffen.«

»Die beiden sind Falschspieler, nicht wahr?«, fragte Te Trois.

»Ja, das sind zwei Falschspieler und sie rechneten fest damit zu gewinnen«, erwiderte Berry. »Was sie nicht wussten war, dass ich auch ein Falschspieler bin.«

»Wir haben nur leider keine Kabine«, gestand Julie. »Wir sind ›lebende Ware‹, wir schlafen an Deck.«

»Hmm.«

»Aber es gibt doch den Gepäckraum«, schlug ich vor. »Er wird abgeschlossen und wir wissen, wo sie den Schlüssel aufbewahren.«

Das war eine gute Idee und wir gingen sofort hin. Im Gepäckraum klemmte Berry einen Stuhl von innen gegen die Türklinke. Mir fiel auf, dass er immer noch das Messer in der Hand hielt.

Er legte das Ohr an die geschlossene Tür, lauschte eine Weile und atmete dann auf.

»Es scheint alles ruhig zu sein«, flüsterte er. »Aber man kann nie wissen.«

Er öffnete seine Tasche, zog zwei Scheine zu je zehn Dollar heraus und warf sie uns zu. Te Trois fing sie noch in der Luft auf.

»Das ist für euch«, sagte Berry. »Weil ihr mir geholfen habt.«

»Die drei Dollar. Woher wussten Sie, dass ich drei Dollar bei mir hatte?«

»Ich habe dich heute Nachmittag gesehen, auf dem Hauptdeck.

Du hast die Münzen aus der Brieftasche genommen und sie in deinem Schuh versteckt. Ich dachte noch, dass es klug war, das zu tun. Es kann gefährlich werden, wenn die Leute sehen können, dass man Geld hat.«

Wie recht er hatte!

Edward Berry schaute uns der Reihe nach tief in die Augen. Da wurde mir bewusst, dass uns dieser Mann, der denselben Vornamen trug wie ich, unter Umständen gefährlich werden konnte. Gerade eben war er es nicht. Aber das konnte sich schnell ändern.

»Also«, begann er. »Weil wir doch noch einiges an Zeit totzuschlagen haben: Wollt ihr mir erzählen, warum ihr nach Saint Louis fahrt? Es ist kein Erwachsener bei euch und man sieht, dass ihr eure Kleider erst vor Kurzem gekauft habt.«

Ich zwang mich, mich nicht nach Tit und seinem Samtbeutel mit der Uhr umzudrehen, und hoffte, dass sich auch die anderen unter Kontrolle hatten. Nach dem, was wir mit René und seinen Kumpanen erlebt hatten, sollten wir lieber kein Risiko eingehen.

»Ihr mögt es mir nicht erzählen? Wie ihr meint, so sehr interessiert es mich auch gar nicht. Aber wenn ihr länger in Saint Louis bleiben wollt, solltet ihr mir das sagen, denn ich habe dort ein paar Freunde.«

»Chicago«, gestand Julie leise. »Wir gehen nach Chicago. Zum Versandhaus Walker & Dawn.«

Sie hatte es mit erstickter Stimme gesagt und ich verstand nicht, warum sie unser Ziel verriet. Te Trois legte ihr eine Hand auf die Schulter.

Berry dagegen lächelte so breit, dass ganz hinten in seinem Mund die Goldzähne aufblitzten. »Um etwas aus dem Katalog zu bestellen, braucht ihr die weite Reise aber nicht zu machen.«

»Ja, das wissen wir«, erwiderte Julie.

»Aber danke, dass ihr es mir verraten habt.«

Jetzt lächelte auch Julie. »Sie sind ein Falschspieler. Und nur jemandem, der daran gewöhnt ist zu lügen, kann man ab und zu die Wahrheit sagen.«

Berry musste lachen, als er das hörte. »Damit hast du wirklich recht«, meinte er. »Auf jeden Fall ist das ein komischer Zufall. Das ist schon das zweite Mal diese Woche, dass ich von der Firma Walker & Dawn höre. Beziehungsweise lese: Wenn ich mich nicht irre, stand neulich etwas in der Zeitung darüber …«

»Das stimmt«, warf ich ein, weil mir der Zeitungsausschnitt einfiel, den mir Julie vor zwei Tagen gezeigt hatte. »In Chicago wurde der Mörder von Miss Dawn ermordet.«

»Ich glaube, das war 1899«, erinnerte sich Berry. »Ich kann mir Zeitangaben und Zahlen gut merken … Sozusagen eine Berufskrankheit … Aber jetzt weiß ich es wieder: Es ging in dem Artikel um Mr Darsley, der aus dem Gefängnis ausgebrochen war und nur wenige Stunden später tot aufgefunden wurde. Eine hässliche Geschichte. Sehr, sehr hässlich.«

»Könnten Sie uns die erzählen?«, bat Te Trois.

»Warum interessiert sie euch?«

»So sehr interessiert sie uns nun auch wieder nicht«, widersprach mein Freund. »Es ist nur, um die Zeit totzuschlagen.«

»Ach so«, sagte Berry. Nachdenklich klopfte er mit dem Griff des Springmessers gegen seinen Oberschenkel. In dem abgedunkelten Raum erinnerte sein Gesicht an das des Jokers aus dem Kartenspiel.

»Der Mord an Miss Dawn war einer der rätselhaftesten und faszinierendsten Fälle der letzten Jahre und eine Zeit lang sprachen die Leute von nichts anderem. Außerdem hatte dieser Fall alle Zutaten einer spannenden Geschichte: die letzte Silvesternacht des Jahrhunderts, eine sehr reiche und intelligente Frau, den Mann, der sie liebte, und seinen Rivalen ...«

»*Der Mann, der sie liebte?*«, wiederholte ich. »*Sein Rivale?*«

»Ja, Mr Walker, ganz klar«, antwortete Berry. »Aber ich fange besser am Anfang an. Als junger Mann arbeitete Mr Walker bei der Post und war deshalb ständig unterwegs, von einer Ecke der USA zur anderen. Eines Tages lernte er Miss Dawn kennen. Sie war die Tochter eines Kaufmanns, der in finanziellen Schwierigkeiten steckte. Die beiden fanden einander sympathisch und Walker beschloss, auf seinen Reisen durch die USA die Waren von Miss Dawns Vater zu verkaufen. Er hatte damit Erfolg und nach einiger Zeit kündigte er bei der Post und die beiden gründeten die Firma Walker & Dawn.

Miss Dawn hatte lange darüber nachgedacht, warum Walker mit seinen Verkäufen an der Tür so erfolgreich war. Schließlich begriff sie den Grund: Wer nicht in der Stadt, sondern in einem kleinen Dorf oder aber auf einer abgelegenen Farm lebte, musste immer in die Stadt fahren, um etwas einkaufen zu können. Die Menschen waren begeistert, wenn ihnen die Waren nach Hause gebracht wurden. So kam Miss Dawn auf die Idee, einen Versandhauskatalog herzustellen. Die allererste Ausgabe machte sie ganz allein.«

Berry holte tief Luft. Dann fuhr er fort: »Für Mr Walker war Miss Dawn jedoch nicht nur eine Geschäftspartnerin. Sie soll sehr schön gewesen sein und noch dazu außerordentlich intelligent. Walker verliebte sich unsterblich in sie. Er machte ihr mehrmals einen Antrag, doch sie wies ihn stets ab.«

»Warum?«, fragte Julie.

»Puh ... keine Ahnung. Es hieß, sie wolle nicht auf ihre Unabhängigkeit verzichten. Außerdem waren sie und Mr Walker von der Persönlichkeit her sehr verschieden. Miss Dawn war gern allein und verbrachte viel Zeit mit Büchern oder damit, an ihren Erfindungen herumzutüfteln. Walker dagegen hatte gern Gesellschaft, er liebte Feste und Einladungen. So blieben sie lange Zeit verlobt, aber mehr wurde nicht daraus. Und eines Tages betrat sozusagen Mr Darsley die Szene.«

»Der Mörder«, rief Te Trois.

Berry nickte. »Ja, genau der. Aber damals, im Jahr 1897 oder 1898, war Darsley ein angesehener Privatdetektiv. Er soll so gut aussehend wie ein Schauspieler gewesen sein. Die Zeitungen berichteten viel über ihn, denn bei der Lösung vertrackter Fälle kam er der Polizei oft zuvor. Ganz Chicago bewunderte ihn. Auch Darsley verliebte sich in Miss Dawn und begann, ihr den Hof zu machen. Sie aber wies ihn genauso ab wie Mr Walker. Daraufhin drehte Darsley durch und in der Silvesternacht 1899 brachte er sie um. Er erschoss sie mit einem Revolverschuss mitten in die Stirn. Bäng!«

Das »Bäng!« hallte im Gepäckraum wider wie ein richtiger Schuss und ich stellte mir vor, wie die arme Miss Dawn in einem dunklen Zimmer zu Boden fiel und zwischen halb geöffneten Lippen ihren letzten Atem aushauchte ...

»Natürlich schwor Mr Walker, dass er Darsley an den Galgen bringen würde, und beauftragte die besten Rechtsanwälte der Stadt, gegen Darsley zu ermitteln. Aber auch Darsley hatte gute Anwälte. Es heißt sogar, er sei ein enger Freund von Emerald Jim gewesen, dem Mafiaboss von Chicago, und dass sich Emerald Jim sehr einsetzte, um Darsley das Leben zu retten. Darsleys Anwälte konnten beweisen, dass der Revolver, mit dem der tödliche Schuss abgegeben wurde, zwar Darsley gehörte, ihm aber eine Woche vor dem

Mord gestohlen worden war. Außerdem befand sich Darsley zum Zeitpunkt des Mordes in einem Nachtklub in Chicago und für dieses Alibi hatte er auch Zeugen: Mindestens zehn Revuetänzerinnen sagten für ihn aus. Schließlich wurde Darsley zwar nicht gehängt, aber zu lebenslanger Haft verurteilt. Wieder und wieder beteuerte Darsley seine Unschuld und behauptete, das Opfer einer Intrige zu sein. Seine Mithäftlinge erzählten später, er habe geschworen, aus dem Gefängnis auszubrechen und sich zu rächen ...«

Berrys letzte Worte blieben wie Rauch in der Luft hängen.

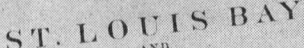

PHARUS-MAP
WORLD'S FAIR ST. LO
1904.

KOORDINATEN
CIRCA 38° 39' NORD, 90° 10' WEST

Die Stadt Saint Louis liegt am Zusammenfluss des Missouri, dem längsten Fluss Nordamerikas, mit dem Mississippi. Der Hafen stellte einen wichtigen Knotenpunkt im Schiffsverkehr zwischen den nördlichen und den südlichen Bundesstaaten der USA dar. 1904 wurde Saint Louis zum ersten Austragungsort der Olympischen Spiele außerhalb Europas.

Saint Louis

Ungefähr um die Mittagszeit erreichte die *Louisiana Story* das Ziel ihrer langen Fahrt und schon vom Fluss aus konnten wir sehen, dass diese Stadt ganz anders war als die Städte, die wir bisher kennengelernt hatten. Sie war so groß, dass sie sich bis zum Horizont erstreckte.

»Saint Louis ist die viertgrößte Stadt der USA«, hatte uns Berry letzte Nacht erzählt. »Aber ihr werdet sehen, dass Chicago noch wesentlich größer ist.«

Ich konnte mir nicht vorstellen, dass irgendetwas den Anblick übertreffen könnte, der sich mir nun bot. Saint Louis war ein künstlicher *Bayou*, der aus Häusern, Straßen, Brücken und Menschen bestand. Wie konnten Tiere an einem derartigen Ort leben, an dem es keinen einzigen Baum gab? Welche Vögel konnten an diesem rauchverhangenen Himmel fliegen?

Das Schiff hatte noch nicht angelegt, als ich eine Kutsche bemerkte, die mit wahnsinniger Geschwindigkeit durch das Hafengelände raste, und das, obwohl sie nicht von Pferden gezogen wurde. Es war ... ein Automobil.

Ich wusste, dass es irgendwo auf der Welt diese Fahrzeuge gab – Maschinen, die auf Rädern über Land rollten. Gesehen aber hatte ich bisher noch keines davon.

»Wow!«, staunte ich.

»Meinst du, wir könnten damit mal eine Runde drehen?«, fragte Te Trois, die Augen vor lauter Bewunderung weit aufgerissen.

»Wir sollten unser Geld lieber vernünftiger ausgeben«, ermahnte ihn Julie leise.

Die Motoren des Dampfers verstummten und die Matrosen ließen die Gangway herunter. Wir warteten, bis alle anderen von Bord gegangen waren, besonders Stud und Fred, die sich lange suchend nach Berry umschauten. Schließlich ging Berry zum Kapitän und versicherte ihm, dass er sich um uns kümmern und uns zu unserem Onkel begleiten würde.

Dann gingen auch wir an Land.

»Wisst ihr schon, wie es jetzt weitergeht?«, fragte uns der Falschspieler.

»Nicht wirklich«, gestand Te Trois.

»Dann gebe ich euch noch einen Rat mit auf den Weg. Euer Geld reicht nicht, um Fahrkarten für den Zug nach Chicago zu kaufen. Aber wenn ihr so schlau seid, wie ich glaube, kommt ihr sicher drauf, dass man auch mal ohne Fahrkarte reisen kann.«

Mit diesen Worten ging er davon, ohne sich zu verabschieden. Ich wusste nicht, ob ich darüber traurig sein sollte oder aber erleichtert, weil er uns weder unsere Uhr noch unsere anderen Habseligkeiten gestohlen hatte.

Wir sahen zu, wie er sich mit großen Schritten entfernte, in seinem roten Anzug und mit seinem Zylinderhut, mit der Selbstsicherheit eines Menschen, dem nichts und niemand etwas anhaben konnte.

Überall wurden Waren ein- und ausgeladen. Wir standen zwischen Säcken und Fässern herum und ein Matrose, der ein großes Fass trug, stolperte über Tit.

»Ups!«, sagte der Matrose. »Hey, pass doch mal auf!«

Er fiel nicht hin, aber der Deckel des Fasses löste sich und einige Liter Salzlösung schwappten aus dem Fass.

Julie und Tit wurden von Kopf bis Fuß nass und rochen nach eingelegten Heringen.

Der Anblick war zu komisch und Te Trois und ich bogen uns vor Lachen.

»Bäääh!«, sagte Julie. »Ich werde noch monatelang nach Salzheringen stinken.«

Daraufhin mussten wir noch mehr lachen.

Julie streckte uns die Hände entgegen, mit zu Krallen gebogenen Fingern, und tönte düster: »Ich bin das Sumpfungeheuer …«

Wir taten, als liefen wir weg, aber Julie bekam Te Trois zu fassen, umarmte ihn ganz fest und drückte ihm einen Kuss auf die Wange. Mein Freund wurde rot wie eine Tomate und ich spürte plötzlich, wie tief in mir drin etwas zerriss. Ich weiß nicht, was es war, aber es tat sehr weh.

Plötzlich hatte ich keine Lust mehr herumzualbern und ich wollte nur noch weg von diesem Ort.

Tit machte eines seiner maunzenden Geräusche, umarmte mich und küsste mich dort, wo er hinkam, also auf meine Brust.

Doch ich brummelte nur: »Lass das, du machst mich ganz schmutzig.«

»Er macht dich schmutzig?«, fragte Julie. »Und was soll ich dann sagen? Schau dir nur an, wie ich aussehe!«

Sie schaute mich herausfordernd an, aber ich drehte mich weg und ging los.

Wir liefen einfach in eine zufällig gewählte Richtung weiter und ich merkte bald, dass ich Saint Louis hasste. Mir war der Geruch nach Kohle und Staub unangenehm. Ich fand die Steinhäuser hässlich, die so hoch waren, dass man den Himmel kaum sah. Ich hasste den grauen Himmel und die hastig dahineilenden Menschen.

»Eddie-ED!«, rief Te Trois. »Hast du das gerade gesehen? Das war ein richtiges, ein echtes Automobil und es hätte mich beinahe überfahren!«

Er war darüber höchst erfreut, so als ob es furchtbar lustig wäre, durch ein Automobil ums Leben zu kommen.

»Automobile haben wir ja schon im Hafen gesehen«, meinte ich nur achselzuckend.

Te Trois packte mich am Arm. »Sag mal, hast du Fieber? Hast du nicht gehört, was ich gerade gesagt habe? *Automobil? Überfahren?* Ist das nicht unglaublich? Joju meint, das Automobil sei mit mindestens 15 Meilen pro Stunde gefahren!«

Obwohl ich gerade auf so vieles wütend war, merkte ich, dass ich diesen dämlichen Spitznamen »Joju« von allem am stärksten hasste.

Doch ich beschloss, so zu tun, als ob nichts wäre, und wir liefen weiter, bis uns in der drückenden Schwüle die Kleider am Körper festklebten. Ich hörte nirgends Vogelstimmen und die einzigen Tiere, die wir hier bisher zu sehen bekommen hatten, waren streunende Hunde und Ratten.

Überall waren Schilder, auf denen es um die Olympiade ging, »die erste amerikanische Olympiade«. Sie würde in knapp einem Monat stattfinden. Auf einem der Schilder war ein Indianer mit Pfeil und Bogen abgebildet, und das erinnerte mich an Joe. Bei dem Gedanken daran, wie weit ich von zu Hause entfernt war, bekam ich furchtbares Heimweh.

Dann aber merkte ich, dass das unangenehme Gefühl nicht so

sehr Heimweh, sondern vielmehr Hunger war. Wir kamen an einen Kiosk, an dem Würstchen verkauft wurden. Auf einer Tafel stand: *1 Würstchen = 2 Cents, 3 Würstchen = 5 Cents.*

Die Würstchen wurden von einem Mann und seiner Frau verkauft und wir verhandelten mit ihnen, bis wir vier Würstchen für sechs Cents bekamen.

»Aber Anthony«, jammerte die Frau, »willst du uns in den Ruin treiben?«

Der Mann lächelte sie an, ohne auf den Vorwurf zu reagieren, nahm aus der Tasche seiner Schürze vier weiße Baumwollhandschuhe und reichte sie uns.

»Zieht die über, damit ihr euch nicht die Finger verbrennt.«

Er hob den Deckel von einem Kessel und zog mit einer großen Zange das erste Würstchen heraus. Es war ziemlich lang und sehr, sehr heiß.

»Denkt daran, dass ihr die Handschuhe nachher zurückgeben müsst«, sagte die Frau streng.

Wir erhielten also vier Handschuhe und vier Würstchen, zahlten dafür sechs Cents und gingen hinüber auf die andere Straßenseite, wo es ruhiger und schattig war. Die Würstchen waren das Köstlichste, das ich bisher gegessen hatte, und brachten meine gute Laune zurück.

Als wir satt waren, zogen wir weiter.

Wir hatten bereits die nächste Ecke erreicht, als uns die Kioskbesitzerin hinterherschrie: »Sie haben uns die Handschuhe nicht zurückgegeben. Siehst du, Anthony? Wir geben mehr Geld für die Handschuhe aus, als wir mit den Würstchen einnehmen. Bald werden wir unseren Kiosk schließen müssen.«

»Weißt du was?«, entgegnete Anthony. »Von morgen an stecken

wir die Würstchen in ein Stück Brot. So schmecken sie sicher noch besser.«

Brot und heiße Würstchen, dachte ich. Und vielleicht noch einen Spritzer Senf. Ich war mir sicher, diese Idee würde eine Zukunft haben.

Der Saint-Louis-Union-Bahnhof war ein riesiges Gebäude. Auf einem über dem Haupteingang hängenden Stoffbanner stand sogar, er sei »der größte Bahnhof der Welt«. Er ähnelte einer der europäischen Burgen und Kirchen, die ich aus den Büchern meines Vaters kannte.

Links neben dem Hauptgebäude stand, genau wie bei einer Kirche, ein Kirchturm und die Hauptfassade aus grauem Stein war mit kleineren Türmchen und Bögen geschmückt.

Der Lärm der einfahrenden und anfahrenden Züge war ohrenbetäubend und auf dem großen Platz vor dem Bahnhof herrschte ein geschäftiges Durcheinander von Menschen, Kutschen und Pferden und auch Automobilen.

»Jessas!«, flüsterte ich. »Und was machen wir jetzt?«

Te Trois schenkte mir ein breites Grinsen. »Was für eine Frage! Jetzt schauen wir uns das mal an.«

Durch den Haupteingang gelangten wir in einen unglaublich hohen Saal. Überall liefen Leute herum. Bunte Schilder trugen Aufschriften wie *Fahrkartenschalter*, *Toiletten*, *Gepäckträger* und *Gleise*.

Ein Junge, der eine große Tasche voller Zeitungen mit sich herumschleppte, schrie ganz laut: »Neueste Nachrichten!«

Ein kräftiger schwarzer Mann hatte sich eine junge Ziege unter den einen Arm geklemmt und trug auf dem anderen Arm ein Kind. Wir sahen Geschäftsleute mit Schnurrbart und dieser Art von Hut, die man »Melone« nennt.

Te Trois entdeckte eine Frau, die Karamellbonbons verkaufte, und bevor ich ihn daran hindern konnte, hatte er eine große Tüte voller Bonbons erworben und reichte sie herum.

Bonbons lutschend setzten wir uns auf eine Bank und überlegten, wie wir vorgehen sollten.

Laut unserer Karte waren es bis Chicago noch 300 Meilen und es gab keinen Fluss, auf dem wir diese Strecke bequem und billig zurücklegen konnten.

Mir kam es vor, als hätte ich mein bisheriges Leben auf Reisen verbracht, und ich fühlte mich wesentlich älter als vor einer Woche, als ich noch zu Hause bei meinen Eltern gewohnt hatte.

»Welche Möglichkeiten haben wir?«, überlegte Te Trois laut.

Wieder sollte Eddie der Scout eine Antwort auf diese Frage finden.

»Nicht sehr viele«, erwiderte ich. »Wir müssen durch ein Stückchen Missouri und dann durch ganz Illinois. Mit der Postkutsche würde das ewig dauern und wir haben nicht viel Geld. Und dann gibt es noch den Zug.«

»Ja!«, rief Te Trois. »Wie hat es Berry noch mal gesagt? ›Man kann auch mal ohne Fahrkarte reisen.‹«

»Er meinte, wir sollen als blinde Passagiere mitfahren«, erklärte ich. »So wie Cheat.«

Auf den Namen »Cheat« folgte Schweigen und wir sahen einander besorgt an. Nur Tit, der sich wie immer ein bisschen abseits hielt, spielte seelenruhig mit der Taschenuhr. Ich hatte keine Ahnung, wie wir ihn von dieser Uhr trennen sollten, wenn wir endlich in Chicago waren.

»Hört mal«, sagte Julie, »wir sollten einfach mal ausprobieren, ob wir heimlich in einen Zug einsteigen können, findet ihr nicht? Wir suchen den nächsten Zug nach Chicago und schleichen uns an Bord. Dann schließen wir uns in einer Toilette ein. Der Schaffner wird glauben, dass ein Passagier drin ist, dem schlecht wurde, und nicht verlangen, die Fahrkarte zu sehen.«

Das war ein guter Plan.

Wir entdeckten, dass der nächste Zug nach Chicago um acht Uhr abends losfuhr. Deshalb beschlossen wir, erst mal etwas zu essen. Julie verbrachte anschließend zusammen mit Tit einige Zeit in einem der Waschräume und als sie wieder herauskamen, stank sie nicht mehr nach Salzheringen, sondern roch nach Mädchen.

Gegen sieben Uhr tauchte draußen der Sonnenuntergang den Himmel in flammende Farben und unser Zug rollte auf das Gleis, von dem er abfahren würde.

Mit unserem Koffer gesellten wir uns zu den anderen Fahrgästen, die am Bahnsteig darauf warteten, einsteigen zu können. Als die Türen geöffnet wurden, gingen wir zusammen mit den anderen darauf zu, bis ich »Halt!« sagte.

Te Trois, der dem Zug am nächsten war, blieb stehen und drehte sich um.

»Was ist los?«, fragte er.

Julie hatte verstanden. »So kommen wir nicht rein«, stellte sie fest. »Der Kontrolleur.«

Neben der Waggontür stand ein hoch gewachsener Mann mit der Uniform und Mütze der Bahnangestellten und ließ sich von jedem der Einsteigenden die Fahrkarte zeigen.

»Und was machen wir jetzt?«, fragte Te Trois.

»Wir versuchen es bei einem anderen Waggon«, schlug ich vor.

Wir liefen am ganzen Zug entlang, aber an sämtlichen Türen hatten uniformierte Kontrolleure Stellung bezogen.

Sie waren freundlich und zeigten den Fahrgästen, wo sie Platz finden würden. Für uns aber waren sie Wächter, deren Aufgabe darin bestand, Schwarzfahrer am Einsteigen zu hindern.

Nach einer Weile wurden die Türen der Waggons geschlossen und die rauchende und stampfende Lok zog sie aus dem Bahnhof heraus und Chicago entgegen.

»Was machen wir denn jetzt?«, fragte ich müde und niedergeschlagen.

»Folgt mir«, sagte Te Trois. »Ich habe eine Idee.«

Er begann zu laufen. Aber er lief in die falsche Richtung, nämlich an den Gleisen entlang aus dem Bahnhofsgebäude hinaus. Plötzlich sprang er vom Bahnsteig hinunter ins Gleisbett. Nach kurzem Zögern folgten wir ihm immer tiefer in das Labyrinth der Gleisanlagen hinein.

Noch nie in meinem Leben war ich so viel gelaufen wie seit dem Tag, an dem unser Abenteuer begonnen hatte. Jedenfalls kam es mir so vor.

Wir fanden uns auf einem großen Stellwerk wieder. Von hier aus verliefen die Gleise in alle Richtungen bis zum Horizont. Links davon standen große Hallen sowie Maschinen, mit denen Güterwaggons beladen wurden, und andere, die Loks und Tender mit Kohle versorgten.

»Na, was haltet ihr davon?« Te Trois war sichtlich stolz auf sich. »Das hier ist der richtige Ort, um auf einen Zug aufzuspringen, ohne gesehen zu werden.«

»Tolle Idee!«, spottete Julie. »Hier draußen gibt es Dutzende, ja vielleicht sogar Hunderte verschiedener Gleise, und die Züge, die hier durchkommen, könnten sonstwo hin fahren. Da steigen wir abends ein und wachen morgens im Wilden Westen auf oder in New York!«

Die Abenddämmerung hatte eingesetzt und die Waggons und Hallen zeichneten sich als schwarze Formen vor dem stetig dunkler werdenden Himmel ab.

Wir gingen in eine der Hallen und sahen uns dort gerade um, als ein Zug genau vor uns stehen blieb.

Es war ein kürzerer Zug, nur fünf Waggons außer der Lok und dem Tender voller Kohle. Die Lok war vorne mit einem eindrucksvollen Kuhfänger ausgestattet, die Waggons hatte man außen mit einer eleganten Aufschrift verziert. Vielleicht gab sie den Namen dieses Zuges an, aber es war zu dunkel, um sie lesen zu können.

Hinter einem Fenster tauchten die Gesichter zweier Kinder auf, die ungefähr in unserem Alter waren: ein Mädchen mit roten Haaren und einem ölverschmierten Mechaniker-Overall und ein großer schlanker Junge mit Augen, die so dunkel wie Kaffeebohnen waren.

Te Trois hob eine Hand, um ihnen zuzuwinken, doch da bemerkte ich, dass hinter den beiden Kindern ein Schaffner aufgetaucht war.

Für diesen Tag hatte ich genügend Bahnangestellte in Uniform gesehen. Ich packte meinen Freund am Arm und riss ihn zurück und das rothaarige Mädchen lächelte uns an.

Im nächsten Augenblick setzte sich der seltsame kleine Zug in Bewegung und verschwand in der Dunkelheit. Ich fragte mich, wo er wohl hinfahren mochte.

KOORDINATEN
CIRCA 39° 59' NORD, 89° 23' WEST

Die Prärie ist die typische Landschaftsform der mittleren Bundesstaaten der USA. Auf den weitläufigen grasbewachsenen Ebenen leben zahlreiche Tierarten. Die wohl bekannteste ist der Bison.

Die Prärie

Wir wussten nicht, was wir nun tun sollten, und deshalb setzten wir uns erst mal auf den Schotter.

Keiner sagte etwas, wir waren todmüde und ich hatte das Gefühl, sehr bald sehr krank zu werden. Wie gern hätte ich jetzt die Hustenkekse gehabt, die Joe der Indianer aus Wildhonig und bestimmten Sumpfkräutern backte.

Ich schloss die Augen in der Hoffnung, möglichst bald einzuschlafen und dann nicht mehr denken zu müssen, als Julie plötzlich aufsprang und nach dem Koffer griff.

»Da ist er!«, sagte sie nur.

Eine Lok kam ganz langsam auf uns zugefahren. Aus ihrem Schornstein quollen dicke Dampfwolken. Sie zog eine lange Reihe schäbig aussehender Holzwaggons: Es war ein Güterzug.

»Der wird uns an unser Ziel bringen«, freute sich Julie und rannte los. »Kommt, solange er so langsam fährt, können wir gut aufspringen!«

»Bist du verrückt geworden?«, fragte ich.

Te Trois sprang auf, packte Tit, hob ihn hoch und begann ebenfalls zu laufen.

»Spinnt ihr denn alle?«, rief ich ihnen nach.

»Lies mal … was auf dem ersten … Waggon steht«, schrie Julie.

Ich hob den Kopf. Meine Brille war dreckig und in dem Dämmerlicht konnte ich kaum etwas sehen. Es dauerte, bis ich die Aufschrift lesen konnte: *UNION STOCK YARD & TRANSIT Co.*, stand auf dem Waggon. Und darunter, in kleinerer Schrift: *CHICAGO, ILLINOIS.*

»Hey!«, rief ich und stand mühsam auf. »Wartet auf mich, ihr könnt doch nicht ohne mich weiterfahren!«

Es fiel mir nicht leicht, im Dunkeln schnell zu laufen, noch dazu auf dem Schotter mit den vielen scharfen und spitzen Steinchen.

Julie hatte behauptet, der Zug fahre langsam, doch mir kam er viel zu schnell vor. Ich sah, wie sie hochsprang und einen Griff zu fassen bekam. Sie stemmte die Schiebetür des Waggons auf und purzelte hinein.

Mit Tit auf dem Arm lief Te Trois dem Waggon hinterher. Julie nahm ihm Tit ab, Te Trois klammerte sich an den Griff und drehte sich hängend nach mir um.

»Los, Eddie, du hast es beinahe geschafft!«

Doch während er es noch rief, rutschte ich aus und landete mit dem Gesicht im Schotter. Die Brille fiel mir von der Nase und ich suchte tastend nach ihr.

Der Zug wurde schneller. Te Trois kam mir schon wahnsinnig weit weg vor. Ein Waggon nach dem anderen rollte an mir vorbei, so nah, dass ich sie hätte berühren können.

»Eddie!«, hörte ich Julie rufen. »Eddie, steh auf! Los!«

»Eddie, lauf!«

Ich versuchte es. Ich rappelte mich auf und rannte los. Meine Lunge schmerzte und der Herzschlag in meinen Ohren dröhnte wie tausend Trommeln. Ich hätte niemals gedacht, dass ich so schnell laufen konnte. Ich holte auf, aber es reichte nicht: Den Waggon, in dem die anderen waren, hatte ich immer noch nicht erreicht.

Te Trois beugte sich aus der offenen Tür, klammerte sich mit einer Hand an den Griff daneben und streckte mir die andere Hand entgegen. Einen Augenblick lang glaubte ich, es schaffen zu können.

Ich mobilisierte meine letzten Reserven, streckte den rechten Arm so weit aus, wie ich konnte. Ich spürte einen schmerzhaften Ruck in der Schulter ... Doch ich bekam die Hand meines Freundes nicht zu fassen.

Unsere Finger berührten sich nicht einmal. Nun legte der Zug abermals an Geschwindigkeit zu, während meine Beine langsamer wurden. Ich begriff, dass alles verloren war.

Wieder rauschten Waggons an mir vorbei. Ich versuchte, schneller zu laufen, aber ich hatte den Glauben daran verloren, dass ich es schaffen würde.

»Eddie!«, schrie Julie, die inzwischen unerreichbar weit vor mir war.

»He, Leute!«, schrie ich.

Was konnte ich jetzt noch tun?

Ich blieb stehen, um zu verschnaufen. Tränen liefen mir die Wangen hinunter.

Ich wollte noch »Te Trois!« schreien, doch dieser Schrei blieb mir in der Kehle stecken. Denn genau in diesem Moment packte mich eine Hand am Jackenkragen und riss mich in einen Waggon hinein.

Ich purzelte in das Stroh, das den Waggonboden bedeckte. Als ich mich aufsetzte, sah ich mich von fellbedeckten Beinen umgeben, von feuchten Mäulern und Hörnern. Rinder. Der Waggon war voller leise muhender Rinder. Ein Rind drehte sich um und die Haare an seinem Schwanzende peitschten über mein Gesicht.

»Was ... wie ...«, stammelte ich.

Ich versuchte aufzustehen. »Te Trois! Julie! Tit! Wo seid ihr? Was ist ...?«

»Ganz ruhig«, sagte eine Stimme. »Ich habe dich reingezogen, aber ich kann dich auch wieder rauswerfen.«

»Wie? Aber ...?«

»Wenn du hier Krach machst, werden die Rinder unruhig. Und wenn Rinder unruhig werden, schlagen sie aus.«

Ich verstand überhaupt nichts mehr.

Plötzlich sah ich eine kleine Flamme vor mir. Sie beleuchtete eine Pfeife, an der nun jemand einen kräftigen Zug nahm. Am anderen Ende der Pfeife konnte ich noch ein Stück lockigen Bart erkennen, doch dann erlosch die Flamme.

»Meine Freunde ...«

»Deine Freunde sind mindestens sechs Waggons weiter vorn und du kannst erst zu ihnen, wenn der Zug das nächste Mal hält. Tut mir leid. Du könntest dich aber trotzdem bei mir bedanken, denn ohne mich würdest du jetzt immer noch neben den Gleisen herrennen wie ein Idiot.«

»Ich bin kein Idiot!«, protestierte ich.

Dann aber dachte ich, dass ich ohne die Hilfe dieses bärtigen Mannes tatsächlich dumm dagestanden hätte – im wahrsten Sinne des Wortes.

Deshalb sagte ich leise: »Danke!«

»Keine Ursache«, erwiderte er. »Hast du zufällig etwas Kleingeld bei dir? Als ich euch gesehen habe, in euren eleganten neuen Kleidern, habe ich gedacht, dass ihr vielleicht ein paar Münzen für den alten Alex bei euch habt.«

»Alex ... sind Sie das?«, fragte ich.

»Ja. Alex, das bin ich. Alex der Kater.«

Er sprach ein seltsames Englisch. Es klang lang gezogen und undeutlich, so als ob er beim Reden Kartoffeln im Mund hätte.

»Angenehm. Ich heiße Eddie. Eddie Brown.«

»Und wie sieht es mit dem Kleingeld aus?«

Er zog wieder an seiner Pfeife. Die Glut warf ihren Widerschein auf seinen stark gelockten Bart, der so lang war, dass er ihm bis zum Bauch reichte.

Mittlerweile hatten sich meine Augen an die Dunkelheit gewöhnt und ich konnte mehr von ihm sehen. Er war ein Mann mittleren Alters, ziemlich dick und in einen weiten Mantel gehüllt. An die Waggonwand gelehnt, saß er im Schneidersitz auf dem Boden.

Neben ihm lag ein Postsack, der an einem Stock befestigt war, damit er ihn über der Schulter tragen konnte.

Der Mann hüstelte, wie um mich daran zu erinnern, dass er von mir etwas erwartete. Verlegen wühlte ich in meinen Taschen herum, bis ich das Wechselgeld fand, das ich beim Kauf der Würstchen zurückerhalten hatte.

Ich wollte Alex die Münzen zuwerfen, doch er sah mich so vorwurfsvoll an, dass ich stattdessen aufstand und zu ihm hinüberging, um sie ihm zu übergeben.

Als er sie entgegennahm, nickte er feierlich. Dabei teilte sich sein Bart vorn wie ein Vorhang und in dem Spalt zwischen den Bartteilen kam der Kopf einer Katze zum Vorschein. Es war noch ein Katzenbaby, pechschwarz, mit einem einzigen weißen Fleck in der Form eines Halbmonds.

Einem derartig seltsamen Typ war ich noch nie begegnet. Seine Stimme war ungewöhnlich laut und tief und er sprach in kurzen Sätzen mit langen Pausen dazwischen, so als müsse er sich jeden einzelnen Satz vorher gründlich überlegen.

Der Zug fuhr jetzt mit hoher Geschwindigkeit und der Fahrtwind pfiff laut durch die Tür.

Vorsichtig, um dabei nicht das Gleichgewicht zu verlieren, ging ich zur Tür und schaute hinaus. Saint Louis war verschwunden und die Prärie zog mit atemberaubendem Tempo an uns vorbei.

»Du solltest die Tür schließen und da weggehen«, riet mir mein neuer Reisegefährte. »Der Luftzug macht den Rindern Angst. Und wenn Rinder Angst haben, schlagen sie aus.«

Ich beeilte mich, seinen Rat zu befolgen. Dann wagte ich zu fragen: »Sie ... Sind Sie zufällig ein Kontrolleur?«

Daraufhin begann Alex zu lachen. Ein tiefes, gurgelndes Geräusch.

»Meinst du, ein Kontrolleur hätte dich in diesen Zug geholt, damit du als blinder Passagier mitfährst?«

»Aber Sie wollen nach Chicago, oder?«, vergewisserte ich mich. »Der Zug fährt doch dorthin?«

Alex rauchte eine Weile seine Pfeife, bevor er mir eine Antwort gab. »Der Zug fährt dorthin, die Rinder auch. Wohin ich will, das habe ich noch nicht entschieden.«

»Und wann ... wann sind wir da?«

»Vermutlich übermorgen«, antwortete Alex. »Es wird eine Weile dauern, denn tagsüber steht der Zug immer. Die Tiere dürfen sich dann ausruhen und die Schienen müssen für die Passagierzüge frei bleiben. Deswegen halten wir in der Morgendämmerung an und fahren weiter, wenn es dunkel geworden ist.«

Also würde ich am Morgen meine Freunde wiedersehen. Allein schon beim Gedanken daran atmete ich freier.

Alex der Kater betrachtete mich schweigend. Es war mir unangenehm und mir kam es vor, als überlege er, ob ich noch irgendwo am Körper Geld versteckt hatte. Tatsächlich waren meine Taschen inzwischen vollkommen leer. Nach unseren Erlebnissen in Memphis hatten wir gemeinsam beschlossen, dass Te Trois von nun an auf unsere Reisekasse aufpassen sollte.

Schon bald aber merkte ich, dass der Landstreicher die Augen geschlossen hatte. Jetzt erst spürte ich, wie müde ich war. Das Geräusch, das die Räder machten, wenn sie über die schmalen Ritzen zwischen den Gleisen fuhren, klang wie ein Herzschlag. Ich musste an meine Mama denken. Wenn ich als kleiner Junge krank gewesen war, hatte sie mich lange im Arm gehalten und meinen Kopf an ihre Brust gedrückt. Sie nannte mich immer »mein kleiner Porzellan-Eddie«, weil ich so zart war.

Inzwischen aber war ich nicht mehr der kleine zerbrechliche Porzellan-Eddie, sondern ein Reisender, ein blinder Passagier auf einem Güterzug, der in Richtung Norden raste.

Die Rinder ringsherum schliefen. Und bald schlief ich auch.

Als ich die Augen öffnete, erhellte bläuliches Morgenlicht den Waggon. An dem Licht, das durch die Ritzen zwischen den Brettern drang, sah ich, dass bald die Sonne aufgehen würde.

Auf allen vieren kroch ich zu einer dieser Ritzen und schaute hinaus. Wir fuhren zwischen grünen Wiesen hindurch, die bis zum Horizont reichten, aber ich konnte nirgends einen Baum oder eine Farm entdecken.

Diese grüne Ebene sah so anders aus als die Landschaft zu Hause und es dauerte eine Weile, bis ich begriff, was den größten Unterschied ausmachte: Hier fehlte das Wasser! Es gab weder Flüsse noch Kanäle oder Seen, und der Mississippi, der uns auf unserer Reise bisher immer begleitet hatte, fehlte mir.

Ringsherum war nur Gras und das bedeutete, dass ich mich in einer Region befand, in die noch kein Sumpf-Schamane vor mir vorgedrungen war.

Alex der Kater stand auf, sammelte seine Habseligkeiten ein und steckte sie in seinen Postsack.

»Ist es nicht noch zu früh?«, fragte ich. »Ich sehe noch keinen Bahnhof.«

Alex schüttelte den Kopf. »Der Zug fährt schon langsamer, ich will nicht, dass sie mich erwischen. Deshalb bereite ich mich schon mal vor.«

»Erwischen? Vorbereiten? Worauf denn?«

Alex seufzte. »Darauf, aus dem Zug zu springen.«

Der Mut, den ich vorhin noch verspürt hatte, verließ mich. »Aber warum?«

»Der Zug steht tagsüber auf einem Nebengleis, das habe ich dir ja schon erzählt.«

»Und deshalb müssen wir ... runterspringen?«

»Du kannst machen, was du willst. Was mich betrifft, so werde ich todsicher abspringen. Sobald der Zug anhält, kommen die Eisenbahner. Sie öffnen die Waggons und geben den Rindern frisches Stroh und Wasser. Wenn sie einen blinden Passagier entdecken ... Na, du kannst dir ja vorstellen, was dann los ist.«

»Und darum ...?«, fragte ich.

»Und darum springst du runter, sobald der Zug langsamer geworden ist. Du suchst dir ein schattiges Plätzchen, um dort den Tag zu verbringen, und wenn der Zug abends anfährt, springst du wieder auf, falls du weiterfahren willst.«

Ich setzte mich hin und atmete tief durch. Die Vorstellung, von einem fahrenden Zug abspringen zu müssen, machte mir furchtbare

Angst. Aber die, hier im Waggon entdeckt zu werden, war noch schlimmer.

»Wa... warten Sie mal!«, stotterte ich. »Te Trois und Julie wissen nicht, dass sie vor dem Anhalten aus dem Zug verschwinden müssen. Man wird sie erwischen!«

Alex stopfte seine Pfeife.

»Ja«, meinte er. »Genau das wird passieren.«

Ich hatte nicht gewusst, dass sich Wind so fest anfühlen kann wie eine Wand. Ich merkte es erst, als ich mich mit aller Kraft an den Griff außen neben der Tür klammerte und mir die Haare um die Ohren flatterten.

»Du bist verrückt, Kleiner«, rief Alex der Kater. »Das schaffst du nie!«

»Ich muss es aber schaffen«, rief ich zurück. »Ich muss meine Freunde warnen.«

Alex' bärtiges Gesicht erschien in der offenen Tür und sein langer Bart wehte im Fahrtwind wie eine buschige Fahne.

»Dann pass wenigstens gut auf dich auf!«, rief er. »Bleib mit den Füßen auf dem Eisenrahmen, breite die Arme aus und halte dich gut fest!«

Mit den Zehenspitzen balancierte ich bereits auf dem schmalen Eisenrahmen, der sich unten rings um den Waggon zog. Meine Fingerspitzen krallten sich in die Ritzen zwischen den Brettern. Stückchen für Stückchen tastete ich mich voran, das Gesicht gegen die Holzbretter gedrückt.

Ich spürte die Kraft des Windes, der mich von dem Waggon fortzerren wollte, und sah mich bereits hilflos über die Prärie rollen. Diese neue Sorge setzte ich in Gedanken ganz oben auf meine Liste:

»Angst davor, von einem fahrenden Zug herunterzufallen, auf Steine zu stürzen und mir sehr, sehr wehzutun.«

Doch mir blieb keine andere Wahl. Ich musste hinüber zu den anderen.

Ich zwang mich, nicht nach unten zu schauen, wo der Schotter beängstigend nah unter meinen nackten Füßen hinwegraste. Schritt um Schritt bewegte ich mich an dem Viehwaggon entlang.

Es dauerte eine Ewigkeit, bis ich das Ende des Waggons erreicht hatte. Ein paar Sekunden lang ruhte ich mich an der Kupplung zwischen diesem Waggon und dem nächsten aus, wo ich auch endlich Ruhe vor dem Wind hatte. Danach ging es weiter, am nächsten Waggon entlang.

Sobald ich dessen Tür erreichte, zog ich sie einen Spalt weit auf und rief »Te Trois!« hinein. Doch ein Muhen war die einzige Antwort.

Also musste ich weiter, zum nächsten Waggon, und dann wieder zum nächsten. Inzwischen prickelte es in meinen eingeschlafenen Füßen und mir bluteten die Hände. Alex beobachtete mich aus einer Entfernung, die mir riesig erschien.

Ich hatte kaum noch Kraft. Bald würde ich loslassen müssen und mich mit geschlossenen Augen rücklings auf die Prärie fallen lassen. Dann würde ich Ruhe finden und Frieden.

»Nein!«, protestierte ich laut gegen diese Gedanken. Du bist nicht mehr Porzellan-Eddie, du bist Eddie der Scout, Eddie der Schamane.

Und Eddie der Schamane war stark genug, sich an einem ewig langen Güterzug entlangzuhangeln.

Ganz unerwartet schaute Te Trois aus der Tür des Waggons vor mir heraus.

»Ed! Eddie! Mein Gott, was machst du denn hier?«

Meine einzige Antwort war ein schmerzverzerrtes Grinsen.

»Lass mich rein«, flüsterte ich erschöpft. »Ich komme, um euch zu retten.«

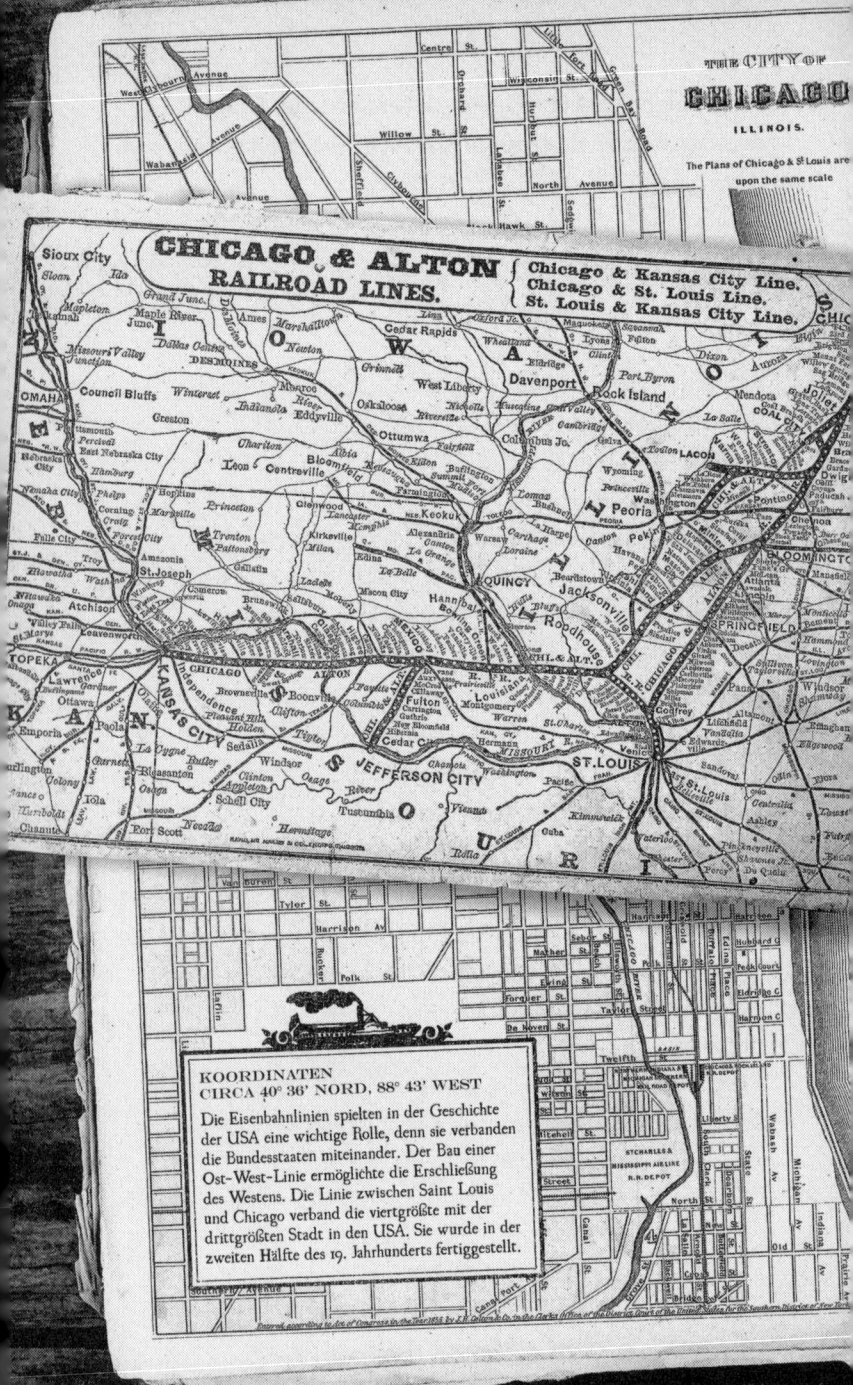

KOORDINATEN
CIRCA 40° 36' NORD, 88° 43' WEST

Die Eisenbahnlinien spielten in der Geschichte der USA eine wichtige Rolle, denn sie verbanden die Bundesstaaten miteinander. Der Bau einer Ost-West-Linie ermöglichte die Erschließung des Westens. Die Linie zwischen Saint Louis und Chicago verband die viertgrößte mit der drittgrößten Stadt in den USA. Sie wurde in der zweiten Hälfte des 19. Jahrhunderts fertiggestellt.

Im Zug nach Chicago

Te Trois boxte mich vor lauter Wiedersehensfreude gegen die Schulter. Julie dagegen umarmte mich schweigend und dabei drückten ihre Brüste, die klein und hart wie Äpfel waren, gegen meine Brust. Ich spürte das zum ersten Mal.

»Hey!«, protestierte ich. »Lasst mich erst mal verschnaufen!«

»Wir hatten schon gedacht, wir würden dich nie wiedersehen ...«

»Wir wussten nicht, was wir tun sollten ...«

»Ich konnte heute Nacht vor Sorge nicht schlafen ...«

Wir redeten alle durcheinander, sodass kaum etwas zu verstehen war. Außerdem machten wir so viel Lärm, dass die Rinder im Waggon davon aufwachten und unruhig wurden.

»Ruhig oder wir erschrecken die Rinder. Und wenn sie sich erschrecken, schlagen sie aus«, sagte ich leise. Ich musste lachen, weil ich mich schon genauso anhörte wie Alex der Kater.

Ich schaute aus der immer noch offen stehenden Waggontür. Der Landstreicher hatte ebenfalls den Kopf aus der offenen Tür gestreckt und als er mich sah, hob er eine Hand. Ich grüßte zurück, bevor ich die Tür schloss.

»Wie hast du das bloß geschafft?«, fragte Julie.

»Wie bist du überhaupt auf die Idee gekommen, außen am halben Zug entlangzuhangeln?«, wollte Te Trois wissen.

Seine Augen glänzten. Ich wusste sofort, dass er von nun an auf die Gelegenheit lauern würde, diese akrobatische Leistung nachzuahmen. So verrückt, wie er war, würde er das auch noch lustig finden.

Tit dagegen hatte sich in eine Ecke gekauert und beobachtete die Rinder. Sie waren schon ziemlich groß und muskulös, aber ihren Augen sah man an, dass sie alle Hoffnung aufgegeben hatten. Sie schienen zu wissen, dass dieser Zug sie zum Schlachthof fuhr.

Ich erzählte den anderen, was ich von Alex erfahren hatte: Der Zug würde bald anhalten und wir mussten abspringen, bevor er den Viehbahnhof erreichte.

»Wunderbar!«, rief Te Trois. »Das ist ja noch besser, als außen am Zug entlangzuspazieren! Juhuuu!«

Julie warf ihm einen genervten Blick zu. »Du willst doch nicht wirklich von einem fahrenden Zug springen?«

»Das ist doch gar nicht so schwer«, erwiderte Te Trois. »Er braucht nur ein bisschen langsamer zu werden. Wir nehmen einfach Anlauf, rollen uns im Sprung zusammen wie ein Igel und kullern dann draußen über das Gras.«

»Und brechen uns dabei das Genick«, ergänzte Julie.

»Leute, ich glaube nicht, dass man auf diese Weise aus dem Zug springt«, mischte ich mich ein.

»Ach ja?« Te Trois wirkte enttäuscht. Er schien sich schon auf den Salto aus dem Zug gefreut zu haben. »Wie soll es denn deiner Meinung nach gehen?«

Die traurige Wahrheit war, dass ich keine Ahnung hatte.

Mittlerweile fuhr der Zug spürbar langsamer. Wir durchquerten immer noch die Prärie, es waren nirgendwo Gebäude zu sehen.

Schon seit einer Weile schaute Te Trois aus der halb offenen Tür. Plötzlich zog er den Kopf wieder rein und winkte mich zu sich. »He, dein Freund springt jetzt!«

Julie und ich liefen zu ihm. Der Fahrtwind klatschte uns wie eine Ohrfeige ins Gesicht.

Te Trois hatte recht: Weiter vorn flatterte Alex' Bart aus einer Waggontür. Der Landstreicher schaute sich um und warf dann sein Gepäck hinaus.

Postsack und Stock knallten auf den Schotter des Gleisbetts. Bei dem Gedanken, dass ich da auch landen könnte, begann ich zu zittern.

Nun hielt sich Alex mit beiden Händen an dem Griff außen neben der Tür fest und sein dicker Körper hing beinahe in der Luft. Nur beinahe, denn mit einem abgespreizten Bein stand er immer noch am Waggonrand.

Und dann ... sprang er mit diesem Bein ab. Jetzt hing er tatsächlich nur noch an dem Griff. Mit der Anmut einer Ballerina setzte er erst mit einem, dann mit dem anderen Fuß am Boden auf und rannte sofort los, sodass er kurz mit dem Zug mitlief, bevor er beide Hände vom Griff löste. Dabei verlor er das Gleichgewicht und rollte über das Gras neben dem Gleisbett.

»Oje! Ob er jetzt wohl tot ist?«, sorgte sich Julie.

»Nein, nein«, beruhigte Te Trois sie. »Er steht gleich wieder auf, er hat sich nicht einmal wehgetan.«

Ich wusste nicht, ob sich Alex verletzt hatte oder nicht. Auf jeden Fall aber war er noch am Leben und ich sah, wie er aufstand und sich bückte, um erst einmal tief durchzuatmen. Gleich darauf schaute er sich nach seinem Gepäck um. Vermutlich lag es einen halben Kilometer weiter hinten.

»So macht man es also«, sagte Julie.

»Offensichtlich«, meinte Te Trois. »Hop, hop und runter. Nicht schwieriger, als ein Glas Whiskey zu trinken.«

Ich für meinen Teil hatte seit New Orleans so meine Erfahrungen mit dem Trinken von Whiskey. Und es waren keine guten Erfahrungen gewesen.

Es wurde beschlossen, dass ich als Erster raussollte, denn Te Trois würde Tit auf dem Rücken tragen und Julie war schließlich ein Mädchen.

Ich konnte einfach nicht aufhören zu zittern und auf einmal war ich noch dazu völlig durchgeschwitzt.

»Keine Angst«, beruhigte mich Julie. »Wenn es dein Freund mit dem langen Bart geschafft hat, schaffst du das auch.«

Sie nahm mir die Brille ab und verstaute sie sorgfältig im Koffer zwischen den Kleidern, damit sie nicht kaputtging.

Ohne Brille fühlte ich mich blind wie ein Maulwurf, aber vielleicht war das in dieser Situation gar nicht so schlecht. Ich atmete tief durch. Dabei spürte ich den Geruch der Rinder und die Nervosität meiner Freunde. Te Trois begleitete mich bis zur Tür, durch die die bereits sehr heiße Luft in den Waggon wirbelte.

Anstelle der Sonne, der Steine des Gleisbetts und des Grases der Prärie sah ich nur Farbflecken ohne Umrisse. Ich klammerte mich an den Griff, als ob von ihm mein Leben abhinge (und eigentlich war es ja auch so), und versuchte, es Alex gleichzumachen. Ich strampelte wild mit den Beinen und senkte dann vorsichtig einen Fuß immer tiefer, um nach dem Boden zu tasten.

Der Zug war immer noch so schnell, dass es mir beinahe das Bein abgerissen hätte. Vor Schmerz schreiend zog ich es sofort wieder hoch. Meine verschwitzten Hände fanden an dem Griff keinen sicheren Halt mehr. Abgesehen davon hatten wir nicht daran gedacht, dass unsere Arme und Beine wesentlich kürzer als die von Alex waren …

»Los, Eddie, lauf!«, rief Te Trois. »Hop! Hop! Hop!«

Ich senkte wieder einen Fuß und wieder riss ihn der viel zu schnell unter mir vorbeirasende Boden hoch. Ich nahm all meinen Mut zusammen und setzte auch den anderen Fuß auf. Ich verlor das Gleichgewicht, meine Hände rutschten von dem Griff ab und ich stürzte.

Noch bevor ich begriff, was geschehen war, kullerte ich bereits am Rand des Gleisbetts hinunter und die scharfen Steine piksten und zerschnitten meine Haut. Ein stechender Schmerz fuhr durch meine Schulter und Tränen traten mir in die Augen, während der Zug an mir vorbeidonnerte.

Schließlich lag ich still. Ich war von Staub bedeckt und mir tat alles weh.

»Auuua!«, jammerte ich.

Ich versuchte aufzustehen und sah, dass überall an mir Blut war. Aber anscheinend war ich insgesamt ganz geblieben und ehrlich gesagt hätte es auch schlimmer kommen können.

So schnell ich konnte, lief ich dem Zug hinterher. Nach einer Weile fand ich Julie, die bei ihrem Absprung den Koffer mitgenommen hatte und mir gleich meine Brille reichte. Nachdem ich sie aufgesetzt hatte, konnte ich sehen, dass Julie an einer Wade eine Platzwunde hatte und dass sie so schmutzig war, als sei sie soeben einem Bergwerk entstiegen.

Weiter vorne stießen wir auf Te Trois und Tit. Die beiden saßen im hohen Gras und sahen aus, als hätten sie sich köstlich amüsiert.

»Wahnsinn! Ich kann es kaum erwarten, es noch einmal zu machen!«, schwärmte Te Trois. »Nicht wahr, Tit?«

Der kleine Junge grinste breit.

Ich schaute mich nach Alex und seinem Kätzchen um, konnte sie aber nirgends entdecken. Aber vielleicht hatte sich Alex einfach unter einen Baum gelegt, um ein Nickerchen zu machen.

An den Gleisen entlang liefen wir dem Zug hinterher. Besser gesagt, liefen die anderen, während ich hinter ihnen herhüpfte, so schnell ich konnte, denn ich hatte mich am Knie verletzt. Dabei behielt ich den Himmel im Auge, an dem ein Schwarm von Wandertauben flog.

Als ich bemerkte, wie der Schwarm plötzlich nach einer Seite hin abbog, zeigte ich mit dem Finger drauf und sagte: »Da vorn müsste die Bahnstation sein!«

Te Trois und Julie sahen mich erstaunt an, so als würden sie denken: Woher weiß Eddie so etwas? Ich freute mich, weil mein Schamanenwissen uns wieder einmal nützlich war.

Die Bahnstation stand mitten in der Prärie und ringsherum schien es weder Dörfer noch einzelne Farmen zu geben. Es gab hier nur dieses eine Haus neben den Gleisen und eine lange Reihe von Schuppen, die vielleicht als Lager für Heu und Stroh oder als Viehställe dienten.

Unser Zug stand auf einem Abstellgleis und wir sahen Männer, die Waggons öffneten und die Rinder hinaustrieben.

»Von denen halten wir uns lieber fern«, meinte Te Trois.

Was blieb uns auch anderes übrig? Was würden die Männer denken, wenn ihnen plötzlich mitten in der Prärie vier Kinder entgegenkamen? Ganz offensichtlich waren wir blinde Passagiere, die gerade eben vom Zug heruntergesprungen waren. Deutlichere Beweise als unsere zahlreichen Abschürfungen konnte es gar nicht geben.

Vom hohen Gras verborgen, machten wir einen großen Bogen um die Station und suchten Zuflucht in einem Ahornwäldchen, das die Eintönigkeit der Graslandschaft unterbrach.

Hier schlugen wir unser Lager auf und warteten auf den Sonnenuntergang. Wir nahmen Jacks Mantel aus dem Koffer und breiteten ihn wie eine Decke auf dem Boden aus.

Te Trois streckte sich und meinte: »Ich gehe jetzt mal und schnappe mir ein paar von den Tauben, die wir vorhin gesehen haben. Dann gibt es ein leckeres Mittagessen!«

»Dein Gewehr ist aber zu Hause auf eurer Farm. Und Jacks Pistole haben sie uns in Memphis abgenommen«, erinnerte ihn Julie.

Doch ihre Worte konnten einen wie Te Trois nicht vom Jagen abhalten. Aus seinem Gürtel und einer Astgabel bastelte er sich eine Schleuder. Dann verschwand er pfeifend zwischen den Bäumen.

So blieben Julie und ich zurück, zusammen mit Tit, der mit der Taschenuhr spielte: Er sprang mit dem Finger von Ziffer zu Ziffer und sang dabei leise ein Lied vor sich hin.

»Weißt du, dass er neulich zu mir gesprochen hat?«, fragte ich Julie. »Einmal nachts, auf dem Schiff. Er hat alle Zahlen der Uhr aufgesagt.«

»Tit spricht, aber nicht sehr oft. Eigentlich ... nein, eigentlich fast nie. Was glaubst du, warum hat er an dieser Uhr so viel Spaß?«

»Keine Ahnung«, gestand ich. »Vielleicht, weil die Zeiger stets denselben Weg nehmen, dieselben Ziffern anzeigen. Tit gefällt, was sich wiederholt.«

Sie nickte. »Ist dir auch aufgefallen, dass sich die Zeiger stets auf dieselbe Weise bewegen? Der für die Stunden springt zweimal und dann springt der für die Minuten dreimal. Ich frage mich immer noch, warum eine kaputte Uhr so wertvoll sein soll. Warum sie nicht nur für Tit wichtig ist, sondern auch für die Leute von Walker & Dawn.«

»Julie ...«

»Und ich frage mich, ob es wirklich eine gute Idee war hierherzukommen. Wir sind so weit gereist und jetzt sitzen wir mitten in der endlosen Prärie und ...«

»Julie ...«

»... vielleicht war das alles umsonst, und wenn es so ist, was wird dann in Chicago mit uns geschehen? Wir haben zwar noch das Geld, das Berry uns gegeben hat, aber ...«

Ich musste sie unbedingt unterbrechen, aber ich wusste nicht wie. Schließlich packte ich sie mit aller Kraft am Arm.

»Aua! Ed, du tust mir weh! Warum machst du das?«

»Weißt du, ich ...«

Mein Hals war fast zu trocken, um zu sprechen, so sehr erschreckte mich, was ich sah.

»Ich ... ich habe Angst, dass du ...«, brachte ich mühsam hervor. »Schau nur, du blutest!«

Entsetzt sah Julie an sich hinunter. Der Mantel, auf dem wir saßen, hatte dunkle Flecken bekommen und auch an dem Kleid, das ich ihr in New Orleans gekauft hatte, war Blut.

»Bestimmt ist es nur ein kleiner Kratzer«, versuchte ich sie zu beruhigen. »Aber hast du dich da unten am Bauch verletzt?« Vielleicht hätte ich es nicht sagen sollen, aber es rutschte mir so raus.

Julie sprang auf, zog mir den Mantel unter dem Hintern weg und sagte: »Du bist ein Dummkopf, Eddie Brown.«

Dann lief sie tiefer ins Wäldchen hinein und war verschwunden.

Te Trois kam nach ein paar Stunden zurück und präsentierte stolz die Tauben, die er mit seiner Schleuder geschossen hatte. Er rupfte sie und machte ein kleines Feuer, um sie zu braten.

Ich wollte ihm helfen, aber der Anblick des Blutes erinnerte mich an das, was vorhin mit Julie gewesen war, und plötzlich hatte ich keinen Hunger mehr.

»Okay«, meinte Te Trois verärgert. »Dann sind diese köstlichen Tauben eben nur für Tit und mich.«

Die erste Taube war bereits aufgegessen, als Julie zu unserem Lager zurückkehrte. Sie hatte sich in Jacks Mantel gewickelt, aber der Mantel war nass. Offenbar hatte sie ihn in dem Bach gewaschen, der durch das Wäldchen floss.

In einer Hand hielt sie das zusammengeknüllte Kleid, das sie wortlos ins Feuer warf.

»Was tust du denn da?«, fragte Te Trois. »Was ist bloß auf einmal mit euch los?«

»Das Kleid war total kaputt«, erwiderte Julie. »Außerdem war mir kalt. In dem Mantel fühle ich mich besser.«

Dabei warf sie mir einen Blick zu, der mir ganz deutlich sagte: Wehe, du sprichst jemals darüber, Eddie Brown!

Ich zuckte mit den Schultern und nickte ihr eingeschüchtert zu.

Am Nachmittag zogen sich am Himmel über dem Ahornwäldchen dunkle Wolken zusammen und es fing an zu regnen. Wir suchten unter den am dichtesten belaubten Ästen Schutz, waren aber dennoch bald durch und durch nass.

Gegen Abend kam dazu auch noch ein kalter Wind auf. Vor Kälte zitternd gingen wir im dichten Regen in Richtung Schienen.

Nach Sonnenuntergang mussten wir noch mehrere Stunden lang warten, bis wir den Zug kommen hörten. Zum Glück fuhr er noch nicht so schnell. Wir kletterten alle in einen der letzten Waggons. Hier waren keine Rinder, sondern Heu- und Strohballen.

Ein glücklicher Zufall, denn hier würden wir es schön trocken und warm haben. Wir zogen uns aus und kuschelten uns in das Heu und bald waren wir alle eingeschlafen.

Schlafend und ohne uns von dem Gewitter stören zu lassen, das über den Waggons wütete, erreichten wir das Ziel unserer Reise.

Chicago, die große Stadt.

Die Stadt

CHICAGO DAILY TRIBUNE

N0.130　　　　MONTAG 9. MAI 1904　　　　5¢

VERSUCHTER EINBRUCH BEI WALKER & DAWN

CHICAGO – In der Nacht von Samstag auf Sonntag drang ein Unbekannter in die Lagerhäuser an der Canal Street in der Nähe des Bahnhofs ein. Ein Wachmann hinderte den Dieb daran, den begonnenen Einbruch fortzusetzen. Der Unbekannte entkam und konnte nicht identifiziert werden ...

Versuchter Einbruch bei Walker & Dawn

Mama nennt mich immer »Hey, du« und gewöhnlich hängt sie dahinter noch etwas an: »Hey, du Trampel«, »Hey, du Faulenzerin«, »Hey, du dumme Nuss«. Wenn sie gut gelaunt ist, ruft sie mich nur »Hey, du«.

Eddie nennt mich »Julie« und er sagt es immer leise, so als wäre es ein kostbarer Name, der kaputtgeht, wenn man mit ihm nicht sorgsam genug umgeht. Auch deswegen mag ich Eddie.

Te Trois nennt mich »Joju« oder »Jolie Julie«.

Mein Bruder gibt mir keine Namen und er ruft mich auch nie, aber das macht nichts, denn ich weiß immer, wann er mich braucht.

Welchen Namen ich mir selbst geben würde? Ich weiß nicht. Vielleicht würde ich mich »das Mädchen, das nicht weinen kann« nennen, denn ich habe in meinem ganzen Leben noch nie geweint.

Dass ich nie weine, heißt nicht, dass ich glücklich bin. Im Gegenteil. Ich glaube, ich bin fast nie glücklich, außer wenn ich mit Tit und meinen Freunden zusammen bin. Dann ist es, als würde plötzlich die Sonne scheinen, und ich würde am liebsten lächeln und die Augen schließen und tanzen.

Ich weine deshalb nie, weil ich gut darin bin, mich in mich selbst zurückzuziehen. Dann werde ich ruhig und stark wie eine Schnappschildkröte, deren Panzer so hart ist, dass man nicht einmal mit einem Gewehr hindurchschießen kann. Meinen Panzer sieht man nicht, aber ich weiß, dass ich ihn habe. Er beschützt mich, sodass mir nichts und niemand wehtun kann.

Wenn Mama wieder schimpft, weil ich in die Hütte gekommen bin, während sie mit jemandem drin ist, höre ich das nicht einmal. Wenn ich an etwas denken muss, das mir Angst macht, stecke ich es in ein dunkles kleines Zimmer in meinem Kopf und schließe die Tür gut ab und dann kann das, was mir Angst macht, dort nie wieder heraus.

Das funktioniert fast immer, aber es funktionierte nicht in der Nacht, in der wir in Chicago ankamen. Denn wir waren müde und immer noch feucht vom Regen des Vortags, ich kam mir in Jacks riesigem Mantel lächerlich vor und ich konnte Eddie immer noch nicht in die Augen sehen.

Ich hatte mich so furchtbar geschämt. Eine Stunde lang hatte ich versucht, das Kleid wieder sauber zu bekommen (es war das Kleid, das Eddie mir gekauft hatte, und es war das Schönste, was ich jemals besessen hatte). Am liebsten wäre ich weggerannt und nie wieder zurückgekommen und weil sich die Blutflecken einfach nicht rauswaschen ließen, war mir nichts anderes übrig geblieben, als es ins Feuer zu werfen.

Als ich es tat, starrte Eddie mich an, aber ich tat, als ob nichts wäre. Ich hatte mich in meinen Panzer zurückgezogen wie immer und ich sprach den ganzen Nachmittag nicht mehr mit ihm. Ich wusste nicht, was ich hätte sagen sollen. Ich bin mir sicher, dass er das dumm und zickig fand.

Nachdem wir in den Waggon geklettert waren, hatten er und Te Trois sich ganz nackt ausgezogen, auf diese selbstverständliche Weise, die für Jungen typisch ist, hatten herumgealbert und waren kichernd ins Heu gekrochen.

Te Trois hatte gesagt, er würde sich umdrehen, aber natürlich hatte ich keine Lust, mich vor ihnen auszuziehen. Ich sagte, ich fühle mich so am wohlsten, der Mantel sei schon wieder trocken.

Das stimmte aber gar nicht, denn Jacks Mantel war triefend nass und außerdem kratzte er auf der Haut. Ich verkroch mich im Heu, um mich ein bisschen aufzuwärmen, und eine Weile stellte ich mir vor, Eddie würde zu mir kommen und mich fest an sich drücken.

Ich mochte Eddie. Um ehrlich zu sein, mochte ich auch Te Trois, aber auf eine andere Art. Te Trois sah besser aus und er war stark und wild wie ein Waldgeist. Bei Ed dagegen hatte ich immer das Gefühl, er könne mich verstehen, und dieses Gefühl habe ich bei den meisten anderen Menschen nicht. Es war, als besäße er eine seltsame Macht, die es ihm ermöglichte, durch den Panzer hindurch zu mir vorzudringen, bis in mein Innerstes hinein, wo ein kleines Stück Kohle sehr hell und sehr heiß glühte. Dieses Kohlestückchen ist das, was der Panzer eigentlich schützt.

Nachdem ich einige Zeit so vor mich hingeträumt hatte, schlief ich ein und dann kam mich der Alb besuchen.

Der Alb ist ein kleiner böser Gnom. Er ist dick, sein Gesicht ist so runzlig wie eine alte Kartoffel und seine Ohren sind spitz. Seine Nase ist rund wie eine Pflaume, die auf einer Kartoffel klebt. Er schleicht sich zu schlafenden Menschen, setzt sich ihnen auf den Rücken oder auf den Bauch und beschert ihnen Albträume. Mir brachte er in jener Nacht eine Erinnerung mit. Eine Erinnerung an Feuer.

Ich träumte, Reiter hätten unsere Hütte hinter der Plantage umringt. Ihre Gesichter hatten sie mit Tüchern verhüllt und sie schwangen brennende Fackeln. Einer von ihnen trug ein Hemd, auf dem vorn ein großes Kreuz war, und er hatte eine Fahne, auf der drei Buchstaben standen: K – K – K.

Als das damals geschah, konnte ich erst seit Kurzem lesen. Ed hatte es mir mit einem Buch beigebracht. Trotzdem verstand ich nicht, warum Reverend Thomson eine Fahne trug, auf der dreimal »K« stand. Warum er ein Kreuz auf dem Hemd hatte, ja, das war klar, denn er war ja ein Reverend, ein Mann Gottes.

Das Feuer machte mir Angst und ich träumte, dass Mama aus der Hütte hinausging und jeden der Reiter mit seinem Namen ansprach, weil sie sie alle kannte und jeder von ihnen mindestens einmal heimlich nachts gekommen war, um sie zu besuchen. Warum aber kamen sie dann jetzt mitten in der Nacht und erschreckten eine arme Witwe und ihre Kinder?

Meine Mutter sprach sie mit Namen an: Monsieur Dubois und Monsieur Travert, Monsieur Fabron und Monsieur Flinch und Monsieur Mercier.

Daraufhin schrie Reverend Thomson, Mama müsse ihm Tit übergeben, denn Tit sei ein Kind der Sünde. Mama weigerte sich und die Männer drohten ihr, die Hütte niederzubrennen, und um zu zeigen, dass sie es ernst meinten, steckten sie die Rosensträucher in Brand, das einzig Schöne, das wir je besessen haben.

Danach galoppierten sie davon und ich blieb stehen und starrte in die Flammen. Ich hatte ganz furchtbare Angst und als ich aufwachte, war ich von Schweiß bedeckt. Es dauerte eine Weile, bis ich begriff, dass ich in einem Eisenbahnwaggon lag und dass alles gut war. Es war nur der Alb gewesen, der gekommen war und eine Tür geöffnet hatte, die versperrt bleiben sollte.

Jemand näherte sich im Dunkeln und auch ohne etwas sehen zu können, wusste ich, dass es Tit war. Er kuschelte sich an mich und er war trocken und ganz, ganz warm.

Ich verwuschelte ihm das wollige Haar und musste an den Drugstore in Memphis denken und an den Mann, der sich geweigert hatte, Tit ein Glas Limonade zu verkaufen. Te Trois und Eddie hatten sich gewundert. Sie haben keine brennenden Erinnerungen so wie wir.

Tit schlief sofort ein und seine ruhigen Atemzüge beruhigten mich. Ich dachte daran, dass der Alb schließlich wieder gegangen war und dass es nur ein böser Traum gewesen war, den ich am nächsten Morgen sicherlich vergessen hatte.

Oder vielleicht auch nicht.

»Vorsicht mit der Rampe, Ted! Achte darauf, dass sie richtig eingehängt ist.«

»Wo soll ich sie hintreiben?«

»Die Rinder da kommen auf Koppel 42.«

»Auf die 42 habe ich schon die aus dem zweiten Waggon gebracht.«

»Das war falsch. Die aus dem zweiten Waggon hätten auf 37 und 41 gehört.«

»Bist du dir da sicher?«

Ich öffnete die Augen. Im Waggon war es noch dunkel. Und irgendetwas stimmte nicht.

»Okay, verstanden, ich kümmere mich darum ...«

»Und was soll ich machen?«

»Du holst das Stroh aus den beiden letzten Waggons raus.«

»He, John, hör mal ...«

»Wenn du besser aufgepasst hättest, hätten wir jetzt nicht dieses Durcheinander!«

Ungewohnte Geräusche. Laute Männerstimmen, das Muhen Hunderter von Rindern, das Getrappel ihrer Hufe.

»Du bist nicht mein Boss und kommandierst mich trotzdem herum?«
»Na, dann mach doch, was du willst. Du wirst sehen, was los ist, wenn Burt entdeckt, dass die Rinder vom zweiten Waggon dort sind, wo die aus dem dritten Waggon sein sollten …«

Außerdem fehlte das Hintergrundgeräusch, an das wir uns inzwischen gewöhnt hatten: Die Räder rollten nicht mehr auf den Schienen, der Fahrtwind pfiff nicht mehr durch die Ritzen zwischen den Brettern.

Ich sprang auf und zog den weiten Mantel enger um mich.
»Te Trois!«, sagte ich.
»Häh?«
Ich fand die Stelle im Stroh, von der das »Häh?« gekommen war, und kickte hinein.
»Aua!« Das war Eddie.
»Wacht auf! Da draußen stimmt etwas nicht … Der Zug hat angehalten. Und wir sind nicht rechtzeitig abgesprungen!«
Raschelnd wühlte sich Te Trois aus dem Stroh. »Was hast du gerade gesagt?«
»Chicago«, erwiderte ich. »Ich fürchte, wir sind angekommen … Sie laden die Waggons aus.«
»Wir sind angekommen?«
»Verstehst du denn nicht? Wir hätten vorher abspringen müssen. Jetzt werden sie uns entdecken!«
Eddie und Te Trois schlüpften endlich ganz aus dem Stroh heraus, klopften sich ab und zogen sich hastig an.

Ich hatte schon eine Gänsehaut. Mit einer Hand packte ich Tit, mit der anderen unseren Koffer. Wir saßen in der Falle. Es gab kein Entkommen.

Mit einem lauten KLOING! öffnete sich die Tür des Waggons.

Vor mir stand einer der Eisenbahnangestellten. Er hatte eine verschlissene Mütze auf dem Kopf. In der Hand hielt er eine Mistgabel.

»Hey!«, sagte er. »Was macht ihr hier?«

Der Mann hatte seinen Satz noch nicht beendet, als sich meine Beine schon ganz von allein in Bewegung gesetzt hatten. Ich sprang aus dem Waggon, riss Tit mit mir mit und lief weg, so schnell ich konnte.

Der Zug stand auf einem Abstellgleis zwischen großen Koppeln für das Vieh. Die Luft war von dem Muhen und Brüllen der Tiere erfüllt. Weiter hinten waren Gebäude, vermutlich der Schlachthof. Dahinter konnte man Chicago sehen, eine riesige Ansammlung von dunklen Türmen aus Stein.

Mir fiel ein, dass ich auf den Waggons die Aufschrift »Union Stock Yard« gelesen hatte. Das war das Viehdepot der Eisenbahnlinie und vermutlich waren wir gerade mittendrin. Es war einfach riesig, noch viel größer als die Plantage der McCoy, und ich hatte keine Ahnung, wohin ich laufen sollte. Ich rannte einfach geradeaus weiter. Hinter mir hörte ich Te Trois und Eddie, die mir gefolgt und dem Bahnangestellten davongelaufen waren.

Te Trois holte mich bald ein. Ohne langsamer zu werden, packte er Tit und lud ihn sich auf die Schultern.

»Hier entlang!«, rief ich.

»Sie verfolgen uns!«, schrie Ed.

Ich drehte mich um: Inzwischen waren es schon drei Männer, die hinter uns herkamen.

Ich schlug einen Haken und quetschte mich zwischen zwei Koppelzäunen hindurch. Der Abstand war so eng, dass mich die Kuhmäuler berührten. Abermals bog ich nach rechts ab, dann nach links, an einer Scheune vorbei. Vielleicht gab es weiter vorn einen Ausgang.

Pech gehabt! Ich war in einer Sackgasse gelandet.

Te Trois hechelte vor Anstrengung, Eddie war verzweifelt. Die Eisenbahner breiteten die Arme aus, sodass wir aus der Sackgasse nicht mehr entkommen konnten.

»Bleibt stehen!«, befahl einer der Männer.

»Macht es nicht noch schlimmer!«, meinte ein anderer.

»Wir mögen keine blinden Passagiere«, erklärte der Dritte. »Aber wir wissen schon, was wir mit euch machen!«

Sie ergriffen uns und führten uns in eines der Schlachthäuser, in einen düsteren Raum mit niedriger Decke. Die Luft darin stank so stark nach Blut, dass ich kaum einatmen konnte.

Auf dem glitschigen Fußboden wurden meine schönen roten Schuhe sofort schmutzig. Mir war schlecht. Um uns herum waren lauter kräftige Männer mit dicken Schnurrbärten und schwarzen Gummischürzen. Sie wuschen Blechwannen aus, zerschnitten Fleischstücke oder hängten Rinderhälften an großen Stahlhaken auf, die an der Decke befestigt waren.

Noch nie hatte ich so etwas gesehen. Auf der Plantage war es jedes Mal ein Fest, wenn ein Schwein oder ein Rind geschlachtet wurde. Die Nachbarn wurden eingeladen, alle halfen bei den anfallenden Arbeiten, am Abend gab es ein großes Feuer und es wurde gemeinsam gegessen, gefeiert und getanzt. Meine Mutter wurde kaum jemals eingeladen, aber ich schlich mich dann immer aus unserer Hütte, um im Gebüsch versteckt die ausgelassene Gesellschaft zu beobachten.

Das geschlachtete Schwein hatte mir nie leidgetan. So war es im Leben eben. Ich aß gern Steaks und Schnitzel, genau wie jeder beliebige Alligator gern mich gefressen hätte. Und wer im Herbst ein Schwein schlachtete, hatte über den Winter genügend zu essen.

Doch das Schlachthaus von Chicago war etwas anderes. Ich fand mich am Schauplatz eines Massakers wieder. Die Männer kamen mir vor wie die Teufel der Hölle oder die Soldaten einer Schlacht. Die Tiere weiter hinten im Raum wussten um ihr Schicksal und es war, als hocke in ihren Augen bereits der Tod. Ich konnte keinen klaren Gedanken mehr fassen.

Wir mussten eine Treppe hinaufsteigen und einen endlos langen Gang entlanggehen. Dann riss einer der Männer eine Tür auf und stieß uns in die Besenkammer dahinter.

Zwischen den vielen Besen, Eimern und Seifenbehältern hatten wir kaum Platz. Ich starrte sie sehnsüchtig an, denn noch nie in meinem Leben war das Bedürfnis, mich gründlich zu waschen und abzuschrubben, so groß gewesen.

»Was geschieht jetzt mit uns?«, fragte Ed.

»Sie haben uns unseren Koffer weggenommen.« Ich seufzte. »Das heißt, wir sind erledigt.«

»Warum? Tit hat doch die Uhr!«, meinte Te Trois grinsend.

»Richtig«, entgegnete ich. »Aber in dem Koffer sind Jacks Brieftasche, die Unterlagen und der Brief der Firma Walker & Dawn.«

THE GLEANER
WHEEL RAKE.

CHICAGO DAILY TRIBUNE MONTAG, 9. MAI 1904

ALARM IM VERSANDHAUS!

(Fortsetzung von S. 1)

»Im Dunkeln konnte ich ihn nicht erkennen«, erklärte der Wachmann Mr Robinson, der den Einbrecher in die Flucht schlug. »Er wühlte in der Versandabteilung in den Kartons herum. Zur Warnung habe ich dreimal in die Luft geschossen. Der Kerl ist weggerannt und es gelang mir nicht, ihn einzuholen.«

CARRY A LARGER WIND
Rake Cleaner,
WORK EASIE
with less draft than any other. It is built
material, simple and will rake clean over

Alarm im Versandhaus!

Die Tür ging auf und der Mann, der uns vorhin im Waggon entdeckt hatte, trat ein. Bei ihm waren ein Polizist und ein kleiner buckliger Mann, der ein Gesicht machte, als habe er soeben in eine Zitrone gebissen.

Seit sie uns in der Besenkammer eingesperrt hatten, war eine Stunde vergangen. Es war mir gelungen, Tit davon zu überzeugen, dass seine geliebte Uhr bei mir sicherer war, und ich hatte sie unter dem Mantel versteckt. Es war besser, wenn niemand wusste, dass wir sie hatten, zumindest im Augenblick.

Sie brachten uns in ein Zimmer, in dem es stark nach feuchten Sägespänen roch und in dem es außer drei alten Stühlen keine anderen Möbel gab. Ich dachte zuerst, die Stühle seien für die Erwachsenen, doch Zitronengesicht befahl uns, uns zu setzen. Ich nahm Tit auf meinen Schoß.

Ich war nervös. Erwachsene machen mich immer nervös und diese hier waren Erwachsene aus der Stadt, das machte es noch schlimmer. Der Polizist und der Eisenbahner hatten Gesichter wie aus Leder. Solche Gesichter habe ich bei Männern gesehen, die auf der Durchreise zu unserer Hütte kamen und dann draußen vor der Tür Rum tranken und mich dabei anstarrten.

Ich ermahnte mich, aufzupassen und nie zu vergessen, dass ich einen schützenden Panzer besaß. Diese Männer würden nur die Gepanzerte Julie erleben, die sich von nichts und niemandem kleinkriegen ließ.

Zitronengesicht zog Notizblock und Bleistift aus der Jackentasche.

»Also«, begann er. »Ich bin Detective Byrne von der Chicagoer Polizei. Und ihr steckt im schlimmsten Schlamassel eures Lebens.«

Er hatte eine hohe Stimme, beinahe wie eine Frau, und unruhige Augen.

»Euch bleiben jetzt genau zwei Möglichkeiten. Entweder ihr sagt mir sofort die Wahrheit oder ihr macht mir Scherereien. Und das wäre ein großer Fehler. Ein noch größerer Fehler als der, heimlich im Viehwaggon mitzufahren. Habe ich mich klar ausgedrückt?«

Es war nicht nötig, auf diese Frage zu antworten. Ich bemühte mich, ruhig zu bleiben, denn Tit hätte meine Angst sofort bemerkt und ich wollte nicht, dass er zu weinen anfing.

»Fangen wir mal mit euren Namen an. Wie heißt ihr?«, fuhr Detective Byrne fort.

Ed antwortete als Erster: »Ich heiße Edward Brown … Wir kommen aus Louisiana … und …«

Der Detective brachte ihn mit einem Blick zum Schweigen. Nun schaute er Te Trois fordernd an.

»P… Pe … Peter Chevalier«, gab Te Trois stotternd seinen richtigen Namen preis.

»Ich heiße Julie Dart«, sagte ich. »Und er ist mein Bruder Francis.«

Ich war mit mir zufrieden, denn meine Stimme hatte sich von allen am ruhigsten angehört, und ich merkte nicht gleich, dass der Eisenbahner errötete.

Byrne dagegen sprach aus, was auch die anderen dachten: »Aber er ist schwarz.«

Ich nahm mich zusammen, um seinem Blick standzuhalten. »Francis ist schwarz, weil sein Vater schwarz war. *Unsere* Mutter aber ist weiß.«

Byrne beschränkte sich darauf, etwas in sein Notizbuch zu kritzeln.

»Also«, sagte er dann. »Ihr behauptet, aus Louisiana zu kommen. Und nach Chicago seid ihr als blinde Passagiere an Bord eines Zuges der Union Stockyard gelangt. Falls ihr das nicht wisst: Das ist ein Verbrechen.«

Keiner von uns erwiderte etwas darauf.

»Außerdem hat man bei euch einen Koffer gefunden, der die persönlichen Dinge eines gewissen Mister Richard Norton Bolton enthielt, darunter auch die Brieftasche. Bestätigt ihr das?«

»Ja«, antwortete Ed.

Wir hatten vorhin beschlossen, dass er derjenige sein würde, der sprach. Te Trois brachte gewöhnlich alles durcheinander und ich … na ja, ich war eben ein Mädchen und die Erwachsenen neigten deshalb dazu, mich nicht ernst zu nehmen. Und brachten dadurch wiederum mich dazu, die Beherrschung zu verlieren.

Byrne sah Ed fest in die Augen. »Ich habe bereits ein Telegramm an meine Polizeikollegen in New Orleans geschickt, um zu erfahren, ob Mr Bolton den Verlust seines Koffers angezeigt hat. Ich gebe euch jetzt die Chance, mir alles zu erzählen, bevor ich es sowieso von den Kollegen in New Orleans erfahre.«

Eddie kratzte sich am Knie. Dann erklärte er, dass wir südlich von New Orleans lebten, dass wir Freunde waren und dass wir keinen Richard Norton Bolton kannten. Was ja auch keine Lüge war, da er sich uns als Jack vorgestellt hatte.

Eddie erzählte, wir hätten den Koffer im Sumpf gefunden und wollten ihn zur Firma Walker & Dawn bringen, in der Hoffnung, ihn auf diese Weise seinem rechtmäßigen Besitzer zurückzuerstatten.

Das war zwar nicht die Wahrheit, wich aber auch nicht allzu sehr von ihr ab.

»Aha!«, meinte Detective Byrne und schrieb wieder etwas in sein Notizbuch. »Also habt ihr vier, ohne euren Eltern etwas davon zu sagen, euer Zeug zusammengepackt und seid quer durch die USA gereist, nur um einen Koffer zu seinem Besitzer zu bringen?«

»Ja«, erwiderte Eddie lächelnd.

»Und es kam euch nicht in den Sinn, einen Erwachsenen zu verständigen oder vielleicht die Polizei von New Orleans oder der Stadt, aus der ihr kommt, oder einfach nur jemanden um Hilfe zu bitten?«

»Äh, nein ...«, antwortete Eddie, aber sein Lächeln war ein wenig verblasst.

»Ihr habt auch nicht daran gedacht, der Firma Walker & Dawn ein Telegramm zu schicken, um nachzufragen, ob der Koffer einem ihrer Angestellten gehört und ob sie ihn zurückhaben wollen. Ohne lange zu überlegen, seid ihr einfach auf Reisen gegangen.«

»Ja, so war es ungefähr«, bestätigte Eddie, jetzt ganz ohne zu lächeln.

Byrne steckte sein Notizbuch weg. Sein Zitronengesicht hatte einen gelblichen Ton angenommen, der nichts Gutes zu verheißen schien.

»Ich hoffe, euch ist klar, dass dies die absurdeste Geschichte ist, die jemals erzählt wurde. Ihr vergeudet meine Zeit. Abgesehen davon ist das Anlügen eines Polizisten ein weiteres Vergehen. Ich frage es euch jetzt nur ein einziges Mal: Warum seid ihr hergekommen?«

Eddie warf mir einen verzweifelten Blick zu, und weil ich dieses Verhör satthatte, rief ich: »Mister Byrne, was Eddie gesagt hat, ist alles wahr.«

Byrne schaute mich nicht einmal an. Es war, als hätte er gar nicht gemerkt, dass jemand anderer als Eddie etwas gesagt hatte.

Stattdessen fuhr er, immer noch an Eddie gewandt, fort: »In dem Koffer war ein an Mr Bolton adressierter Brief, den ihr sicherlich gelesen habt. Darin wird eine Uhr erwähnt, die sehr wertvoll zu sein scheint. Ich nehme an, dass ihr diese Uhr niemals zu Gesicht bekommen habt und dass sie nicht in dem Koffer war, als ihr ihn fandet.«

»Da war keine Uhr drin«, bestätigte ich.

»Dann werdet ihr gegen eine Durchsuchung durch meinen Kollegen Smithers auch nichts einzuwenden haben.«

Smithers, das war der Polizist in Uniform. Wir mussten alle aufstehen und Smithers durchsuchte Te Trois, Eddie und schließlich meinen kleinen Bruder.

Als ich an die Reihe kam, gab ich ihm zu verstehen, dass er es ja nicht wagen sollte, mich anzufassen. Ich drehte sämtliche Taschen des Mantels um, sodass er sehen konnte, dass sie leer waren.

»Ich habe unter dem Mantel nichts an«, erklärte ich. »Muss ich mich hier vor allen ausziehen?«

Smithers hüstelte verlegen und auch meinen Freunden schien es peinlich zu sein. Byrne machte ein Gesicht, als habe er soeben eine besonders bittere Medizin schlucken müssen.

»Ich glaube, das wird nicht nötig sein«, meinte er. »In ein paar Tagen erhalte ich Nachricht aus New Orleans und erfahre, was wirklich passiert ist. Und falls aus Louisiana keine Antwort kommt, dann genügt es, wenn ich euch wegen Diebstahls und Schwarzfahrens anzeige. Los werde ich euch auf jeden Fall.« Der Detective lächelte, so als ob ihm dieser Gedanke Freude mache. »Smithers, bringen Sie bitte die Kinder weg.«

Smithers ergriff mit einer Hand den Arm von Te Trois und mit der anderen den von Eddie und riss sie von den Stühlen.

»Kommt mit mir mit.«

Smithers überlegte kurz, dann drehte er sich um und befahl: »Und du kommst auch mit.«

Ich stand auf, nahm Tit auf den Arm und ging auf die Tür zu, doch Smithers knurrte mich an: »Lass ihn runter, Mädchen. Der Schwarze kommt mit mir mit. Du nicht.«

Wie angewurzelt blieb ich mit Tit auf dem Arm stehen. Plötzlich war mir entsetzlich kalt.

Byrne kicherte schrill. »So lange, bis wir dieser Sache auf den Grund gegangen sind, bleibt ihr in der Obhut von Erziehungsanstalten. Natürlich kommen deine Freunde in eine Anstalt für Jungen und du in eine für Mädchen.«

»Was?«, rief ich. »Aber wir … wir sind immer zusammen. Schon immer …«

»Dieses Mal aber nicht.«

Der Polizist ging entschlossen auf mich zu und entriss mir Tit.

Mein Panzer platzte und zerfiel in tausend Scherben. Ich schrie und versetzte Byrne einen Tritt. Doch der wich mir aus und gab mir eine kräftige Ohrfeige. Ich verlor mein Gleichgewicht und stürzte zu Boden. Tit fiel auf mich drauf. Mein Bruder begann zu weinen, sehr laut zu weinen, so wie immer, wenn er große Angst hat. Ich wollte aufstehen, doch Byrne baute sich vor mir auf.

»Versuch es lieber nicht.«

Ich schrie auf, als der Eisenbahner Tit aufhob und ihn sich wie einen Sack Mehl auf die Schulter lud. Te Trois und Eddie waren vor Schreck wie gelähmt. Auch ich konnte mich kaum noch rühren. Ich konnte nur immer weiter schreien.

»Wir gehen jetzt besser«, meinte Smithers, »bevor die sich noch weiter reinsteigern.«

Ich öffnete die Tür und hörte draußen die Rinder brüllen. Byrne packte mein Handgelenk mit einem stahlharten Griff.

»Wir gehen jetzt auch.«

Er schleppte mich hinter sich her und als ich mich nach den anderen umdrehte, sah ich Tit weinen. Irgendwo tief in mir drin zerriss etwas. Es war etwas Gutes, Sauberes, das bisher noch niemand zu berühren gewagt hatte.

Ich schrie immer noch, als mich Byrne die Treppe hinunterzerrte, durch den nach Blut stinkenden Saal und später auf die Straße hinaus und immer weiter.

»Halt endlich den Mund oder es wird für dich nur noch schlimmer«, schimpfte er.

Ich spuckte vor ihm aus und bekam dafür noch eine zweite Ohrfeige. Ich riss mich zusammen und schwieg.

Schreien half nicht. Ich musste einen Weg finden, gegen Byrne und die anderen anzukämpfen. Aber wie? Ich hatte keine Ahnung, wo sie Tit und meine Freunde hinbringen würden, und wenn ich jetzt zu fliehen versuchte, erwischten sie mich garantiert sofort.

Ich musste mit dem Detective in eine kleine schwarze Kutsche einsteigen. Er nahm die Zügel und lenkte das Pferd durch die Straßen von Chicago. Ich sah mir schweigend alles an. Was hatten wir alles auf uns genommen, um diese Stadt zu erreichen! Te Trois hatte den *Bayou* verlassen, um reich zu werden. Er hatte immer davon geträumt, seine enorme Energie gewinnbringend einzusetzen und zu einer wichtigen Persönlichkeit zu werden. Eddie dagegen war aus reiner Neugier aufgebrochen, um seinen Wissensdurst zu stillen.

Und ich, ich war losgezogen, um frei zu sein. Und jetzt war mir das genommen worden, was mir im Leben am allerwichtigsten war.

Aber ich würde es mir zurückholen.

CHICAGO DAILY TRIBUNE

DIENSTAG 10. JULI 1900

N0.191

LEBENSLÄNGLICH FÜR DEN MÖRDER VON MISS DAWN

CHICAGO – Gestern Mittag um 12 Uhr schloss das Gericht den Dawn-Prozess ab. Nachdem sich die Geschworenen sechs Stunden lang beraten hatten, wurde Robert Francis Darsley für schuldig befunden, Miss Dawn ermordet zu haben, und zu lebenslänglicher Haft verurteilt. Ein mildes Urteil angesichts der Tatsache, dass die Staatsanwaltschaft für die Todesstrafe plädiert hatte.

Lebenslänglich für den Mörder von Miss Dawn

Die Anstalt lag außerhalb von Chicago und es dauerte eine Weile, bis wir dort waren. Mir war schon Saint Louis groß vorgekommen, aber Chicago war einfach endlos: ein Universum aus Häusern, Wolkenkratzern, Trams und Hochbahnen.

Während der ganzen Fahrt wechselten Detective Byrne und ich kein einziges Wort. Ich saß einfach nur da und hörte mir die Geräusche der Stadt an, das Hufgeklapper des Kutschpferds und das Rollen der Räder.

Wir hielten vor einem hohen Tor an, zu dessen beiden Seiten eine von Eisenspitzen gekrönte Mauer verlief. Neben der Klingel befand sich ein Schild mit der Aufschrift *Besserungsanstalt für Mädchen St. Mary*.

»Du verbirgst etwas vor mir, Kleine«, zischte Byrne. »Aber ich weiß, wie ich dich weichklopfen kann.«

Ich antwortete mit einem kleinen herausfordernden Lächeln und dachte, dass er für das bezahlen würde, was er mir angetan hatte. Irgendwann, irgendwie.

Tit war noch nie von mir getrennt gewesen. Niemals, seit er zur Welt gekommen war.

Ich war nur ein junges Mädchen und Byrne und die Polizei waren viel zu mächtig, als dass ich es mit ihnen hätte aufnehmen können. Aber ich würde nicht kampflos aufgeben. Im *Bayou* hatte ich gelernt, dass die steten Tropfen des Regens die Macht besitzen, eine Uferböschung zu zerstören, obwohl die einzelnen Tropfen doch so klein sind.

Zwei Frauen kamen, um das Tor zu öffnen. Sie waren groß und dick, zwei wandelnde Hügel, und unglaublich hässlich, mit fettigen Haaren und schwarzem Flaum über der Oberlippe.

Byrne schob mich auf sie zu. »Ich habe heute Morgen mit der Direktorin telefoniert«, sagte er. »Sie weiß Bescheid.« Dann lächelte er mir zu. »Du wirst sehen, Kleine, nach ein paar Tagen hier drinnen wirst du nur zu gerne reden.«

Jenseits der Mauer lag ein Garten mit struppigen Bäumen und kümmerlichen Beeten. Dahinter stand ein großer roter Ziegelbau, ein düster wirkendes Gebäude mit vergitterten Fenstern. Erst als ich diese Gitter sah, begriff ich, dass St. Mary keine Schule, sondern ein Gefängnis war.

Ein paar Mädchen arbeiteten im Garten. Sie schnitten Hecken und schoben Schubkarren vor sich her. Ihre Haare, ihre Gesichter und ihre Kleider wirkten verschlissen und verstaubt und sie hatten eine eigenartige Art, sich zu bewegen ... Es dauerte einige Sekunden, bis ich begriff, woran es lag: Jedes Mädchen trug an einem Fußgelenk einen Eisenring, an dem mit einer Kette eine schwere Eisenkugel befestigt war, und musste bei jedem Schritt diese Eisenkugel nachziehen.

»Bekomme ich auch eine Uniform und eines ... eines von diesen ... diesen Dingern?«, fragte ich die Wärterinnen.

Sie antworteten nicht. Also ja, vermutete ich. Ich dachte an den Beutel mit der Uhr, den ich im Ärmel meines Mantels versteckt hatte. Die Schnur war zum Glück so lang gewesen, dass ich sie mir über Kopf und Schulter hatte streifen können. Byrne hatte nicht gewagt, mich gründlich abzutasten, doch diese Frauen würden mich zwingen, mich nackt auszuziehen, und dann natürlich den Beutel sehen.

Instinktiv rannte ich los, auf eine Gruppe von Kiefern zu. Meine schönen roten Schuhe sanken tief in den matschigen Boden ein. Noch im Laufen öffnete ich meinen Mantel und ließ ihn zu Boden gleiten. Splitternackt lief ich weiter. Dabei nahm ich den Beutel ab. Als ich die Kiefern erreichte, ließ ich ihn fallen und grub ihn mit der Schuhspitze rasch in der weichen Erde ein.

Keuchend drehte ich mich um, doch da hatten mich die Wärterinnen schon erreicht und fielen über mich her. Sie ohrfeigten mich mit all der Kraft ihrer muskulösen Arme. Verglichen mit ihren waren die Ohrfeigen von Detective Byrne liebevolle Stupser gewesen. In meinem Mund breitete sich der metallische Geschmack von Blut aus. Ich wich zurück, aber ich weinte nicht. Ich bin das Mädchen, das nicht weinen kann.

Die beiden Frauen schlugen noch eine Weile auf mich ein. Selbst als ich einen herausgeschlagenen Zahn ausspuckte, hörten sie nicht damit auf. Aber ich gab keinen Schmerzenslaut von mir. Mittendrin hörten sie auf, hoben mich hoch wie eine Puppe und die eine von ihnen schwang mich über ihre Schulter.

So trugen sie mich in die Anstalt hinein. Der Mantel blieb am Boden liegen, wie die abgestreifte Haut einer Schlange.

Obwohl mir alles wehtat, hatte ich das Gefühl, die erste Runde gewonnen zu haben. Denn die Wärterinnen hatten die Uhr nicht gesehen.

Nach einem Nachmittag war mir klar, wie die Anstalt funktionierte. Es war einfach, aber ziemlich hässlich.

Solange man sich an die Regeln hielt, gab es keine Probleme. Wer die Regeln nicht befolgte, wurde bestraft. Das Problem bestand darin, dass es zu viele und allzu absurde Regeln waren, und deshalb wurde man ständig bestraft. Es kam vor allem darauf an, trotzdem durchzuhalten und sich möglichst nicht erwischen zu lassen.

Um diesen Ort zu überleben, musste ich stark sein, noch stärker als sonst, denn hier galt das Gesetz des Dschungels: Nur die Härtesten überleben.

Sie gaben mir eine Uniform: ein Kleid, das so unförmig wie ein Sack geschnitten war und von einem Stück Schnur als Gürtel zusammengehalten wurde. Und sie befestigten mir einen dieser Eisenringe am Bein. Er saß so eng, dass er mir das Blut abschnürte und mein Fuß anschwoll.

Die Eisenkugel wurde mit ihrer Kette an den Ring gehängt, bevor man in den Garten ging. Im Inneren des Gebäudes dagegen wurden je zehn Mädchen mit einer an ihre Eisenringe fixierten Kette zusammengebunden. Jede dieser Gruppen wurde »Klasse« genannt, aber die Kette erinnerte uns bei jeder Bewegung daran, dass wir keine Schülerinnen waren, sondern Sträflinge.

Weil sich in den Räumen stets viele Klassen gleichzeitig aufhielten, entstand ein Wirrwarr aus Ketten, über die man nur allzu leicht stolperte. Natürlich wurde jede, die über die Ketten stolperte, bestraft, und deshalb achteten alle sehr sorgsam darauf, wo sie hintraten.

Die Regeln, die Strafen und das ganze Elend um mich herum konnten mich dennoch nicht von der Angst ablenken, die ich um Tit hatte. Sicherlich kümmerten sich Eddie und Te Trois gut um meinen kleinen Bruder, aber nur ich kannte ihn wirklich und ich wusste, dass er mich brauchte. Ich musste unbedingt St. Mary überleben und zu ihm zurückkehren.

In der Anstalt lebten ungefähr 300 Mädchen. Die meisten von

ihnen waren schwarz, aber es gab auch viele Italienerinnen und Irinnen. Beinahe alle warteten hier auf ihren Prozess, weil sie irgendeine Straftat begangen hatten, oder auf ihre Entlassung, oder aber darauf, in eine größere Strafanstalt am anderen Ende des Bundesstaats verlegt zu werden.

Also war die Anstalt so etwas wie ein riesiger, schrecklicher Warteraum.

Den ganzen Nachmittag über war ich mit anderen Mädchen Schlange gestanden. Ich hatte auf meine Wäsche gewartet, darauf, ein Bett in einem der Schlafsäle zugewiesen zu bekommen (das sich schließlich nicht als Bett, sondern als eine auf dem Boden liegende Matte in einem der Räume im obersten Stockwerk entpuppte).

Schließlich ketteten sie mich an eine »Klasse« an und wir wurden in den Speisesaal geschickt.

»Was gibt es hier zu essen?«, fragte ich das Mädchen, das vor mir in der Reihe stand.

»Brot und Suppe«, antwortete sie. Und fügte leise hinzu: »Sie geben uns nur das, nur einmal am Tag. Und ziemlich wenig davon. Lass dir also nichts klauen.«

Ich nickte ganz leicht und ging einen Schritt weiter auf die großen Töpfe zu. Ich war die Letzte an der Kette und hinter mir stellte sich nun eine weitere Klasse auf. Die erste in der Reihe war eine junge Frau mit einem von Pockennarben zerstörtem Gesicht.

»Wo kommst du her?«, fragte sie mich flüsternd.

»Louisiana«, antwortete ich.

»Wo ist das denn?«

»Im Süden.«

Sie lachte. »Eine Landpomeranze aus dem Süden.«

Inzwischen waren wir vor der Essensausgabe angelangt. In der

Hand hielt jede von uns einen Suppennapf, in dem bereits ein Stück Brot lag. Die junge Frau hinter mir lachte immer weiter. Plötzlich aber langte sie nach vorn und nahm mir mein Brotstück weg. Sie tat es auf eine ganz lässige Weise, so als ob sie sich sicher wäre, dass ich nicht wagen würde, mich zu wehren.

Sie kannte mich noch nicht.

Mit meiner Rechten schnappte ich mir *ihr* Brotstück. Gleichzeitig trat ich nach ihr und schubste sie mit aller Kraft. Sie verlor das Gleichgewicht und landete schreiend auf dem heißen Suppentopf vor uns. Dabei riss sie alle an sie geketteten Mädchen mit, sodass sie alle mit der stinkenden gelblichen Suppe in Kontakt kamen. Die Suppe war nicht gerade kochend heiß, aber doch sehr warm. Es kam zu einem großen Durcheinander, denn alle anderen Klassen entfernten sich schleunigst von den Pechvögeln. Sofort kamen zwei Wärterinnen und fragten, was denn hier los sei.

»Katy ist gestolpert«, sagte ein Mädchen mit dunklem Haar und sah mir dabei fest in die Augen. »Sie ist irgendwie ganz von allein gestolpert.«

Als wir später in unserem dunklen Schlafsaal waren, lag ich auf meiner Matte und dachte an Tit und die anderen.

Ich hätte gern behauptet, dass ich dabei ruhig und tapfer war, aber das stimmte nicht. Im Schlafsaal war es entsetzlich, viele Mädchen weinten im Dunkeln und schluchzten, dass es mir das Herz zerriss. Und immer wieder ging mir der Gedanke durch den Kopf, dass ich hier gefangen war und meine Freunde vielleicht niemals wiedersehen würde.

Ich fror, hatte Angst und fühlte mich einsam. In dem Dämmerzustand, in den man zwischen Wachen und Traum gerät, verwandelten sich die Schatten im Saal in andere Schatten, die der Flaschen auf der Anrichte zu Hause, die der Männer, die mir heimlich hinterherschauten, wenn ich in der Stadt Einkäufe erledigte.

Ich wusste, wie mich die Frauen in unserer Stadt nannten und wie sie über mich dachten. Auch wenn ich immer tat, als mache es mir nichts aus, erreichten sie doch, dass ich mich fühlte, als stimme mit mir etwas nicht. Ich wäre so gerne jemand anderes gewesen, wusste aber nicht, wie ich das anstellen sollte.

Diese Frauen würden sich freuen, wenn sie wüssten, dass ich nun hier eingesperrt war. Sicher würden sie denken, ich hätte endlich bekommen, was ich verdiente.

»He, du!«, flüsterte mir jemand zu.

Ich drehte mich auf die Seite und sah im schwachen Licht ein Mädchen auf mich zuschleichen. Wenigstens nahmen sie uns nachts die Ketten ab.

Als sie vor mir stand, erkannte ich, dass es diejenige war, die behauptet hatte, Katy sei irgendwie von ganz allein gestolpert.

»Du warst mutig«, raunte sie. »Ich wollte dir das sagen, weil es deine erste Nacht hier ist, und die erste Nacht ist meist die schwerste.« »Für mich nicht«, log ich. »Mir geht es gut.«

Das stimmte nicht, aber ich hatte in meinen Panzer zurückgefunden.

»Ich habe dir etwas mitgebracht«, fuhr das Mädchen fort und reichte mir einen nassen, schmutzigen Lumpen. Ich betastete ihn, ohne ihn zunächst wiederzuerkennen.

Doch dann begriff ich: Es war der Beutel mit der Uhr!

»Die Mädchen haben gesehen, wie du ihn versteckt hast, und haben ihn ausgegraben, um ihn zu verkaufen.«

»Und du gibst ihn mir einfach so zurück?«, wunderte ich mich.

»Was willst du dafür haben?« Denn daran gab es keinen Zweifel: An einem Ort wie diesem musste man für alles bezahlen.

Das Mädchen grinste. »Deine Schuhe«, sagte sie. »Ich habe noch nie rote Schuhe gesehen. Sie sind so wunderschön! Und ich glaube, wir haben ungefähr dieselbe Größe.«

Sie zeigte auf ihre Füße. Sie trug ausgelatschte knöchelhohe Schnürschuhe, denen man schon von außen ansah, wie unbequem sie waren.

»In Ordnung.« Ich ging auf den Handel ein.

Die roten Schuhe waren ein Geschenk von Eddie und mein kostbarster Schatz, aber die Taschenuhr war wichtiger. Vor allem war sie für Tit wichtig und das machte sie auch für mich wertvoll, ganz abgesehen von allem anderen.

Ich nahm den Beutel entgegen und hängte mir die Schnur um den Hals, sodass die Uhr nun vor meiner Brust baumelte. Die Schnürschuhe des Mädchens waren mir zu klein und sofort taten mir darin die Füße weh. Doch diesen Schmerz konnte ich aushalten.

»Danke«, flüsterte das Mädchen und wollte zu ihrem Platz zurückgehen.

»Warte!«, sagte ich schnell.

Es war nett von ihr gewesen, durch den Saal zu mir hinüberzuschleichen. Sie hatte meine Schuhe haben wollen, das war mir klar. Aber sie hatte auch versucht, mich zu trösten, und so etwas war mir noch nicht sehr oft passiert. Oder, um ehrlich zu sein: noch nie.

»Wie heißt du?«, flüsterte ich.

»Rebecca«, antwortete sie. »Und du?«

»Julie.«

»Schön, dich kennenzulernen.« Spontan ergriff sie meine Hand. »Wenn du willst, können wir Freundinnen sein.«

Sie lächelte mir zu. Dann schlich sie sich weg, ohne auf meine Antwort zu warten.

Eine Weile lag ich still auf meinen Bett, den Blick hinauf zur Decke gerichtet.

Rebecca, dachte ich. Ich hatte noch nie eine Freundin gehabt.

7 CHICAGO DAILY TRIBUNE — FREITAG 13. OKTOBER 1899

VERLIEBTE BLICKE IM TERRACE GARDEN

Mittwochabend wurde die bekannte Geschäftsfrau Miss Dawn im Restaurant Terrace Garden in Begleitung eines Herrn gesehen, eines gewissen Mr Darsley, von Beruf Privatdetektiv. Das Paar speiste bei Kerzenlicht. Ungewiss bleibt, ob Mr Walker, der Verlobte von Miss Dawn, in Kenntnis des romantischen Rendezvous war.

Verliebte Blicke im Terrace Garden

Ich hätte nie gedacht, dass diese grauenerregende Anstalt St. Mary mir helfen würde, das Geheimnis der Taschenuhr und der Kette von Ereignissen, die uns nach Chicago gelockt hatten, zu entschlüsseln.

Aber manchmal passieren die seltsamsten Dinge. Und manchmal gibt es tatsächlich glückliche Zufälle, auch wenn es schwerfällt, daran zu glauben.

Am folgenden Tag wachte ich mit Schüttelfrost auf. Ich hatte Fieber. Im Laufe der Nacht waren mein Fuß und mein Bein wegen des engen Eisenrings immer stärker angeschwollen und die pochenden Schmerzen waren unerträglich.

Ich fühlte mich benommen, musste mich aber trotzdem mit den anderen an der Wand aufreihen. Die Wärterinnen und Wärter teilten uns in Klassen auf.

»Kannst du lesen?«, fragte mich ein Wärter. Es war ein Mann mit ergrauten Koteletten und einer von tiefen Falten zerschnittenen Stirn.

»Ja«, antwortete ich.

»Dann hier rüber.«

Er schob mich auf die andere Seite des Saals, zu einer Gruppe älterer Mädchen. Eine von ihnen war Rebecca. Sie zwinkerte mir zu und sofort fühlte ich mich besser.

Nachdem uns die Ketten angelegt worden waren, führte uns der

Wärter in einen Saal im Halbsouterrain. Hier waren auch andere Klassen, die sich bereits rings um große Tische aufgestellt hatten. Auf dem Fußboden lagen dicke, fest mit Bindfaden umwickelte Pakete.

»Wir sehen uns bei Sonnenuntergang wieder«, grummelte der Wärter, ging hinaus und schloss die schwere Stahltür hinter sich ab.

Meine Gruppe schleppte mich zum ersten freien Tisch mit. Sodann hoben sie einige Pakete auf und zerschnitten vorsichtig die Verschnürung. Jetzt sah ich, dass die Pakete aus sorgfältig aufeinandergestapelten Zeitungen bestanden.

»Sind das alte Zeitungen?«, fragte ich. »Was sollen wir denn damit?«

»Wir nähen sie zusammen«, erklärte mir Rebecca, als ob dies das Selbstverständlichste auf der Welt sei.

Dabei nahm sie einen Packen vergilbter Zeitungen hoch und legte ihn vor sich auf den Tisch. In eine sehr lange und sehr dünne Nähnadel fädelte sie einen Faden ein. Dann machte sie sich ans Werk.

Wir sollten die Zeitungen in der Mitte aufschlagen und am Falz entlang zusammennähen, damit die einzelnen Seiten zusammenblieben.

Je zwei auf diese Weise zusammengenähte Zeitungen wurden anschließend miteinander vernäht, sodass nach und nach dicke, fest vernähte Bücher aus alten Zeitungen entstanden.

»Später kommen die Zeitungen in eine Buchbinderei. Dort bekommen sie dann einen Umschlag und werden in Leder oder etwas Ähnliches eingebunden«, erzählte Rebecca. »Und von dort aus werden sie in Bibliotheken in ganz Amerika geschickt. Die Anstalt bekommt Geld für jeden zusammengenähten Band, und deshalb müssen wir diese Arbeit machen.«

»Ihr näht hier jeden Tag?«, fragte ich.

Rebecca nickte. »Ja, und wir sollten uns beeilen, denn die tägliche Lieferung muss bis Sonnenuntergang fertig sein.«

»Genau«, unterbrach uns ein sehr dünnes schwarzes Mädchen. »Deshalb solltet ihr sofort aufhören zu tratschen und ordentlich was wegarbeiten. Sonst bestrafen sie uns alle.«

»Ich erkläre ihr doch nur, wie es geht«, rechtfertigte sich Rebecca. »Damit sie keine Fehler macht oder eine Seite zerreißt.«

Eine Seite zu zerreißen war der größte Fehler, denn dann musste die Zeitung weggeworfen werden. Wir mussten aber auch auf viele andere Dinge achten, zum Beispiel auf die Reihenfolge, in der Zeitungen miteinander verbunden wurden, und auf die Reihenfolge der einzelnen Seiten.

Deshalb arbeiteten hier nur Mädchen, die lesen konnten.

»Wo hast du lesen gelernt?«, fragte ich Rebecca leise.

»Mein Mann hat es mir beigebracht«, flüsterte sie.

Rebecca war drei Jahre älter als ich. Abgesehen von ihrer kaputten Nase, die wie die Nase eines Boxers aussah, war sie ein schönes Mädchen. Besonders auf ihre langen schwarzen, lockigen Haare war sie sehr stolz.

Sie erzählte, dass sie Italienerin sei. Deshalb sprach sie ein ziemlich komisch klingendes Englisch. Ihre Eltern kamen aus einem fernen Land jenseits des Ozeans, doch sie war in Chicago geboren und im Alter von 14 Jahren hatte sie einen jungen Italiener namens Giulio geheiratet.

»Er war ein anständiger Kerl«, sagte sie. »Freundlich und fleißig und er konnte lesen.«

»Warum sagst du ›war‹?«

»Weil er tot ist. Sie haben ihn erschossen. Ich wusste nicht, woher ich das Essen für unser Kind nehmen sollte, und deshalb habe ich in einem Geschäft etwas gestohlen. So bin ich hier gelandet.«

Rebecca hatte einen Mann gehabt und sie hatte ein Kind. Zum ersten Mal in meinem Leben kam ich mir wie ein behütetes Mädchen vor.

»Wie heißt dein Kind?«

»Simon. Er ist anderthalb Jahre alt.«

Ich hätte gern gewusst, wo ihr Sohn jetzt war, aber es war wohl besser, sie das nicht zu fragen.

»Hast du auch Kinder?«, wollte Rebecca wissen.

»Nein, aber ich habe einen Bruder. Wir nennen ihn ›Petit‹, das heißt ›Kleiner‹. In Louisiana sprechen wir Französisch.«

»Das ist lustig«, meinte Rebecca. »Frankreich liegt in Europa, ebenso wie Italien. Ich glaube, sie sind sogar Nachbarn.«

Das hatte ich nicht gewusst. »Sie haben mir Tit weggenommen«, erzählte ich weiter, »und ich muss einen Weg finden, zu ihm zurückzukehren.«

»Ach«, seufzte Rebecca, »ich will auch wieder zu meinem Sohn. Aber das kannst du vergessen, hier kommt man nicht raus.«

Da musste ich an Detective Byrne denken und zum ersten Mal hoffte ich, er werde wiederkommen und mich holen.

Doch Byrne kam nicht wieder.

Er hatte behauptet, nach ein paar Tagen in dieser Anstalt würde ich alles gestehen, und so wartete ich ab dem zweiten Tag auf ihn, so ungeduldig wie ein junger Hund, der an der Tür jaulend auf die Rückkehr seines Herrchens wartet. Als es Abend wurde, begriff ich, dass er mich an diesem Tag nicht mehr abholen würde, und bekam vor lauter Enttäuschung beim Essen keinen Bissen herunter.

Auch am dritten und am vierten Tag ließ Byrne sich nicht sehen und ich befürchtete, etwas Schlimmes sei passiert.

Ich glaubte nicht, dass jemand in New Orleans Jacks Verschwinden angezeigt hatte. Es war noch zu früh, als dass seine Abwesenheit aufgefallen wäre oder sich jemand deshalb hätte Sorgen machen können. Im *Bayou* verschwinden die Leichen schnell und ich war mir sicher, dass seine niemals wiedergefunden wurde.

Aber was war dann geschehen? Vielleicht interessierte sich Byrne überhaupt nicht für Jack, sondern auch er wollte nur die Uhr und deshalb wartete er geduldig darauf, dass ich gestand. Oder er hatte uns einfach vergessen. Im Grunde waren wir ja nur Schwarzfahrer und von denen mochte es in Chicago jede Menge geben.

Ich hatte weder eine Möglichkeit herauszufinden, was wirklich los war, noch Tit wiederzusehen. Ich konnte hier nicht ausbrechen. Alles, was ich tun konnte, war durchzuhalten, mich unauffällig zu benehmen und die Zeit verstreichen zu lassen, genau wie Rebecca und alle anderen.

Zu meiner großen Überraschung entdeckte ich bei der Arbeit, dass ich Zeitungen liebte. Ich hatte nie besonders gut lesen können, was auch daran lag, dass ich wenig Gelegenheit zum Üben gehabt hatte. Aber jetzt beim Nähen gab ich mir Mühe, mich auf die Seiten zu konzentrieren, die ich vor Augen hatte. Auch wenn es in den Artikeln um längst vergangene Ereignisse ging, halfen sie mir doch zu vergessen, dass ich in diesem hässlichen Raum saß, dass mein Bein schmerzte und dass meine Finger mittlerweile von der Nähnadel zerstochen waren.

Besonders aufregend fand ich die täglichen Berichte aus Chicago. Alles in allem gab es drei Arten von Artikeln. Erstens die über Verbrechen wie Einbrüche und Morde. Zweitens die über aufwendige

Feste und die unter der Schirmherrschaft des Bürgermeisters veranstalteten Bälle. Und drittens der Klatsch über Persönlichkeiten der »feinen Gesellschaft«, Menschen, die ich nicht einmal aus der Ferne zu sehen bekommen würde.

Unter beinahe allen Artikeln der dritten Kategorie stand der Verfassername »E. Cochrane« und bald war er zu meinem Lieblingsjournalisten geworden. Er beschrieb die Kleider der Damen so anschaulich, dass es mir vorkam, als trage ich sie selbst, und wenn ich seine Artikel las, wechselte ich in eine Welt, in der sich alles um Parfüms, Champagnerkelche, kostbare Ketten und Herren in dunklen Abendanzügen drehte.

Es musste märchenhaft sein, so zu leben. Ich war noch nie auf einem Fest gewesen, außer letztes Jahr, als Anne geheiratet hatte, die Tochter der Plantagenbesitzer. Doch Cochranes Artikel und die Fotos dazu ermöglichten mir den Zugang zu neuen Fantasien. In meinen Träumen ging es nun um Bälle und Restaurants und morgens konnte ich es nicht erwarten, in den Saal mit den Zeitungen zu kommen, um weiterlesen zu können.

Dann, eines Tages, sollte ich die Zeitungen des Jahres 1899 zusammennähen.

Zufällig fiel mein Blick auf einen Artikel vom 1. November. Darin ging es um einen außergewöhnlichen Halloweenball. Zuerst wurden die Kostüme der Damen ausführlich beschrieben: Eine war als Venezianerin gekommen, eine andere als Hexe mit einem sehr gewagten Dekolleté. (Wenn Cochrane besonders weltgewandt wirken wollte, das hatte ich inzwischen gemerkt, baute er ein paar französische Wörter in seine Artikel ein.)

Ein paar Zeilen weiter fiel mir ein Satz besonders auf. Er lautete:
Der faszinierendste männliche Gast war ein höchst eleganter Vampir. Hinter der

Maske des Finsterlings verbarg sich kein anderer als Mr Walker, der berühmte Versandhausgründer, der den Abend in Gesellschaft zweier äußerst attraktiver Damen verbrachte. Denn anscheinend hatte ihm seine Geschäftspartnerin (und vielleicht auch zukünftige Braut?) Miss Dawn in letzter Minute einen Korb gegeben. Ebenfalls fehlte auf diesem Ball der bekannte Privatdetektiv Mr Darsley. Sollte dies eine stillschweigende Bestätigung des pikanten Gerüchts sein, das seit einiger Zeit in der Stadt umgeht und demzufolge zwischen Mr Darsley und Miss Dawn zärtliche Gefühle aufgekeimt sind?

Der Artikel enthielt einige schwierige Wörter und ich weiß nicht, ob ich alles richtig verstand, aber wichtig waren die Namen: Mr Walker, Miss Dawn, Mr Darsley. Wegen ihnen war ich hier in St. Mary gelandet. Ich überlegte, ob meine Arbeit als Zeitungsnäherin für mich sehr wichtig, ja vielleicht sogar meine Rettung werden könnte.

Ich machte diese Zeitung fertig und nahm mir die nächste. Hastig blätterte ich sie durch, konnte aber darin nichts von dem entdecken, was mich interessierte. Ich erledigte meine Arbeit schneller und schneller. Erst in einer Zeitung von Mitte November fand ich einen weiteren Artikel von Cochrane: Mr Walker hatte offiziell um die Hand von Mrs Dawn angehalten und ihr bei dieser Gelegenheit einen sündhaft teuren Brillantring geschenkt.

In dem Artikel stand, dass die Hochzeit der beiden die bedeutendste des Jahres sein werde, weil Miss Dawn die Hälfte der Versandhausaktien gehörte.

Denn als Mr Walker und Miss Dawn ihre Firma gegründet hatten, hatten sie diese in Anteile aufgeteilt, die man »Aktien« nennt, und jeder der beiden hatte die Hälfte der Aktien erhalten. Durch eine Heirat der beiden würden aber auch die Aktien von Miss Dawn Eigentum ihres Mannes werden, sodass die Hochzeit Mr Walker zum alleinigen Eigentümer des Versandhauses gemacht hätte und gleichzeitig zu einem der reichsten Männer Amerikas.

In einer Zeitung vom Dezember fand ich eine kurze Nachricht, in der die Verlobung zwischen Mr Walker und Miss Dawn bestätigt wurde. Mr Walker wolle das geplante Datum der Hochzeit bald bekannt geben, hieß es weiter. Außerdem sehe es ganz so aus, als zeige sich Mr Darsley nicht mehr auf Bällen und ähnlichen Veranstaltungen, sondern hätte sich mit gebrochenem Herzen irgendwo verkrochen.

Am 30. Dezember wurde von einem großen Silvesterball berichtet, den Mr Walker in einem Hotel in der Stadtmitte veranstaltete. Ich wusste, dass Miss Dawn nicht auf dieses Fest gehen würde, denn im Verlauf der Nacht würde Mr Darsley sie umbringen.

»Rebecca, nähst du gerade den Jahrgang 1900 zusammen?«

»Ach, ich habe gar nicht darauf geachtet, aber ja, es ist genau der.«

»Tauschst du mit mir?«

Ihr mochte diese Bitte seltsam vorkommen, doch der Jahrgang war in keinem guten Zustand und es war knifflig, die Seiten richtig zusammenzunähen, und deshalb schob mir Rebecca den Stapel gern rüber.

Ich blätterte in den bereits zusammengefügten Zeitungen, und auf der erste Seite der Ausgabe vom 2. Januar fand ich den Artikel, den ich gesucht hatte: Miss Dawn war in ihrem Haus tot aufgefunden worden. Den des Mordes verdächtigte Mr Darsley hatte man bereits verhaftet.

In der Zeitung vom 20. Februar gab es ein langes Interview mit Mr Darsley, in dem er erklärte: *Ich liebte Miss Dawn von ganzem Herzen und hätte ihr niemals etwas Böses zufügen können.*

Allerdings hieß es in dem Artikel weiter unten: *Mr Darsley hat die geröteten Augen und den unsteten Blick eines Schuldigen. Im Laufe des Interviews schlug er mehrmals kräftig mit der Faust auf den Tisch – typisches Verhalten eines Mannes, der sich nicht zu beherrschen weiß.*

Ich nahm mir vor, mir diese Information besonders gut zu merken, und blätterte weiter.

So kam ich zur Zeitung vom 3. März. Das war der Tag, an dem der Prozess begann. Darsleys Anwälte hatten etwas Entlastendes vorgebracht: Zwar gehörte die Mordwaffe dem Privatdetektiv, doch war sie ihm einige Monate vor dem Mord gestohlen worden. Die Polizei behauptete, das sei nur ein Trick von Darsley, um den Verdacht von sich abzulenken. Angeblich stehe Darsley mit Verbrecherorganisationen in Chicago in Verbindung, die ihm geholfen hatten.

Am 10. März, einem weiteren Prozesstag, präsentierte Darsley sein Alibi: In der Silvesternacht hatte er sich in einem anderen Teil der Stadt aufgehalten. Das wurde von einigen seiner Freunde bezeugt, die vom Gericht jedoch als wenig vertrauenswürdig beurteilt wurden.

4. April: Mr Walker behauptete vor Gericht, dass Miss Dawn kurz vor ihrem Tod ihre Aktien in Inhaberpapiere umgewandelt hätte. Das bedeutete, dass Miss Dawns Anteile an der Fabrik nun demjenigen gehörten, der diese Papiere besaß. Damit hatte sie die Hälfte des Versandhauses in einen Stapel Wertpapiere verwandelt. Auf diese Weise konnte sie ihre Hälfte der Firma auch an jemand anderen übertragen. Was aber hatte sie dazu bewogen? War das nicht furchtbar leichtsinnig gewesen?

Ich wünschte mir so sehr, dass Eddie und Te Trois bei mir sein könnten, um mit ihnen darüber zu reden. Doch ich war auf mich allein gestellt.

Eilig blätterte ich weiter.

21. April: ein weiteres Interview mit Mr Walker. Darin erklärte er, Miss Dawns Inhaberpapiere seien gestohlen worden. Sie seien seit der Mordnacht unauffindbar. Hatte es sich also vielleicht um einen Raubmord gehandelt? Darsley war bei Miss Dawn eingebrochen, um die Papiere zu stehlen. Hatte er sie erschossen, weil sie ihn bei dem Diebstahl überrascht hatte? Eine weitere Frage, die niemand beantworten konnte.

Im Sommer fand der Prozess seinen Abschluss. Das Gericht befand, dass Mr Darsley in den Mord verwickelt war, konnte aber nicht klären, ob er der Mörder oder nur dessen Komplize war. Aufgrund dieses Zweifels blieb ihm die Todesstrafe erspart und er wurde zu lebenslanger Haft verurteilt und in das Gefängnis Bridewell in Chicago gebracht.

Dies war auch das Gefängnis, aus dem der Privatdetektiv einige Jahre später ausbrechen konnte, in der Nacht, in der er ermordet wurde.

Der letzte Artikel, den ich zu dem Thema fand, stammte vom 16. Juni: ein weiteres Interview mit Mr Walker, der erklärte, er sei von dem Urteil enttäuscht, Darsley habe für sein Verbrechen den Tod verdient.

»Sind Sie wegen des Verschwindens der Inhaberpapiere besorgt?«, hatte der Journalist gefragt und Mr Walker hatte geantwortet: »Nein, gar nicht. Miss Dawn war eine sehr verantwortungsbewusste Frau. Ich bin mir sicher, dass sie die Papiere sehr sorgfältig versteckt hat, sodass kein Verbrecher der Welt sie zu finden vermag.«

Der Artikel endete mit einem Satz von Mr Walker: »Mir bleibt jetzt nur mein Schmerz über den schrecklichen Verlust. Und diese Taschenuhr.«

Ein Eisenbahner-Chronometer, das dem Vater von Miss Dawn gehörte und das diese stets bei sich getragen hatte. Gefertigt von der American Company, mit dem eingeprägten Fabrikationsdatum »1881«.

MAY 9, 1904

Rapids in Barrel
blishing Field

"Why did you make the swim in the first place?" asked the interviewer, remembering the heroic feeling which had filled him three weeks before after a cheap little mile swim around at Manhattan Beach.
"Well," answered Mr. Glenister, "there was money

5 CHICAGO DAILY TRIBUNE   MONTAG, 9. MAI 1904

EIN MONSTER HINTER GITTERN

Was für ein Mensch war dieser Mr Darsley, der Mann, der aus dem Gefängnis ausbrach, nur um wenige Stunden später selbst ermordet zu werden? Wir stellten diese Frage Mr Corckson, dem Direktor des Bridewell-Gefängnisses. »Darsley war ein Monster. Die anderen Häftlinge hatten vor ihm Angst. Er war gewalttätig. In den wenigen Jahren, die er bei uns einsaß, verletzte er zwei Wärter und versuchte 15 Mal auszubrechen.«

you about."
"Do you think literary ability is a gift or acquired?" we asked.
"It is a gift, pure and simple," Mr. Glenister replied. "Either you have writing ability or you haven't. You cannot pick it up in any school or university in the world. You must have dramatic instinct and feeling for the color or words or you will never succeed."
"Does it take much money to start a magazine?"
"About $50,000, I should say. It is safest to give the public something in the reading line that you are sure they will want. It takes a tremendous sum to get the people to read something different."

Vol. I.

A ROLLI

Ein Monster hinter Gittern

Weg, weg, weg von hier! Mir war, als hörte ich diese Worte beim Aufwachen und dann immer wieder: als ich mir meine Abschürfungen am Fußgelenk anschaute und als ich hinunter in den Saal mit den Zeitungen ging.

Manchmal erklangen sie in meinem Kopf wie ein Schrei, andere Male wie ein Flüstern. Dann wieder hörte ich sie eine Weile lang gar nicht mehr und das machte mir am meisten Angst, denn es bedeutete, dass ich mich allmählich hier in St. Mary eingewöhnte. Nach sechs Tagen stellte ich mich ganz automatisch bei der Essensausgabe perfekt an und hatte gelernt, so zu gehen, dass ich nicht über die Ketten stolperte. Ich hatte begonnen aufzugeben. Aber genau das wollte ich nicht.

»Weglaufen?«, fragte Rebecca leise. »Du musst verrückt sein. Alle Mädchen hier drinnen träumen davon zu fliehen. Ich würde es auch gern tun, das kannst du mir glauben. Aber leider ist es unmöglich.«

»Und warum?«

Rebecca seufzte. Wir waren bei der Arbeit und sie schaute sich um, ob uns jemand beobachtete oder belauschte.

»Hast du dich jemals gefragt, warum wir diese Ketten tragen müssen? Ich habe rausbekommen, dass es die in den richtigen Gefängnissen gar nicht gibt. Die richtigen Sträflinge brauchen sie nicht zu tragen. Weißt du, warum das so ist?«

Nein, ich wusste es nicht.

»Weil das den Wärtern die Arbeit erleichtert und weil sich da draußen niemand um uns schert. Wir sind Frauen, wir sind jung und wir sind kriminell. Selbst wenn wir sterben, interessiert das niemanden. Die können hier mit uns machen, was sie wollen. Wirklich alles. Hast du verstanden?«

Ich nickte. Aber in meinem Leben war es immer so gewesen, selbst als ich noch zu Hause bei meiner Mutter gewesen war. Vielleicht, dachte ich, gehöre ich einfach hierher, zu Menschen, die genauso sind wie ich, und es war dumm von mir gewesen zu glauben, ich könnte an meinem Schicksal etwas ändern.

Aber es gab Tit. Und weil es Tit gab, musste ich kämpfen. Er war der einzige Grund, der mich davon abhielt, mich in mein Schicksal zu ergeben.

Ich begann, auf gewisse Dinge zu achten. Der einzige Zeitraum, in dem ich nicht mit einer Kette verbunden war, war nachts, doch die Tür des Schlafsaals wurde immer abgeschlossen und vor den Fenstern waren massive Gitter. Den restlichen Tag über hing ich an der Kette und das war das größte Problem.

Ich ließ aus dem Speisesaal eine Gabel mitgehen und versuchte, in einem unbeobachteten Moment damit das Schloss des Eisenrings an meinem Fußgelenk zu knacken, aber das gelang mir nicht. Ich musste irgendwie einem Wärter die Schlüssel abnehmen und dazu brauchte ich eine günstige Gelegenheit.

Ich entwickelte einen Plan. Nach dem Abendessen bestimmten die Wärter, welche Klasse die Küche aufzuräumen hatte. Am Abend meines sechsten Tages in St. Mary tat ich beim Aufstehen nach dem Essen so, als würde ich stolpern. Ich brachte Rebecca und die anderen zu Fall und dadurch gerieten unsere Fußketten durcheinander.

Ich entschuldigte mich immer wieder, sorgte dabei dafür, dass das Kettenknäuel noch unentwirrbarer wurde, und die wütenden Wärterinnen schlugen auf mich ein. Aber das war mir egal. Worauf es mir ankam, war, dass meine Klasse in die Küche geschickt wurde.

Ich achtete nicht weiter auf Rebeccas anklagende Blicke und die Drohungen der anderen Mädchen. Eine schwor, mich demnächst im Schlaf zu erstechen, aber sie machte mir damit keine Angst. Wenn alles gut ging, würde ich diese Nacht nicht mehr in St. Mary verbringen.

Die Wärterinnen zwangen uns, die Töpfe zu schrubben, den Herd zu putzen und den Boden aufzuwischen, bis alles pieksauber war. Ich brauchte bei allen Arbeiten besonders lange, machte immer wieder Fehler, ließ Dinge fallen und sorgte auf diese Weise dafür, dass die gesamte Klasse für die Säuberungsaktion ungewöhnlich lange brauchte.

»So, jetzt muss noch der Aufenthaltsraum des Wachpersonals geputzt werden«, sagte ein Wärter schließlich. »Gibt es Freiwillige?«

»Sie!«, sagten mehrere Mädchen gleichzeitig und zeigten dabei auf mich.

Selbst Rebecca schien wütend auf mich zu sein, aber ich tat, als merke ich es nicht. Denn der Abend hatte sich genauso entwickelt, wie ich es gehofft hatte.

Der Wärter löste meinen Ring von der Klassenkette und befestigte stattdessen eine Eisenkugel daran. Dann befahl er mir, ihm in das obere Stockwerk zu folgen.

Mühsam kämpfte ich mich die Treppe hoch: Auf einem Arm trug ich die schwere Kugel, mit dem anderen den Eimer mit dem Seifenwasser.

Der Aufenthaltsraum des Wachpersonals war ein geräumiges

Zimmer, in dem elektrische Lampen brannten. Der Fußboden war mit weißen und schwarzen Fliesen ausgelegt, es gab ein ausgesessenes Sofa und einige Stühle. An einem Wandbrett mit Haken hingen Dutzende von Schlüsselbünden.

Genau auf die hatte ich es abgesehen.

Ich begann zu putzen, war dabei aber noch langsamer und ungeschickter als unten in der Küche, und überlegte, wie ich in die Nähe des Wandbretts kam. Der Wärter rauchte eine Zigarette und starrte dabei ununterbrochen auf meinen Hintern. Ich wusste nicht, ob es mir gelingen könnte, ihn abzulenken. Oder sollte ich lieber auf einen glücklichen Zufall warten? Ich schloss die Augen und betete in der Hoffnung, erhört zu werden – von Gott, meinem Schicksal oder von einem jener Sumpfgeister, an die Eddie glaubte.

»Bitte«, flüsterte ich ganz leise, »gib mir eine Chance.«

Ob es Gott gewesen sein mochte oder mein Schicksal oder der Sumpfgeist, bekam ich nie heraus. Aber meine Bitte wurde erhört. Irgendwo schrillte eine laute Klingel.

»Das fehlt mir gerade noch«, schimpfte der Wärter. »Um diese Zeit! Da gehe ich auf gar keinen Fall runter nachsehen, das können die vergessen!«

Es läutete schon wieder und dann noch ein paarmal und schließlich gab der Wärter nach. Er ging auf die andere Seite des Zimmers zu einem kleinen Wandschrank und öffnete ihn. Ich sah, dass darin viele Klingeln waren, und unter jeder klebte ein kleines Schild mit einer Aufschrift: *Küche*, *Lager*, *Schlafsäle*. Unter der Klingel, die gerade läutete, war das Schild *Eingang* angebracht.

»Diese modernen Apparate!«, brummte der Wärter. »Das ist schon das dritte Mal diesen Monat, dass eine Alarmglocke von allein losgeht ...«

Er sah mich ein paar Sekunden lang prüfend an, so als versuche er, mich einzuschätzen. Dann sagte er: »Ich bin gleich wieder da.«

Vor lauter Aufregung war ich nicht imstande, ihm zu antworten. Ich wartete, bis er die Tür hinter sich zugemacht hatte, hob meine Kugel hoch und lief zu dem Wandbrett.

Es hingen Unmengen von Schlüsseln daran und jeder sah anders aus. Es gab große und kleine Schlüssel, solche mit glattem und andere mit gezähntem Bart. Welcher passte in das Schloss meines Eisenrings? Ich hatte keine Ahnung. Ich könnte mir einfach einen Schlüsselbund schnappen, ihn unter meinem Kleid verstecken und die Schlüssel später im Schlafsaal einzeln ausprobieren. Aber das war zu riskant. Und was, wenn ich den falschen Schlüsselbund mitnahm?

Dennoch sagte ich mir, dass ich es zumindest versuchen müsste. Ich streckte eine Hand nach einem Schlüsselbund aus ... und hörte im selben Augenblick hinter mir eine Stimme:

»Bist du Julie Dart?«

Ich erstarrte, als hätte ich eine wütende Mokassinschlange vor mir.

»He, du bist gemeint. Heißt du Julie Dart?«

Ich drehte mich um. Es war eine Wärterin. Sie sah tatsächlich so wütend wie eine Mokassinschlange aus. Mit Sicherheit hatte sie mich auf die Schlüssel zugehen sehen. Ich war geliefert.

»Ja«, sagte ich mit erstickter Stimme. »Julie ... das bin ich.«

»Komm mit.«

Ich beeilte mich, das Wischtuch in den Eimer zu werfen, doch die Wärterin sagte: »Das bleibt hier.«

Ich folgte ihr. Die Eisenkugel, die ich jetzt mit beiden Händen trug, kam mir schwerer als vorhin vor. Ich hatte es versucht und war gescheitert. Ich würde niemals aus St. Mary entkommen.

Ich folgte der Wärterin in den zweiten Stock und in einen dunklen Raum. Die Frau legte einen Schalter an der Wand um und an der Decke begann eine Reihe kleiner Sonnen zu leuchten.

Hier war der Fußboden grau gefliest. In den Boden waren in regelmäßigen Abständen Abflüsse eingesetzt, entlang der Wand verlief eine Reihe seltsam geformter Haken. Wozu mochten sie dienen?

»Hast du noch nie eine Dusche gesehen?«, fragte die Wärterin barsch.

Verängstigt schüttelte ich den Kopf.

»Sie ist dazu da, sich zu waschen«, erklärte sie. »Die Dinger da unten an der Wand sind die Wasserhähne. Wenn du daran drehst, kommt oben Wasser raus und du kannst dich waschen.«

Sie zeigte auf ein Metallregal an der gegenüberliegenden Wand.

»Dort findest du Seife und Handtücher. Los, beeil dich.«

Es war, als spräche sie in einer unbekannten Sprache zu mir. Ich war immer noch wie eingefroren und konnte mich nicht bewegen. Die Frau bückte sich, löste einen Schlüsselbund von ihrem Gürtel und schloss damit den Ring an meinem Fußgelenk auf.

Klirrend fiel er zu Boden.

»Worauf wartest du noch? Ich habe nicht den ganzen Abend Zeit!«

Sie wartete darauf, dass ich mich vor ihr auszog. Ich zögerte immer noch. Ich war von meiner Angst wie gelähmt, panisch wie ein Tier in der Falle. Ich versuchte, tief durchzuatmen und stark zu sein. Ich sollte mich ja nur waschen.

Mit unsicheren Schritten ging ich zu dem Regal und holte mir ein Handtuch und ein Stück Seife. Beim Ausziehen des Kleides drehte ich der Frau den Rücken zu, damit sie den Beutel mit der Uhr nicht sah, den ich um den Hals trug. Mit einer schnellen Bewegung nahm ich den Beutel ab und versteckte ihn unter dem Handtuch.

Ich drehte den Wasserhahn auf und ein eisiger Guss ging auf mich nieder. Die schweren Tropfen durchnässten mein Haar und einen Augenblick lang genoss ich einfach nur den künstlichen Regen, der an Brust und Rücken hinunter bis zu meinen Füßen floss.

Ich hörte die Wärterin ungeduldig hüsteln und beeilte mich, mich einzuseifen. Dann wusch ich den Seifenschaum ab und wickelte mich in das große Handtuch.

»Los, zieh dich jetzt an«, befahl die Wärterin.

Sie zeigte auf einen Stapel Kleider, die zusammengefaltet neben den Handtüchern im Regal lagen: eine cremefarbene Bluse, einen schwarzen Rock, Strümpfe und fast neue Lederschuhe.

Es war mir alles ein bisschen zu groß, aber es war allemal besser als die Gefängnisuniform.

»Komm!«, sagte die Wärterin.

Und in diesem Augenblick begriff ich. Byrne war gekommen, um mich zu holen! Natürlich, so musste es sein!

Ich folgte der Wärterin beinahe hüpfend, so glücklich war ich, nicht mehr den Eisenring tragen zu müssen. Sie führte mich hinunter ins Erdgeschoss, zu einer Tür mit dem Schild *Direktion*.

»Julie Dart ist hier«, sagte die Wärterin, nachdem sie die Tür einen Spalt weit geöffnet und den Kopf hineingesteckt hatte.

»Schick sie rein«, ertönte eine Stimme von innen.

Drinnen wurde ich von zwei Personen erwartet. Die eine musste die Direktorin von St. Mary sein. Sie saß hinter einem Schreibtisch und hatte ein schmales Gesicht mit langer, spitzer Nase, das mich sofort an das eines Raben denken ließ. Ihr gegenüber stand ein älterer Herr im eleganten Anzug und mit einem Spazierstock unter dem Arm. In einer Hand hielt er einen modischen Herrenhut, eine Melone.

»Liebe Julie«, sagte die Frau. »Entschuldige, dass ich dich so spät am Abend noch holen ließ. Warst du in der Bibliothek, um zu lernen?«

»Eigentlich war ich gerade dabei, den ...«

»... den Pullover fertig zu stricken, an dem du arbeitest?«, unterbrach mich die Frau. »Ja, ja. Immer fleißig, unsere liebe Julie.«

Mit einem gekünstelten Lächeln wandte sie sich an den Mann. »Hier in St. Mary halten wir die jungen Mädchen dazu an, ihre Zeit produktiv zu nutzen. Gerade das Stricken, Häkeln und Sticken erscheinen uns dafür besonders geeignet. Nicht wahr, liebe Julie?«

Ich wusste nicht, was ich antworten sollte. Worüber redete diese Frau? Ihre Worte ergaben für mich keinen Sinn.

»Selbstverständlich«, meinte nun der Mann. »Sticken. Ich nehme an, dass das Mädchen deshalb so viele Verletzungen an den Händen hat?«

»Na ja, es kann immer passieren, dass man sich beim Sticken aus Versehen mal mit der Nadel sticht«, erwiderte die Frau.

»Und diese seltsame ringförmige Wunde am rechten Knöchel? Man könnte fast meinen, das Mädchen sei angekettet worden.«

»Angekettet? Wie kommen Sie bloß darauf? In dieser Schule ist das keinesfalls üblich. Das Mädchen wird beim Seilspringen hingefallen sein. Nicht wahr, Julie?«

Sie sah mich an und mir war, als würde ihr Blick ein Loch in meine Stirn brennen. Gleichzeitig begriff ich, dass sie sich mit aller Kraft bemühte, vor diesem Mann den Schein zu wahren.

»Ja«, antwortete ich. »Ich habe mir wehgetan mit ... mit einem Seil. Es hatte ... hatte sich um meinen Knöchel gewickelt. Und es hat ein bisschen geblutet.«

Die Direktorin wurde ganz rot im Gesicht, doch der Mann sagte nichts. Stattdessen setzte er sich seinen Hut auf und schwenkte seinen Spazierstock.

»Ich nehme das Mädchen mit«, sagte er zu der Direktorin. »Aber wir zwei werden uns bald wiedersehen. Ich habe den Eindruck, dass diese Anstalt dringend inspiziert werden müsste, und ich werde dafür sorgen, dass das in Bälde geschieht.«

»Eine Inspektion? Aber ...«

»Ich hoffe, dass dabei nicht etwa herauskommt, dass die jungen Mädchen unangemessenen Tätigkeiten nachgehen müssen. Das könnte für diese Anstalt böse Folgen haben.«

Er drehte sich schnell um. Nun sah er zum ersten Mal mich an und auf seinem Gesicht erschien ein Lächeln.

»Miss Julie«, sagte er, »kommen Sie jetzt bitte mit mir mit.«

Ich nickte. Noch nie, in meinem ganzen Leben nicht, hatte mich jemand »Miss Julie« genannt.

SONNTAG 12. JANUAR 1902

CHICAGO DAILY TRIBUNE

EIN HALBES VERSANDHAUS

Zwei Jahre nach dem Ableben von Miss Dawn und dem Verschwinden ihrer Inhaberpapiere leitet Mr Walker das Versandhaus allein. »Die Geschäfte weiterzuführen ist anstrengend, aber meine liebevollen Erinnerungen an Miss Dawn helfen m[ir] Tag für Tag durchzuh[al]ten ...«

Ein halbes Versandhaus

Ich wusste nicht, wer der Mann mit dem Hut war. Ich fragte ihn, während wir durch den Garten von St. Mary zum Tor gingen und ich Mühe hatte, mit ihm Schritt zu halten, doch er starrte nur geradeaus und weigerte sich, mir zu antworten.

Er ging mit schnellen, steifen Schritten, wie eine aufgezogene Puppe.

Draußen vor dem Tor wartete ein Automobil auf uns, eines dieser modernen Vehikel, für das sich Eddie und Te Trois so begeisterten. Es war weiß und hatte kein Dach. Die Sitze waren mit rotem Leder bezogen, die Scheinwerfer verchromt. Hinter dem Lenkrad saß ein Chauffeur mit Schirmmütze und Schutzbrille.

Als er uns auf das Auto zukommen sah, sprang der Chauffeur aus dem Automobil und öffnete die Passagiertür. Er streckte mir sogar eine Hand entgegen, um mir beim Einsteigen zu helfen.

Mit höllischem Lärm sprang der Motor an und pfeilschnell fuhr das Automobil davon. Der Fahrtwind rauschte mir so laut um die Ohren, dass er jedes andere Geräusch übertönte. Dem Hut meines Begleiters konnte er aber nichts anhaben, der blieb wie angeklebt auf dessen Kopf sitzen.

Ich betrachtete das strenge Gesicht und fragte mich, wer dieser Mann sein mochte. Mit Sicherheit war er kein Polizist, aber er schien eine wichtige Persönlichkeit zu sein.

Das Automobil blieb vor einem riesigen Haus stehen, das vorn unglaublich viele blank geputzte Fenster hatte. Das Haus war so prachtvoll, dass es mir vorkam, als sei es aus einem der Artikel von E. Cochrane herausgefallen und Wirklichkeit geworden. Über dem Eingang stand in riesigen goldenen Buchstaben *Tremont House*.

»Oh«, hauchte ich und wandte mich dem Herrn mit dem Hut zu. »Sind Sie dann Mr Tremont?«

Der Chauffeur bekam einen Lachanfall und ich schämte mich, weil ich ganz offensichtlich etwas sehr Dummes gesagt hatte.

Doch mein Begleiter sah mich nur ernst an und meinte: »Nein, Miss Julie, Tremont House ist der Name des Hotels. Sie werden die Nacht hier verbringen.«

Er machte sich über mich lustig! Anders konnte ich mir diese Antwort nicht erklären. Ich sollte in diesem luxuriösen Hotel übernachten? Das konnte nur ein Witz sein!

Dennoch begleitete mich der Herr mit dem Hut in das Hotel hinein. Im Inneren gab es unglaublich viele Teppiche, Messinggeländer und einen Fußboden, der so glatt und glänzend wie Eis war.

Mein Begleiter ging zur Theke, ließ sich einen Schlüssel geben und führte mich in das obere Stockwerk. Plötzlich bekam ich Angst, weil ich mich zusammen mit einem Unbekannten an einem unbekannten Ort befand. Dann aber dachte ich, dass es auf jeden Fall schon mal besser war, hier im Hotel zu sein, statt in der Anstalt.

Das Zimmer, zu dem mich der Unbekannte brachte, lag am Ende eines unglaublich langen, mit einem Teppichläufer ausgelegten Ganges und es war schöner als alles, was E. Cochrane jemals beschrieben hatte. Es wäre groß genug für 20 Leute gewesen und seine Wände waren mit Gemälden vollgehängt. In der Mitte stand ein riesiges Bett mit schneeweißen Laken. Außerdem gab es noch einen Schreibtisch, einen Stuhl, einen Schrank und eine Fenstertür, die auf eine große Terrasse hinausführte.

»Auf der anderen Seite ist das Badezimmer«, erklärte mir der Mann mit dem Hut und durch die halb geöffnete Tür sah ich mit dunklem Marmor vertäfelte Wände, Spiegel, weiche Handtücher und eine Badewanne, die so groß war wie ein mittlerer Teich. »Falls Sie ein Bad nehmen möchten, Miss Julie.«

»Vielleicht später«, erwiderte ich, obwohl ich es in Wirklichkeit kaum erwarten konnte, in diese traumhafte Wanne zu springen.

»Wie Sie wünschen«, sagte der Mann mit dem Hut. »Ich bedauere zutiefst, was Ihnen in St. Mary widerfahren ist. Der gnädige Herr war davon nicht in Kenntnis. Sonst hätte er wesentlich früher eingegriffen.«

»*Der gnädige Herr?*«

Ich konnte mir beim besten Willen nicht vorstellen, dass dieser elegante Mann einen anderen Mann als »gnädigen Herrn« bezeichnen könnte, so als wäre er nur dessen Diener. »Darf ich Sie fragen …«

»Morgen«, erwiderte er. »Morgen wird Zeit für alles sein. Jetzt aber sollten Sie sich lieber ausruhen. In dem Schrank finden Sie bei Bedarf neue Kleider. Auf dem Schreibtisch liegen einige Bücher, falls Sie zu lesen wünschen. Das Frühstück wird Ihnen Punkt acht Uhr gebracht und ich werde Sie gegen halb zehn abholen.«

»Entschuldigen Sie bitte«, unterbrach ich ihn. »Das heißt, eigentlich will ich sagen, dass ich immer noch nicht verstehe … Aber wie Sie schon sagten, morgen ist dafür Zeit genug. Aber … also … Ich will nicht undankbar erscheinen, aber ich habe Freunde, die vielleicht in Schwierigkeiten stecken. Da wäre mein Bruder Tit, den ich schon seit vielen Tagen nicht mehr gesehen habe, und dann noch Te Trois und Eddie und …«

»Ach ja!«, meinte der Mann mit dem Hut. »Das hätte ich beinahe vergessen. Wenn Sie Ihre Freunde wiedersehen wollen, so finden Sie sie in Zimmer 123.«

Mit einem Mal wurde mir schwindelig. Es war wie das eine Mal, als ich auf einen sehr hohen Baum geklettert war und hinuntergeschaut hatte: Erst war der Boden unten ganz weit weg, dann schien er auf mich zuzukommen und plötzlich entfernte er sich, um gleich wieder aufzusteigen, wie in einer riesigen Welle.

Ich rannte an dem Mann vorbei in den Gang zurück, den Blick auf die Zahlen an den Zimmertüren geheftet. 118, 119, 121 ...

Bei 123 angekommen riss ich die Tür auf und stürzte hinein.

Und blieb wie angewurzelt stehen.

Dieses Zimmer war noch größer als meines. Es hatte keine Terrasse, dafür aber ein Sofa und zwei riesige Betten. Eddie lag auf dem, das der Tür am nächsten war. Er war ordentlich gekämmt und wie ein kleiner Gentleman gekleidet und las in einem Buch.

Tit und Te Trois lagen auf dem Boden und spielten mit Zinnsoldaten und auch sie waren wie feine junge Herren angezogen. Tit trug zur Hose Hemd und Weste und lachte, während Te Trois für ihn Kriegsgeräusche machte wie »BUMM-BUMM«, »PENG-PENG« und »Attacke!«.

Sie sahen alle drei so glücklich aus und einen Augenblick lang befürchtete ich, sie hätten mich vergessen.

Doch das stimmte nicht, denn nun ließ Eddie sein Buch fallen und schrie: »Julie!«

Alle drei stürmten auf mich zu. Tit vergrub sein Gesicht in meinem Rock und ich hörte ihn schluchzen. Te Trois und Eddie umarmten mich gleichzeitig und erdrückten mich dabei beinahe. Ich schloss die Augen und spürte Lippen, die meine Lippen berührten. Ein Kuss. Jemand küsste mich.

Ich schlug die Augen auf, aber da war es schon vorbei und beide Jungen waren knallrot im Gesicht und sahen mich verlegen an.

»Hähem!«, machte ich, was albern war, aber mir fiel gerade nichts Besseres ein.

Nun umklammerte Tit mich und gab mir auch einen Kuss und das löste die Spannung. Te Trois und Eddie umarmten mich nochmals und dann nahmen wir uns an den Händen und tanzten und hüpften wie verrückt im Kreis herum und als wir beim Drehen zu schnell wurden, fielen wir hin und wälzten uns lachend am Boden.

Sobald sie wieder sprechen konnten, ohne Lachanfälle zu bekommen, bombardierten mich Eddie und Te Trois mit Fragen.

»Wie geht es dir?«

»Was hast du erlebt?«

»Wohin hatten sie dich gebracht?«

Doch ich konnte nicht antworten, weil ich immer nur an den heimlichen Kuss denken musste und etwas in mir wie Feuer brannte.

»Beruhigt euch erst einmal«, sagte ich, doch meine Stimme klang gepresst. »Jetzt bin ich ja wieder bei euch.«

Nun begannen sie gleichzeitig, mir zu berichten, was mit ihnen geschehen war, und schließlich gewann wie immer Te Trois die Oberhand und erzählte ihre ganze Geschichte.

Nachdem man sie aus dem Union Stockyard geschleppt hatte, waren sie in einer vergitterten Polizeikutsche in ein Waisenhaus gebracht worden.

»Das war ein furchtbarer Ort, Julie. Wir durften den ganzen Tag lang nichts tun, immer war da jemand, der auf uns aufpasste, und wir bekamen das ekelhafteste Essen ...«

Noch am selben Nachmittag hatte Detective Byrne sie verhört und war am folgenden Tag wiedergekommen und auch an allen weiteren Tagen.

»Einmal hat er mich sogar geohrfeigt«, berichtete Eddie.

Byrne hatte herausfinden wollen, was die Jungen über Mr Bolton und den an ihn adressierten Brief wussten. Als er aus ihnen nichts herausbringen konnte, drohte er, sie zu trennen: Tit würde im Waisenhaus bleiben, während Te Trois und Eddie in ein richtiges Gefängnis kämen.

»Und deshalb mussten wir ihm die Wahrheit sagen, Julie.«

Sie erzählten ihm, dass sie einen wertvollen Gegenstand gefunden hatten, den sie den Leuten vom Versandhaus Walker & Dawn zurückgeben wollten. Daraufhin hatte sich Byrne plötzlich komplett verändert, war freundlich und mitfühlend geworden und hatte gebeten, den Gegenstand sehen zu dürfen.

»Aber den hatten wir ja nicht«, meinte Te Trois grinsend. »Und deshalb haben wir ihm gesagt, er müsse uns zusammenbringen.«

Dieses Geständnis hatten sie erst am Morgen des heutigen Tages abgelegt. Am Nachmittag war dann der Mann mit dem Hut zu ihnen gekommen. Er stellte sich als Mr Raphael vor, entschuldigte sich für Mr Boltons Benehmen und hatte sie in dieses Hotel gebracht.

»Und jetzt bist du auch hier!«, schloss Te Trois zufrieden seinen Bericht.

Ich war von diesem unerwarteten Verlauf, den unser Abenteuer genommen hatte, noch ganz verwirrt.

»Habt ihr denn alles ausgeplaudert?«, wollte ich wissen.

Eddie wurde wieder rot. »Nö, nicht wirklich alles. Wir haben Byrne nur gesagt, dass wir einen wichtigen Gegenstand gefunden haben und ihn zurückgeben wollen, aber kein Wort von der Uhr …«

»Aber im Brief steht sie doch drin!«, bemerkte ich.

»Ja, schon, aber das haben wir Byrne nicht erzählt. Und Mr Raphael hat sich gefreut, als wir ihm sagten, wir hätten die ganze Zeit über gut auf die Uhr aufgepasst ...«

Ich traute meinen Ohren nicht. »Ihr habt unsere Geschichte auch Mr Raphael erzählt?«

Te Trois senkte den Kopf. »Aber du hast doch gesehen, wie nett er ist. Ich finde, dass es eine gute Idee war, ihm alles zu erzählen. Außerdem hätte Byrne uns sonst getrennt. Und im Waisenhaus war es wirklich wie im Gefängnis. Und es war toll, dass Mr Raphael sofort gekommen ist und uns da rausgeholt hat.«

»Wie war es bei dir?«, fragte jetzt Eddie.

»Ich wette, sie haben dich in eine Schule für feine junge Damen gesteckt und du musstest dort den ganzen Tag lang beten«, kicherte Te Trois.

Ich sah ihn an. Er war, wie er immer war. Er war mit sich zufrieden, er steckte voller Energie und es ging ihm gut. Es ging ihnen allen dreien gut, keiner von ihnen war verprügelt worden, man hatte sie nicht angekettet oder ihnen anderes Böses angetan.

Wir waren wieder zusammen und wenn ich darüber nachdachte, fiel mir kein Grund ein, warum ich ihnen erzählen sollte, was für eine schlimme Zeit hinter mir lag. Wozu wäre es gut gewesen? Es war besser, wieder die Julie von früher zu werden, Julie mit dem Panzer. Ich wollte St. Mary schleunigst vergessen und mich stattdessen freuen, wieder bei meinen Freunden zu sein.

Also log ich: »Ja, es war mehr oder weniger so, wie du gesagt hast, Te Trois. Ich musste den ganzen Tag lang nähen und beten.«

»Ich habe es gewusst! Ihr Mädchen habt es einfach immer leichter!«

Ich lächelte. Ja, er hatte recht. Im Grunde war es leicht gewesen – auch deshalb, weil ich wusste, dass ich härter war als ein Junge. Meine schlimmen Erinnerungen würde ich in jenem dunklen Zimmer einsperren, zu dem niemand Zugang hatte.

In dieser Nacht ging ich nicht schlafen. Stattdessen blieb ich bei Te Trois, Eddie und Tit und wir redeten stundenlang, bis ich auf einem der wolkenweichen Betten einschlief. Als ich aufwachte, war es schon Morgen.

Die Sonne schien durch die Fenster herein, weil wir die Vorhänge nicht zugezogen hatten. Tit schlief an meinen Arm geklammert wie ein Äffchen an eine Liane. Er duftete nach feiner Seife und einen Augenblick lang glaubte ich noch zu träumen. Ja, natürlich musste das ein Traum sein, denn es war doch nicht möglich, dass ich in einer derart sauberen und schönen Umgebung aufwachte wie eine Prinzessin! Es war doch nicht möglich, dass ich aufwachte und glücklich war!

Plötzlich fiel mir Rebecca ein. Ich war aus der Anstalt verschwunden, ohne mich von ihr zu verabschieden oder ihr zu sagen, wohin ich ging, und um ehrlich zu sein hatte ich den ganzen Abend auch nicht mehr an sie gedacht. Ich war ja eine schöne Freundin! Aber was hätte ich anderes tun können? Nein, das stimmte nicht, ich hätte etwas tun können. Zum Beispiel hätte ich Mr Raphael von ihr erzählen können. Aber vielleicht war es dafür noch nicht zu spät.

»Guten Morgen, Julie«, sagte Eddie, der nun aus dem Badezimmer kam. »Hast du gut geschlafen?«

Er hatte sich die noch nassen Haare aus dem Gesicht gekämmt und war bestens gelaunt. Ich fragte mich, ob er mich am gestrigen Abend geküsst hatte.

Die Standuhr an der Wand zeigte halb acht an. Bald würde das Frühstück kommen.

Ich kehrte in mein Zimmer zurück, um ein Bad zu nehmen. Als die Wanne vollgelaufen war, schüttete ich feine farbige Kristalle hinein, die wie Feenstaub aussahen, und ließ mich im Wasser so richtig aufweichen.

Nach dem Abtrocknen beschloss ich, dass ich die Sachen aus St. Mary nie wieder anziehen wollte. Also sah ich nach, was im Schrank auf mich wartete.

Es war das reinste Kleiderparadies! Ein Stück war schöner als das andere und alle passten mir wie angegossen!

Mir fielen E. Cochranes Artikel wieder ein, seine Beschreibungen der neuesten Moden und ich beschloss, mich nach ihnen zu richten. Ich sah mir alle Sachen genau an, roch ihren sauberen Duft und berührte die wertvollen Stoffe.

Vor einem hohen Spiegel probierte ich die schönsten Kleider an. Schließlich entschied ich mich für ein pfirsichfarbenes Kleid, das mir gerade bis unters Knie reichte und die Schultern frei ließ. Dazu wählte ich einen Gürtel aus schwarzem Satin und rote Schuhe mit Absätzen, die mich ein bisschen an das Paar erinnerten, das Eddie mir geschenkt hatte.

In eine Lederhandtasche, die ich ebenfalls im Schrank gefunden hatte, legte ich die Taschenuhr. Dann setzte ich mir noch ein elegantes Hütchen mit Schleier auf und war fertig.

Es klopfte an der Tür und der Kellner kam herein. Er warf mir einen dieser Blicke zu, die junge Männer hübschen Mädchen zuwerfen, und lächelte mich an.

»Guten Morgen, Miss. Wo soll ich das Frühstückstablett hinstellen?«

Ich zeigte auf den Schreibtisch und erwiderte sein Lächeln. Auch er hatte mich »Miss« genannt, genau wie Mr Raphael, und dieses Mal kam mir diese Anrede angemessen vor.

Ich aß allein und in aller Ruhe. Danach ging ich wieder zu meinen Freunden. Te Trois öffnete mir die Tür und fiel mir vor Schreck beinahe entgegen.

»Joju!«, rief er. »Aber ... aber wie siehst du aus! Wie hast du das gemacht?«

»Ich glaube, Miss Julie hat sich einfach nur so zurechtgemacht, wie es bei jungen Damen üblich ist«, bemerkte Mr Raphael, der kerzengerade auf einem Sessel saß.

Er stand auf und setzte sich seinen Hut auf. »Jetzt, wo wir alle fertig sind, sollten wir gehen. Der gnädige Herr erwartet uns schon.«

REPUBLIC.
—CLOSES DEC. 1.
MAY 9, 1904.

E DARSLEY!

ROBERT FRANCIS DARSLEY

MONTAG 9. MAI 1904

6 CHICAGO DAILY TRIBUNE

DER ERMORDETE MÖRDER

Ein großes Polizeiaufgebot war Darsley auf den Fersen. Aber selbst die hartgesottensten Beamten hatten nicht erwartet, den entflohenen Sträfling tot aufzufinden. Der frühere berühmte Privatdetektiv und verurteilte Mörder wurde nur wenige Stunden nach seiner Flucht in einer Nebenstraße ganz in der Nähe des Wohnhauses seines Opfers entdeckt (die ermordete Miss Dawn, Mitgründerin Versandhauses Walker & Dawn). Darsley war durch drei Schüsse in die B getötet worden.

Der ermordete Mörder

Vor dem Hotel Tremont House wartete das weiße Automobil, mit dem ich am Vortag abgeholt worden war. Als der Chauffeur mich sah, tippte er an seine Mütze. Erst auf den zweiten Blick erkannte er mich wieder und hüstelte verlegen. Mir fiel wieder ein, wie der Chauffeur mich gestern ausgelacht hatte, weil ich gedacht hatte, Mr Raphael heiße »Mr Tremont«, und ich streckte ihm die Zunge heraus, wie es sich für eine wohlerzogene junge Dame gehört.

»Mr Raphael«, sagte ich, als ich auf der Rückbank Platz nahm, »Sie haben uns immer noch nicht verraten, wer Sie sind und wo wir hinfahren. Wir sind Ihnen alle sehr dankbar dafür, dass sie uns aus dem Gefängnis geholt haben … äh, ich meine, aus der Schule …. Aber finden Sie nicht, dass es an der Zeit ist, uns zu erklären, was mit uns geschieht?«

Mr Raphael überlegte eine Weile, bevor er mir antwortete. »Noch etwas Geduld, Miss Julie. Es wäre nicht angemessen, mitten auf der Straße darüber zu reden, finden Sie nicht auch?«

Das Automobil fuhr an und erreichte bald eine hohe Geschwindigkeit. Eddie und Te Trois lehnten sich hinaus und machten einander laut auf die elektrischen Straßenbahnen, die Kutschen und die vielen anderen Wunder der Großstadt aufmerksam. Ich dagegen bemühte mich, mich von dem, was draußen an uns vorbeizog, nicht ablenken zu lassen, sondern nachzudenken. Mr Raphael betrachtete mich prüfend und ich hatte keine Ahnung, warum er mich so ansah.

Nun fuhren wir an einem Fluss entlang und kamen an einem sehr langen niedrigen Gebäude vorbei. Es war das Chicago Union Depot, der Hauptbahnhof von Chicago. Etwas weiter vorn erstreckte sich eine hohe Mauer, die durch einen von Säulen gesäumten Bogen unterbrochen wurde. Es sah aus wie der Eingang zu einem Tempel.

Ganz oben auf dem Bogen hing ein Schild mit dem Logo des Versandhauses: die Weltkugel mit dem Zug. Weiter vorne an der Mauer hing ein Schild mit der Aufschrift *Versandhaus Walker & Dawn*. Dann kam ein Schild mit dem Werbeslogan: *Die niedrigsten Preise! – Geben Sie Ihr Geld klug aus! – Bei Nichtgefallen Geld zurück!*

Das Automobil blieb vor einer weiteren Lücke in der Mauer stehen, die durch eine Schranke versperrt war.

Eddie und Te Trois staunten lautstark.

»Ooooh!«

»Wow!«

»Das ist doch gar nicht möglich!«

Ich dagegen ärgerte mich über meine Dummheit, denn im Nachhinein erschien es mir selbstverständlich, dass Mr Raphael mit dem Versandhaus zu tun hatte. Weshalb hätte er sich sonst für uns interessieren sollen? Warum sonst hätte er uns in einem Luxushotel untergebracht und uns die feinen Kleider geschenkt?

Der Chauffeur gab ein Zeichen, die Schranke zu öffnen.

Doch plötzlich rief eine schrille Stimme: »Mr Raphael, Mr Raphael, einen Moment bitte!«

Es war eine rundliche Frau mit Hängebacken in einem schwarzen Kleid mit weiten Puffärmeln und sie lief so schnell auf unser Automobil zu, dass ihr dabei beinahe das Hütchen vom Kopf rutschte.

»Mr Raphael, nur eine Frage bitte!«

»Bedauere, Miss«, entgegnete unser Begleiter. »Ich habe bereits gesagt, dass ich Ihre Fragen nicht beantworten darf.«

»Aber es ist wichtig!«, protestierte die Frau. »Und es dauert schließlich nur ein paar Sekunden.«

Sie blieb neben dem Automobil stehen, stützte sich mit einer Hand auf der Beifahrertür ab und zog aus ihrem Ausschnitt einen kleinen Notizblock und einen Bleistift hervor. Sie war so rot und verschwitzt im Gesicht und derartig außer Atem, dass ich grinsen musste.

Erst in diesem Augenblick bemerkte sie, dass außer Mr Raphael und dem Chauffeur auch wir im Automobil saßen.

»Wer sind denn diese Kinder? Darf ich Sie fragen, warum Sie sie zu den Lagerhäusern bringen? Ist das eine Führung? Dürfte auch ich daran teilnehmen?«

»Es tut mir leid, Miss, aber *Journalisten* sind dazu nicht zugelassen.«

»Aber ich …«

Mr Raphael machte eine Handbewegung, um dem Chauffeur zu bedeuten, er solle weiterfahren.

»Lassen Sie sich doch wenigstens meine Visitenkarte geben«, sagte die Frau und reichte unserem Begleiter eine eierschalenfarbene Karte. »Sie können an die Adresse der Redaktion schreiben oder mich anrufen oder mir auch … vielleicht … ein Telegramm schicken!«

Abrupt fuhr das Automobil an und die Dame fiel beinahe um. Die Visitenkarte flatterte wie ein Schmetterling durch die Luft.

»Ich wusste gar nicht, dass es auch weibliche Journalisten gibt«, wunderte sich Eddie.

»Doch, in Chicago gibt es sie«, sagte Mr Raphael. »Und leider sind sie ganz besonders lästig. Entschuldigt bitte diese Unannehmlichkeit.«

Das Automobil fuhr unter der hochgestellten Schranke hindurch. Eddie, Te Trois und Tit schauten sich erstaunt um, während ich mich nach der Journalistin umdrehte. Sie stritt sich mit dem Wächter, weil sie offenbar ebenfalls das Firmengelände betreten wollte.

In diesem Moment begriff ich, dass wir es geschafft hatten. Wir waren drin. Auf dem Firmengelände des Versandhauses Walker & Dawn. Wir hatten den Ort erreicht, den wir bisher nur im Traum betreten hatten.

In Schrittgeschwindigkeit fuhr das Auto eine gepflasterte Straße entlang, die zu beiden Seiten von Lagerhäusern mit Tonnendächern gesäumt wurde. Im Hintergrund sah ich einen Holzzaun und das graue Wasser des Flusses. Überall liefen Männer in grauen Overalls herum und zogen Handwagen voller Kartons hinter sich her.

Zwischen den Lagerhäusern verliefen kreuz und quer schmale Bahngleise, auf denen kleine rote und blaue Loks Waggons voller Päckchen zogen.

»Wenn ich reich wäre«, murmelte Te Trois, »würde ich genau an einem Ort wie diesem leben wollen ...«

Mr Raphael lachte kurz auf. »Davon träumen viele, Mr Peter. Das Firmengelände von Walker & Dawn erstreckt sich auf einer Fläche von über 12 Hektar. Hier werden täglich, auch an Weihnachten, Tausende von Paketen empfangen und verschickt.«

»Und die bunten Loks? Wozu sind die da?«, fragte Eddie.

»Ihr wisst, nehme ich an, dass Mr Walker seine Karriere als Postbote begann und aufgrund seiner Arbeit ständig auf Reisen war. Niemand versteht besser als er, wie wichtig die schnelle und effiziente Beförderung von Waren ist. Deshalb ließ er die Lagerhallen des Versandhauses in der Nähe des Bahnhofs errichten. Die Gleisanlage auf dem Firmengelände und die kleinen Loks sind dagegen eine Idee von Miss Dawn. Sie entwickelte die Loks und weihte die Miniaturbahn vor ungefähr zehn Jahren ein.«

Während er mit uns sprach, schaute Mr Raphael schräg nach unten, als wolle er vermeiden, dabei die lustigen bunten Miniaturloks anzusehen.

Er seufzte kurz, bevor er sich zum Chauffeur hinüberbeugte und sagte: »Sie können jetzt anhalten, danke. Von hier aus gehen wir zu Fuß weiter.«

Wir stiegen aus.

Tit nahm meine Hand und daran, wie er seine Fingernägel in meine Handflächen drückte, merkte ich, wie aufgeregt er war. Ich war es auch, obwohl ich wie immer versuchte, es nicht zu zeigen. Ich bemühte mich zu lächeln und drückte Tits Hand kurz ganz fest, um ihm zu sagen, dass alles gut gehen würde. Zumindest hoffte ich das.

»Hier entlang«, sagte Mr Raphael.

Er führte uns in eine der größten Lagerhallen. Selbst hier fuhren die kleinen Züge herum.

»Wow!«, staunte Eddie.

»Wahnsinn!«, rief Te Trois.

Es war tatsächlich Wahnsinn! Die Halle war höher als eine Kathedrale und durch ihr Dach aus Glasplatten und Stahlrahmen drang Sonnenlicht ins Innere. Überall dort, wo keine Schienen waren, standen in dichten Reihen Regale, die bis ganz oben reichten. Männer in blauen Overalls kletterten auf langen Leitern an den Regalen hinauf.

Andere Männer beluden die kleinen Züge mit Paketen. In der Mitte der Halle war ein breiter Gang frei gelassen worden. Hier stand ein großer Schreibtisch, an dem ein Mann in Anzug und Krawatte saß. Ab und zu griff er zu einem langen Blechtrichter und rief Anweisungen hinein, die dann laut in der Halle widerhallten.

Mr Raphael stellte sich vor uns hin und hielt uns mit lauter Stimme einen Vortrag: »Das Versandhaus Walker & Dawn bietet seinen Kunden eine Auswahl von über 75 000 Artikeln unterschiedlichster Art an, angefangen von Kleidung über Fahrzeuge bis hin zu landwirtschaftlichen Geräten. Wir kaufen die Produkte bei über 9 000 der besten Hersteller in den USA ein und lagern sie in Hallen wie dieser.« Mit einer Hand wies er auf die hohe Decke und sah so zufrieden aus, als gehöre das Ganze ihm.

»Aber wie finden Sie in diesen großen Hallen das, was Sie gerade brauchen?«, erkundigte sich Eddie.

»Eine ausgezeichnete Frage, Mister Edward.« Mr Raphael ging zu dem Mann am Schreibtisch. »Mister Reginald, helfen Sie mir, unseren Gästen unser System vorzuführen?«

»Selbstverständlich, Sir«, erwiderte Mr Reginald.

Nun wandte sich Mr Raphael wieder Te Trois zu. »Was hättest du denn gern? Wünsch dir einfach etwas!«

Te Trois schloss die Augen und lächelte wie jemand, der sich auf eine Überraschung freut.

»Ich wünsche mir ... ich hätte gern ein Fahrrad! Am liebsten eines, das ganz schwarz ist, mit weißen Reifen.«

»Sofort!«, sagte Mr Reginald. Er griff zu einem ziemlich mitgenommen aussehenden Exemplar des Versandhauskatalogs, das auf seinem Schreibtisch lag, schlug es beinahe auf Anhieb auf der richtigen Seite auf und sagte: »Hier ist es. Fahrrad, Modell Sultan, drei Gänge, teilweise verchromt. Preis 16 Dollar. Was meinst du, Junge, gefällt es dir?«

»Na, und wie!«, antwortete Te Trois aufgeregt.

Mr Reginald nickte. Er legte die Hände auf etwas, das wie ein Telegrafie-Apparat aussah, und tippte auf einem Hebel herum. Daraufhin stanzte der Apparat in einen Papierstreifen kleine Löcher ein.

»Das wär's«, sagte Mr Reginald. »Jetzt habe ich auf diesen Papierstreifen die Kennnummer des Artikels geschrieben.«

Er riss den gelochten Streifen ab, steckte ihn durch einen kleinen Schlitz in einen Kasten, drückte auf einen Knopf und drehte eine Kurbel.

Der Kasten begann, wie eine Uhr zu ticken, und auf kleinen auf dem Kasten angebrachten Messgeräten bewegten sich die Zeiger. Schließlich kam aus einem anderen Schlitz ein weiterer gelochter Papierstreifen heraus.

Mr Reginald betrachtete diesen Streifen konzentriert, nahm dann den Blechtrichter in die Hand und rief »Mr Buck!« hinein.

Ein Mann in blauem Overall kam auf uns zugelaufen.

Mr Reginald übergab ihm den Papierstreifen. »Zu liefernder Artikel: Gang 21, Regal 18, Sektor 3, Etage 4, Platz 16.«

»Ja, Sir«, gab Mr Buck zurück und lief los.

Wir hatten die ganze Zeit einfach nur verwundert zugesehen.

Lächelnd erklärte uns Mr Raphael nun: »Der erstaunliche Apparat, den ihr gerade im Einsatz gesehen habt, ist eine Tabelliermaschine. Sie wurde vor einigen Jahren von einem genialen Ingenieur namens Herman Hollerith erfunden und Miss Dawn hat dieses Exemplar hier an unsere Bedürfnisse angepasst.«

»Eine Tabelliermaschine?«, fragte Eddie. »Aber ... wie funktioniert sie denn?«

»Natürlich elektrisch«, erklärte Mr Reginald mit einem Anflug von Stolz. »Die Maschine liest Lochstreifen, die ich mit dem Lochkartenlocher angefertigt habe, vergleicht sie mit einem internen Archiv und stanzt anschließend einen weiteren Lochstreifen, der angibt, wo der betreffende Artikel zu finden ist. Das ist sehr praktisch, denn die Positionen der Artikel in unseren Lagerhallen ändern sich ständig. Die Maschine ist trotzdem immer auf dem neuesten Stand und liefert mir die aktuellsten Informationen ... So, und nun kommt nach kürzester Wartezeit genau das, was wir bestellt haben.«

Mr Buck kam bereits zurück – auf dem schönsten Fahrrad, das ich jemals gesehen habe. Er übergab es Te Trois, der sich, ohne eine Miene zu verziehen, sofort daraufsetzte und kreuz und quer durch die Lagerhalle radelte.

Eddie pfiff leise durch die Zähne. »Das ist ja unglaublich!«, staunte er.

»Das kannst du laut sagen, Junge«, erwiderte Mr Reginald. »Ein Wunder der Technik! Diese Maschine ermöglicht, dass ein einziger Mensch die Arbeit von hundert Archivaren erledigen kann.«

Eddie betrachtete den Apparat, als wolle er durch bloßes Sehen ergründen, wie er funktionierte. Dabei schnalzte er immer wieder leise mit der Zunge, bei ihm ein untrügliches Zeichen dafür, dass er sehr konzentriert nachdachte.

Ich dagegen interessierte mich weniger für die Technik als für die Menschen.

»Sie haben gesagt, Miss Dawn hätte dieses System entwickelt?«, fragte ich Mr Raphael. »Sie muss eine außergewöhnliche Frau gewesen sein.«

»Das ist noch untertrieben«, bestätigte er. »Sie ist wohl der intelligenteste Mensch, dem ich jemals begegnet bin. Ihr ist es zu verdanken, dass wir die erste Firma in Chicago sind, die elektrischen Strom nutzt. Nicht nur, um Räume zu beleuchten, sondern auch, um Maschinen anzutreiben. Miss Dawn entwickelte die Züge, die auf dem

Firmengelände Waren transportieren, und die Kräne, die diese Züge beladen. Sie hatte noch so viele Projekte in Arbeit …«

Er verstummte, als fürchtete er, zu viel gesagt zu haben. Dann schüttelte er den Kopf.

»Kommt jetzt mit«, sagte er. »Es wird Zeit, mit unserer Führung fortzufahren.«

Te Trois ließ sich nicht überreden, das Fahrrad zurückzulassen, willigte jedoch ein, es zu schieben, anstatt vor uns herzufahren.

Wir gingen wieder nach draußen und zwischen zwei Reihen von Lagerhallen entlang.

»Sie haben gesagt, dass in der Halle, in der wir eben waren, die Waren gelagert werden«, begann Eddie, der immer noch sehr nachdenklich schien. »Der Versand erfolgt von einer anderen Halle aus?«

»Ja«, antwortete Mr Raphael, »in den Hallen dort drüben, die in der Nähe der Gleise für die Güterzüge stehen. Die Artikel werden aus dem Lager geholt und in die Versandabteilung gebracht. Dort werden sie erfasst, verpackt und in Waggons geladen. Die gesamten USA sind in sechs Postzonen eingeteilt und für jede Zone gibt es ein Versandzentrum. Tag für Tag schicken wir von hier aus ganze Waggons voller Pakete und Päckchen in alle Teile des Landes.«

»Ähm … entschuldigen Sie, aber … Könnten wir vielleicht auch die Halle besichtigen, die für den Versand nach Louisiana zuständig ist?«

Jetzt begriff ich, was Eddie so beschäftigte. Er wollte wissen, wie es in der Abteilung aussah, die uns aus Versehen die kaputte Taschenuhr zugeschickt hatte.

»Ich fürchte, das wird nicht möglich sein«, entgegnete Mr Raphael. »Derzeit ist die Halle wegen … wegen Reparaturarbeiten geschlossen. Außerdem haben wir jetzt unser Ziel erreicht.«

Ich schaute in die Richtung, in die er zeigte. Am Flussufer stand ein kleines lackiertes Holzhaus. Es hatte drei Stockwerke, war aber zierlich und schmal, mit geblümten Gardinen an den Fenstern. Ich dachte sofort daran, wie gern ich in einem solchen Haus wohnen würde. Aber ich konnte nicht verstehen, warum es ausgerechnet hier auf das Firmengelände gebaut worden war.

»Das war das Haus von Miss Dawn«, erklärte Raphael. »Und jetzt wohnt Mr Walker darin. Kommt, er wartet schon auf uns.«

DIENSTAG, 16. JANUAR 1902   CHICAGO DAILY TRIBUNE

BAHNHOF MISS DAWN

Auch zwei Jahre nach dem Tod von Miss Dawn denkt Mr Walker ständig an die Frau, die er liebt. »Chicago lag ihr sehr am Herzen und mit einigen ihrer Erfindungen leistete sie der Stadt große Dienste. Deshalb setze ich mich dafür ein, dass der Bahnhof nach ihr benannt wird. Anstatt ›Chicago Union Depot‹ sollte er meiner Meinung nach in Zukunft ›Bahnhof Miss Dawn‹ heißen.« Leider will die Leitung der Union vorerst nicht auf seinen Vorschlag eingehen ...

Bahnhof Miss Dawn

Ja, tatsächlich. Wir, meine Freunde und ich, standen kurz davor, Mr Walker kennenzulernen, den Mann, der gemeinsam mit Miss Dawn das berühmte Versandhaus gegründet hatte.

Also war er es gewesen, der mich aus der Besserungsanstalt und die Jungen aus dem Waisenhaus hatte holen lassen, damit wir zu ihm nach Hause kommen und ihm etwas wiedergeben konnten, das ihm gehörte: die Uhr, die ich in meine Handtasche gesteckt hatte.

Ich bekam eine Gänsehaut, so wie wenn ich im Herbst in den Kanal sprang und das Wasser so kalt war, dass mir die Luft wegblieb.

Was würde in den nächsten Minuten und Stunden mit uns geschehen? Ich hatte keine Ahnung. Ich war noch nie zuvor gereist und deshalb konnte ich nicht wissen, was am Ende einer Reise passierte. Vielleicht nichts. Vielleicht ruhte man sich einfach nur aus.

Oder man begab sich sofort auf die nächste Reise.

Te Trois nahm meine Hand. Das hatte er noch nie getan. Mein Blick wanderte an den perfekten Linien seines Gesichts entlang, streifte die Lippen und begegnete seinem entschlossenen Blick. Er war es, der mich am vergangenen Abend geküsst hatte. Jetzt wusste ich es. Als er nach meiner Hand griff, spürte ich wieder dieses innere Feuer.

»Julie«, flüsterte er mir zu. »Wir haben es geschafft. Wir sind reich.«

»Glaubst du das wirklich?«, fragte ich leise. Doch eigentlich dachte ich dabei nur an jenen Kuss.

»Ja, ich bin mir ganz sicher«, antwortete Te Trois. »Unsere Uhr ist tatsächlich von unschätzbarem Wert. Sie ist so kostbar, dass uns Mr Walker persönlich empfängt. In dem Brief stand, dass die Belohnung 4000 Dollar beträgt, aber ich denke ...«

Er senkte die Stimme.

»... dass wir noch viel mehr für uns rausholen können.«

Sein Gesicht strahlte förmlich vor Vorfreude. »Kannst du dir das vorstellen? Wir können von nun an tun, was wir wollen. Wir könnten eine Weltreise machen und ein Haus hier in Chicago kaufen oder in den *Bayou* zurückkehren und wie feine Leute leben.«

»Ich will nicht zurück«, sagte ich entschlossen. »Alles andere, aber ich will nie wieder nach Hause zurück.«

»Das ist okay, dann machen wir eben etwas anderes. Aber es wird herrlich werden, glaube mir!«

Ich begriff, dass ich ihn falsch eingeschätzt hatte. Ich hatte gedacht, dass Te Trois uns wegen des Geldes überredet hatte, uns auf dieses verrückte Abenteuer einzulassen. In Wirklichkeit aber war er ein Abenteurer, ein Pirat, der sein Leben lang auf Schatzsuche geht. Und jetzt, in diesem Augenblick, verriet er mir seine Träume. Mir, nur mir allein.

»Was hältst du davon?«, fragte er und ich wusste, mit dieser einfachen Frage hingen viele andere Fragen zusammen.

Ich lächelte und suchte unter den vielen Antworten, die sich mir aufdrängten, nach der richtigen.

Ich hatte sie noch nicht gefunden, als Eddie plötzlich sagte: »Na, was ist? Kommt ihr endlich? Wir können Mr Walker doch nicht warten lassen!«

Mr Raphael holte aus der Westentasche einen kleinen Schlüssel hervor, steckte ihn in das Schloss der Haustür und drehte ihn dreimal um. Das Schloss knirschte wie die Mechanik einer Uhr. Die Tür sprang von allein auf und leise Spieluhrenmusik erklang.

»Hier entlang«, sagte Mr Raphael.

Wir gelangten in eine kleine viereckige Diele, in der eine steile Holztreppe nach oben führte. An einer Wand stand eine große Standuhr, an einer anderen war eine lange Reihe von Kuckucksuhren angebracht. Ich zuckte erschrocken zusammen, als ich plötzlich einer mechanischen Puppe gegenüberstand, die so groß wie Mr Raphael war. Sie trug auf dem Kopf einen Zylinder, in den eine weitere Uhr eingefügt war.

Mr Raphael zog die Jacke aus und übergab sie der Puppe, die sich steif verbeugte und dann in ihre ursprüngliche Position zurückschnellte.

»Wow!«, staunte Eddie.

»Ich nehme an, dass auch diese Puppe Miss Dawn gehörte«, vermutete ich.

»Genau«, bestätigte Mr Raphael. »Miss Dawns Vater war Uhrmacher und sie hat von ihm die Leidenschaft für die Mechanik geerbt. In diesem Haus ist ihre Sammlung untergebracht, die aus über 5000 Uhren aus aller Welt besteht. Miss Dawn zog sie regelmäßig persönlich auf und reparierte sie auch selbst.«

Mr Raphael brachte uns in einen kleinen Salon mit eigelbfarbenen Tapeten. Hier befanden sich Dutzende von Uhren: große Pendeluhren und Chronometer, die so winzig waren, dass man sie unter einer Lupe ausgestellt hatte. Es gab auch antike Sonnen- und Sanduhren, Taschenuhren und Wecker.

Ich bestaunte mechanisches Spielzeug, in das ebenso wie in die Puppe Uhren eingearbeitet waren. Außerdem gab es Uhren, die nicht die Zeit, sondern die Wanderungen der Sternbilder am Nachthimmel anzeigten. Bei einer ovalen Uhr zogen sich die Zeiger automatisch zusammen, wenn sie die schmalen Seiten des Zifferblatts erreichten. Ich sah Kerzenuhren, bei denen man die Uhrzeit daran ablesen konnte, wie weit die Kerze abgebrannt war.

Alles um mich herum war seltsam, unglaublich und wunderbar. Gleichzeitig fand ich das alles aber auch ein bisschen traurig: Die Mechanismen bewegten sich unermüdlich weiter und maßen das Verstreichen der Zeit, in Gedenken an eine ermordete Frau, für die die Zeit ihren Sinn verloren hatte.

Ich setzte mich auf ein kleines Sofa, um mich ein wenig auszuruhen, und hielt dabei die Handtasche in meinem Schoß mit einer Hand fest, während die anderen bewundernd von einer Uhr zur nächsten gingen. Am glücklichsten von allen schien Tit zu sein. Er sah sich mit weit aufgerissenen Augen um und seine Lippen formten unhörbare Ausrufe des Erstaunens.

Mit dem Finger zeigte er mal auf diese und mal auf jene Uhr. Ab und zu drehte er sich zu mir um und lächelte mich an. In Wahrheit wollte er sich wohl davon überzeugen, dass er das alles nicht träumte, dass diese unglaublichen Uhren Wirklichkeit waren. Im Grunde hatten er und Miss Dawn viel gemeinsam: Beide lebten in einer eigenen Welt, in einer Dimension, die andere kaum begreifen konnten.

Ich stand von dem Sofa auf und streckte mich wie eine Katze.

»Hört mal«, sagte ich. »Worauf warten wir eigentlich? Und wo ist Mr Raphael abgeblieben, er …«

»Guten Tag!«, sagte in diesem Moment eine tief dröhnende Stimme.

Ich drehte mich um und stand Mr Walker höchstpersönlich gegenüber.

Er sah ganz und gar wie auf den Zeitungsfotos aus: ein Gentleman mit magerem Gesicht, farblosen Brauen und dickem, hochgezwirbeltem Schnurrbart. Sein dunkelblauer Anzug ließ ihn noch größer und dünner erschienen, als er tatsächlich war. Ich musste an einen eisernen Pfeiler denken, der mit Seidentüchern verhüllt ist.

»Ich bin Andrew Walker. Willkommen in meinem Haus!«

Er streckte eine bleiche Hand mit ungewöhnlich langen Fingern aus und Te Trois war mit einem Satz bei ihm und schüttelte sie lächelnd.

»Hallo, Mr Walker, es ist mir eine Freude, Sie kennenzulernen. Ich bin Te Trois, also eigentlich heiße ich Peter Chevalier, der hier ist mein Freund Eddie die Grille, sie dort drüben ist Joju, der Kleine ist Petit, er ist Jojus Bruder, auch wenn er nicht so aussieht, und …«

Te Trois war so aufgeregt, dass er, obwohl er auf Englisch anfing, irgendwann auf Französisch weiterredete, so als ob wir wieder in Louisiana wären.

Doch Mr Walker ging darauf ein und antwortete ebenfalls auf Französisch: »Ich weiß, wie ihr heißt. Ich danke euch, dass ihr eine derart lange Reise unternommen habt, nur um mich besuchen zu kommen.«

»Es war uns ein Vergnügen«, erwiderte Te Trois. »Ein fantastisches Abenteuer, wenn ich das so sagen darf. Wenn man mal von Detective Byrne absieht, der uns in den Knast stecken wollte und es beinahe auch geschafft hätte.«

Mr Walker verzog sein blasses Gesicht. »Ich bedaure den Vorfall sehr. Sobald ich davon erfuhr, schickte ich Raphael, um euch abzuholen. Ich hoffe, der Detective hat euch nicht allzu viele Unannehmlichkeiten bereitet.«

Er sprach in abgehackten Sätze, so wie jemand, der etwas vorliest.

»Wenn ihr mir folgen würdet ... Ich glaube, Raphael hat den Tisch jetzt eingedeckt. Es ist schon fast Zeit für das Mittagessen.«

Wir folgen Mr Walker in die Diele zurück und dann die Treppe hinauf in einen Salon, in dem ein großer gedeckter Esstisch stand. Die blütenweiße Tischdecke reichte bis auf den Boden hinab, doch über der Tischplatte verschwand sie unter den Unmengen von aufgedecktem Geschirr und Besteck. An jedem Platz standen drei Gläser und zu beiden Seiten von jedem Gedeck zogen sich endlose Reihen von Messern, Gabeln und Löffeln.

In der Tischmitte thronte ein riesiges goldenes Ei in einem ebenfalls goldenen Eierbecher. Der obere Teil des Eis war aufgeklappt, sodass die darunter eingefügte, mit Diamanten verzierte Uhr zu sehen war.

Mr Walker nahm Platz und wies uns mit einer Handbewegung an, uns ebenfalls zu setzen, doch wir genierten uns ein bisschen. Einzige Ausnahme war Te Trois, der sich auf einen Stuhl fallen ließ, sofort nach dem Brotkorb griff und ein dunkles Brötchen herausnahm. Eddie zischte ihm zu, sich zu benehmen, doch Te Trois kickte ihn verstohlen gegen das Schienbein. Eddie traten Tränen in die Augen und er versuchte, Te Trois das Brötchen wieder abzunehmen. Unglaublich, selbst in einer Situation wie dieser konnten sich die beiden einfach nicht zusammenreißen.

»Nehmt ruhig, was ihr möchtet«, sagte Mr Walker und reichte den Brotkorb herum. »Ihr müsst hungrig sein.«

»Sie haben ein wunderschönes Haus, Sir«, sagte ich leise, weil ich immer noch verlegen war.

Ich hätte mich gern so verhalten, als ob mir die Welt der feinen Leute, die ich doch nur aus den Artikeln von E. Cochrane kannte, vertraut wäre. Gleichzeitig aber fühlte ich mich mehr als sonst wie ein Mädchen aus dem *Bayou*, das tagein, tagaus unfrisiert und barfuß herumläuft.

»Danke«, erwiderte Mr Walker, doch er wirkte so, als sei er viel zu tief in Gedanken versunken, um mich richtig wahrzunehmen. »Wie euch der gute Raphael vielleicht erzählt hat, bin ich erst vor einigen Jahren in dieses Haus gezogen. Früher gehörte es meiner Freundin Miss Dawn.«

»Ja, Sir«, sagte ich. »Das wissen wir. Äh, ich meine … wir wollten Ihnen unser Beileid ausdrücken wegen Ihres Verlusts.«

»Seit ihrem Tod sind vier Jahre vergangen, aber für mich ist es, als wäre sie gestern noch hier bei mir gewesen. Auch deshalb danke ich euch, dass ihr hierhergekommen seid, um mir einen Gegenstand zurückzugeben, der für mich einen ganz besonderen Wert hat.«

»Die Uhr, nicht wahr?«, schaltete sich Eddie ein und instinktiv umklammerte meine Hand die Handtasche.

Mr Walker war das nicht entgangen.

»Ja, richtig, die Uhr«, antwortete er Eddie. »Wie ihr schon gesehen habt, mangelt es in diesem Haus nicht an Uhren und es sind sehr kostbare darunter. Das Fabergé-Ei hier auf dem Tisch, zum Beispiel, war einst ein Geschenk für eine Zarin. Doch Miss Dawn ging es bei ihren Uhren nicht um deren finanziellen Wert. Der alte Eisenbahner-Chronograf war ein Erinnerungsstück. Als man ihre Leiche fand, lag diese Uhr zwischen ihren Händen.«

»Sie meinen, dass … als Mr Darsley sie ermordete …«

Inzwischen kannte ich ja die Geschichte und auch sehr gut. Aus den Zeitungen, die ich in St. Mary gelesen hatte, hatte ich alle Einzelheiten erfahren.

»Er wollte Miss Dawns Anteile an der Firma, also ihre Inhaberpapiere. Und deswegen brachte er sie um, doch er landete im Gefängnis. Später brach er aus, wurde aber nur wenige Stunden danach selbst erschossen …«

»Genau so war es«, bestätigte Mr Walker.

Er war noch bleicher als vorhin und ich überlegte, ob es falsch gewesen war, Darsley zu erwähnen. Vielleicht sprechen feine Leute beim Essen nicht von Mord.

Ich schwor mir, von nun an den Mund zu halten, aber jetzt griff Eddie das Thema auf.

»Da ist etwas, das ich nicht verstehe«, sagte er. »Wenn diese Uhr so wichtig ist, warum ist sie dann in Louisiana gelandet? Denn wir haben in einem Brief gelesen, dass die Uhr um jeden Preis hierher zurückgebracht werden sollte, und …«

»Auch daran war Darsley schuld«, unterbrach ihn Mr Walker. »An dem Abend, an dem dieser Wahnsinnige aus dem Gefängnis ausbrach, wagte er es, ausgerechnet hierherzukommen, in dieses Haus. Er brach durch ein Fenster im Erdgeschoss ein. Ich war aus geschäftlichen Gründen nicht in der Stadt und das könnte mir das Leben gerettet haben, denn ich glaube, dass Darsley vor allem vorhatte, mich zu ermorden. Er ging in mein Schlafzimmer, das früher Miss Dawns Schlafzimmer gewesen war, und fand die Taschenuhr auf dem Nachttisch. Er nahm sie an sich, obwohl er wusste, dass sie mir lieber als mein eigenes Leben war und dass ich alles tun würde, um sie zurückzubekommen.«

In seinen Augen blitzte etwas auf und mir wurde bewusst, dass dieser auf den ersten Blick harmlos wirkende Mann ein furchtbarer Gegner sein konnte, jemand, den man sich besser nicht zum Feind machte.

»Darsley nahm also die Uhr mit«, fuhr Mr Walker fort. »Doch er wusste nicht, dass die Fabrik Tag und Nacht bewacht wird. Die

Wächter bemerkten den Einbrecher und gaben Alarm. Es kam zu einer Verfolgungsjagd. Darsley versteckte sich in einer der Versandhallen. Die Wächter kreisten ihn ein, doch Darsley, der eine Pistole hatte, eröffnete das Feuer. Meinen Wächtern blieb keine andere Wahl, als zurückzuschießen. Darsley wurde getroffen und starb.«

Ich musste an die Zeitungen denken, die ich in St. Mary gelesen hatte. In einer davon hatte etwas von einem Einbruch bei Walker & Dawn gestanden, in einer anderen, Darsley sei tot »in der Nähe des Hauses von Miss Dawn« aufgefunden worden. In Wirklichkeit waren die beiden Nachrichten eine einzige, denn in beiden war es um Mr Darsley und die letzten Stunden seines Lebens gegangen.

»Wie schon gesagt war ich in jener Nacht gar nicht in der Stadt«, fuhr Mr Walker fort. »Als ich nach Hause kam, erzählte man mir alles. Ich bemerkte auch gleich, dass die Taschenuhr verschwunden war. Deshalb bat ich die Polizei und die Presse, die Angelegenheit mit höchster Diskretion zu behandeln, und wies all meine Angestellten an, nach der Uhr zu suchen. Da wir sie nirgends finden konnten und Darsley sie nicht bei sich hatte, begriff ich, dass er sie in ein für den Versand bestimmtes Paket gesteckt hatte. Doch leider waren alle in jener Nacht gepackten Pakete bereits in einen Zug geladen worden.«

»Aber klar!«, rief Ed. »Wir hatten aus dem Katalog eine Pistole bestellt. Darsley hat offenbar das für uns bestimmte Päckchen geöffnet. Darin war die Pistole, mit der er dann schoss. Die Taschenuhr versteckte er in dem Päckchen, das uns später geschickt wurde.«

»Ich glaube ebenfalls, dass es sich so abgespielt hat«, bestätigte Mr Walker. »Leider war es für uns unmöglich, den Empfänger der Uhr herauszufinden. Deshalb schrieb ich einen Brief, den all unsere Handelsvertreter erhielten. Außerdem bat ich die Polizei von Chicago, mich zu verständigen, falls sie von jemandem erfuhr, der nach Chicago gekommen war, um mich zu sprechen.«

»Sie haben ja schöne Handelsvertreter!«, platzte Te Trois heraus. »Ihr Jack hat uns bedroht, um an die Uhr zu kommen. Und Byrne hat uns für Diebe gehalten und uns in einem Waisenhaus eingesperrt!«

Mr Walker war so blass geworden, dass seine Haut durchsichtig wirkte. »Ich muss mich für meine Leute entschuldigen. Offenbar haben sich nicht alle wie Gentlemen verhalten. Doch das erhöht nur meine Wertschätzung für euch. Aber jetzt hören wir endlich auf, über diese traurigen Dinge zu reden. Ich glaube, das Essen ist fertig.«

Und tatsächlich: Mr Raphael hatte soeben den Raum betreten. Er hatte sich umgezogen und trug nun eine Butleruniform. Die große silberne Schale, die er auf den Tisch stellte, war mit einem ebenfalls silbernen Deckel abgedeckt.

Wir bekamen frische Austern auf gestoßenem Eis und mit kleinen, wie Blumen zugeschnittenen Zitronenscheiben serviert. Anschließend gab es eine Fischsuppe und dann ein ausgezeichnetes Fleischgericht mit seltsamen Gemüsearten, die ich noch nie zuvor gesehen hatte, und alles schmeckte neuartig und köstlich zugleich und die einzelnen Gerichte waren so harmonisch aufeinander abgestimmt wie die Instrumente eines Orchesters.

Te Trois, Eddie und Tit stürzten sich auf die Speisen wie ausgehungerte Bären, während ich gar nicht wusste, *wie* ich essen sollte, weil neben meinem Teller so viele verschiedene Gabeln lagen. Mr Walker aber war sehr nett und bald genierte ich mich nicht mehr. Außerdem goss er mir einen goldgelben Wein in mein Glas, in dem lustige Luftbläschen tanzten, und schon nach dem ersten Schluck fühlte ich mich ganz leicht und unbeschwert.

Nach dem letzten Gang rollte Mr Raphael einen Servierwagen

mit Nachspeisen herein und schenkte uns einen Wein ein, der noch schwerer als der andere und sehr süß war. Mr Walker zündete sich eine Zigarre an und bot auch Eddie und Te Trois Zigarren an. (Mir nicht, vielleicht weil ich ein Mädchen war. Aber es machte mir nichts aus.)

Ich sah meinen beiden Freunden beim Rauchen zu. Sie hatten glühend rote Wangen und kamen mir ziemlich beschwipst vor. Mir fiel ein, dass auch Jack damals im Sumpf den Jungen Zigarren angeboten hatte, und das hätte mich eigentlich misstrauisch machen sollen, aber inzwischen war auch ich schon viel zu angetrunken, um diesen Gedanken weiterzudenken.

Mr Walker ging mit uns in einen kleineren Salon hinüber, goss jedem von uns einen letzten Schluck Wein ein und schlug uns vor, auf Miss Dawn anzustoßen.

Schließlich beugte er sich zu mir herüber und sagte: »Miss Julie, wenn ich mich nicht irre, bist du diejenige, die meine Uhr hat, nicht wahr? Darf ich sie mir einmal anschauen? Ich habe sie schon so lange nicht mehr gesehen.«

Ich schaute zu Te Trois und zu Eddie hinüber und beide schienen mir glücklicher zu sein als jemals zuvor. Selbst Tit schien es nicht zu bedrücken, dass er sich von seiner geliebten Taschenuhr bald für immer verabschieden sollte. Also öffnete ich die Handtasche und holte Miss Dawns kaputte alte Zwiebel heraus.

Mr Walker nahm sie mit beiden Händen entgegen, hielt sie in das Licht, das durch das Fenster hereinschien, und lächelte triumphierend.

»Endlich gehört sie wieder mir!«, rief er. »Die Suche kann weitergehen!«

CHICAGO DAILY TRIBUNE

NO.167   SAMSTAG, 16. JUNI 1900   4¢

EIN MÖRDER VOR GERICHT

»Dieser Mann (Mr Darsley, die Red.) hat mein Leben ruiniert. Er nahm mir das, was mir am liebsten auf der Welt war, und überredete die Frau, die ich liebte, auf all ihre Wertpapiere zu verzichten und sie so zu verstecken, dass diese Papiere heute unauffindbar sind. Das Gericht erwies Mr Darsley eine unverdiente Gnade, indem es ihm die Todesstrafe ersparte. Doch ich bin mir sicher, dass die himmlische Gerechtigkeit strenger mit ihm verfahren wird.«

Ein Mörder vor Gericht

Mehr oder weniger in diesem Moment wurde mir bewusst, dass irgendetwas nicht stimmte. Mir war ein bisschen schlecht, der Wein war mir zu Kopf gestiegen und der kleine Salon hatte begonnen, sich um mich herum zu drehen. Eddie und Te Trois kamen mir so weit weg vor wie Welse, die man vom Boot aus auf dem Boden eines Sees schwimmen sieht, und Tit starrte seine Fingerspitzen an, als wäre darin ein großes Geheimnis verborgen.

Plötzlich war mir, als hätte ich etwas ungeheuer Wichtiges vergessen.

»Die Uhr«, murmelte Te Trois undeutlich. »Die Belohnung …«

»Genau, Mr Walker.« Te Trois hatte mich an das erinnert, was ich vergessen hatte. »Die Belohnung …«

Meine Zunge blieb mir am Gaumen kleben wie eine Fliege am Fliegenpapier. Das war ein so komisches Gefühl, dass ich furchtbar lachen musste. Offensichtlich war ich inzwischen vollkommen betrunken. »Unser … unser Geld …«

Der Eigentümer des berühmten Versandhauses erhob sich. »Natürlich«, sagte er. »Mr Walker vergisst so etwas nicht. Aber vielleicht solltet ihr erst einmal ins Hotel zurückkehren, um euch etwas auszuruhen.«

Irgendwo hinter mir hörte ich die Stimme von Mr Raphael. »Sir, die Kinder …«

»Machen Sie sich mal keine Sorgen, Raphael. Ich habe bereits die entsprechenden Anweisungen gegeben.«

Ich spürte, wie mir jemand behutsam unter die Achseln griff und mich hochhob und auf die Füße stellte. Es war der Chauffeur, der uns hierhergefahren hatte.

Eddie protestierte oder zumindest sagte er etwas. Aber ich konnte nicht mehr ohne fremde Hilfe stehen und mir war alles egal. Alles außer einem Gedanken: Das Hotel kam mir sooooo weit weg vor. Um es zu erreichen, musste man sooooo weit gehen. Und ich war sooooo müde, viel zu müde, um aus eigener Kraft dorthin zu gelangen.

Ich merkte, dass Eddie versuchte, mit Mr Walker zu reden, doch der hatte ihm seltsamerweise den Rücken zugedreht. Te Trois nahm Tit an der Hand, doch beide stolperten und stürzten gleichzeitig zu Boden. Der Chauffeur hob mich hoch und trug mich die Treppe hinunter. An meinen Augen zogen einzelne Bilder vorbei, die keinen Sinn ergaben. Dann fand ich mich zwischen Eddie und Te Trois auf der Rückbank des Automobils wieder. Tit hockte wie ein kleines Tier vor mir im Fußraum.

»Ist euch auch nicht gut?«, fragte ich die anderen.

»Ja«, bestätigte Te Trois. »Bei mir dreht sich alles.«

Tit wimmerte vor sich hin.

»Es tut mir leid, Tit«, flüsterte ich. »Vielleicht lässt dich Mr Walker nächstes Mal ein bisschen mit der Uhr spielen.«

Das Automobil verließ das Firmengelände und durch den starken Fahrtwind wurde ich wieder etwas wacher. Mir war übel, aber es drehte sich nicht mehr alles so schnell um mich herum. Dafür war ich noch müder als vorhin. Und mir dämmerte, dass ich einen großen Fehler gemacht hatte. Nur ganz kurz hatte ich nicht genügend aufgepasst, hatte meinen Schutzpanzer verlassen und jetzt saßen wir ohne Uhr und ohne Belohnung da. Klar, Mr Walker hatte gesagt, er habe die Belohnung nicht vergessen, aber trotzdem …

»Da stimmt was nicht«, flüsterte Eddie. »Das hier ist nicht die Straße, die zum Hotel führt.«

»Woher weißt du das?«

Eddies Blick hinter der Brille wirkte starr und fremd. »Ich bin der Schamane und der Scout«, erwiderte er und ich verstand überhaupt nicht, was das jetzt sollte. »Das Hotel liegt nördlich vom Bahnhof, aber wir fahren in Richtung Südwesten.«

Das Automobil fuhr eine Allee entlang, die mir bekannt vorkam. Doch ich war noch viel zu betrunken, um klar denken zu können.

»Geht es dir denn gut, Eddie?«, fragte ich.

»Sprich leise«, flüsterte er mir ins Ohr. Das kitzelte. »Julie, ich habe nichts getrunken. Mir ist damals in New Orleans vom Schnaps so schlecht geworden.«

Eddie war klug gewesen und ich hatte mich sinnlos mit Alkohol vollaufen lassen. Auf einmal verspürte ich den Drang zu weinen. Der Alkohol machte mich zu einer lächerlichen Figur.

»Entschuldige«, jammerte ich. »Ich verstehe nicht … ich habe ihm die Uhr gegeben …«

»Ja, ich wollte versuchen, dich daran zu hindern, aber es ist mir nicht gelungen. Te Trois ist ebenfalls betrunken, ihm geht es noch schlechter als dir.«

Eddie hatte recht, denn Te Trois war inzwischen von der Rückbank in den Fußraum gerutscht und sein Gesicht hatte einen ungesunden Gelbton angenommen. Den Chauffeur vorne kümmerte das alles nicht: Er fuhr unglaublich schnell und drückte ständig auf die Hupe.

»Julie, da ist etwas faul. Wir fahren nicht zum Hotel zurück und vorhin beim Essen hat uns Walker ständig noch mehr Sekt und Wein nachgegossen, als lege er es darauf an, uns betrunken zu machen.«

»W… was?«, stammelte ich. Ich war so furchtbar, so entsetzlich müde.

»Julie, ich brauche deine Hilfe. Du musst dich bereithalten.«

»Wieso? Wofür?«

Eddie sah mich traurig an. »Ich weiß es nicht.«

Ich versuchte aufzustehen. An die Rückenlehne geklammert, gelang es mir schließlich, mich aufzurichten. Der heftige Fahrtwind klatschte mir wie eine Ohrfeige ins Gesicht. Allmählich wurde ich wacher und meine Umgebung bekam schärfere Umrisse.

Ich kannte die Straße, die wir entlangfuhren. Und ich kannte auch das rote, von einer hohen Mauer umgebene Ziegelgebäude an ihrem Ende.

Es war die Besserungsanstalt. Der Chauffeur fuhr mich nach St. Mary zurück.

Ich war so unglaublich dumm gewesen! Für eine Weile hatte ich vergessen, wer ich war. Nicht eine Julie, die der feinen Gesellschaft entstammte, und auch nicht die Julie im pfirsichfarbenen Kleid, die beim Essen Dutzende von Messern und Gabeln benutzte. Sondern die Julie aus den Sümpfen, die Julie vom *Bayou*, die Julie aus einer Hütte voller Erinnerungen, an die sie sich um keinen Preis erinnern wollte.

Diesen Fehler würde ich kein zweites Mal machen, das wusste ich ganz bestimmt. Und noch etwas wusste ich todsicher: Ich würde nicht in die Besserungsanstalt zurückkehren. Niemals.

Also unternahm ich etwas dagegen. Mit ausgestreckten Armen

machte ich einen Satz nach vorn, packte den Chauffeur von hinten am Hals und presste ihm meine Fingernägel in die Kehle. Dabei schrie ich so laut, dass ich das Stöhnen des Mannes übertönte. Er bremste abrupt und das Automobil geriet ins Schleudern, drehte sich um die eigene Achse, hüpfte mit zwei Rädern auf den Bordstein und krachte gegen einen Telegrafenmast. Durch den Aufprall wurde ich nach vorn geschleudert. Zusammen mit dem Chauffeur flog ich über die Motorhaube und rollte noch ein ganzes Stück auf der Straße weiter.

Etwas schlug gegen meine Schulter. Wieder wurde mir schwindelig, doch dieses Mal war nicht der Wein daran schuld. Ich versuchte, mich aufzurichten, und knickte ein paarmal wieder ein, bis ich endlich stand. Ich sah, dass der Chauffeur aus einer Wunde an der Stirn blutete, aber er war noch am Leben, denn er bewegte seine Hände.

Die lange Motorhaube des einst so stolzen Automobils war zusammengeschoben und verknüllt wie ein zerdrückter Karton.

»Eddie ...«, sagte ich leise. Und dann immer lauter: »Eddie ... Eddie ...«

Da sah ich ihn über die Beifahrertür hinausklettern. Sobald er es geschafft hatte, drehte er sich um und hob Tit heraus.

»Kleine Schlampe!«, schrie der Chauffeur. Er schaffte es, auf die Knie zu kommen. Das Blut auf seinem Gesicht ließ ihn wie einen Indianer mit Kriegsbemalung aussehen.

Auch Te Trois blutete. Eine tiefe Schnittwunde reichte von der Stirn bis über eine Wange. Mit der linken Hand hielt er sich die rechte Schulter. Dennoch schien er in der Lage zu sein zu gehen.

»Los, weg hier!«, rief ich.

Ich nahm Tit an der Hand und lief los. Eddie und Te Trois folgten, so schnell sie konnten. Der Chauffeur rief uns Schimpfwörter hinterher, die eines Gentlemans nicht würdig waren.

»Was ist passiert?«, fragte Te Trois.

Durch den Unfall war er wieder nüchtern.

»Julie ist wahnsinnig geworden, das ist passiert«, gab Eddie zurück.

Ich beachtete sie nicht weiter, sondern bog in eine schmale Gasse ein, rannte um eine Ecke und dann gleich um die nächste. Der Chauffeur war nirgends zu sehen, doch ich wusste, dass wir uns beeilen mussten.

»Da«, rief Te Trois. Ich drehte mich zu ihm um und erschrak über sein blutüberströmtes Gesicht. »Die Luke da … die Kellertür!«

Er zeigte auf eine Holzklappe an der Seite eines großen Hauses. Eddie und ich hoben sie an. Darunter lag eine wackelig aussehende Holzstiege, die in einen Raum mit leeren Regalen führte.

Ich schob Tit als Ersten die Stiege hinunter und Te Trois und Eddie hinterher. Dann sprang ich hinein und zog die Klappe über meinem Kopf zu. Reglos wartete ich ab, was nun geschehen würde.

Ich war so verängstigt wie ein Kaninchen in der Falle. Eddie begann, sich um Te Trois zu kümmern. Er hatte in einem Regal eine halb volle Schnapsflasche gefunden und reinigte nun damit die Wunde.

»Jetzt stinke ich nach Alkohol!«, schimpfte Te Trois. »Das ist so eklig! Ich werde das Zeug nie wieder anrühren!«

Eddie hat lange vor uns begriffen, wie eklig das Zeug ist, dachte ich. Und nur Eddie allein verdankte ich, dass ich nicht wieder in St. Mary gelandet war.

»Danke«, sagte ich leise. »Du hattest recht, wir waren nicht zum Hotel unterwegs. Das Gebäude am Ende der Straße war die Besserungsanstalt, in die sie mich eingesperrt hatten. Der Chauffeur sollte mich dorthin zurückbringen.«

Te Trois schüttelte den Kopf. »Aber wieso? Mr Walker hat uns doch aus diesen Heimen holen lassen.«

»Ihr habt erzählt, dass Byrne oft zu euch ins Waisenhaus gekommen ist. Und dass er sich verändert hat, als er von der Uhr hörte. Dass er auf einmal so aufgeregt war. Ich wette, er hat damals mit Walker gesprochen und Walker hat beschlossen, es mit uns auf die nette Tour zu versuchen. Byrne hatte uns durchsucht, aber nichts gefunden, und Walker dachte, es würde genügen, uns neue Kleider zu schenken und uns ein gutes Essen zu spendieren, und schon würden wir ihm verraten, wo wir die Uhr versteckt haben. Und ich dumme Kuh habe ihm die Uhr sogar freiwillig gegeben. Nun musste Walker nur noch alle Spuren verwischen und uns in Heime schicken, aus denen wir nicht mehr herauskommen konnten.«

»Aber warum? Warum ›alle Spuren verwischen‹?«, fragte Ed.

Te Trois kannte die Antwort auf diese Frage. »Weil die Uhr wertvoll ist. Sehr wertvoll. Miss Dawn ist mit der Taschenuhr in der Hand gestorben und Mr Darsley ist aus dem Gefängnis ausgebrochen, weil er diese Uhr stehlen wollte. Ich bin mir sicher, dass Darsley diese Uhr unbedingt in seinen Besitz bringen wollte. Und dass ihn Walker wegen der Uhr umgebracht hat.«

Eddie schüttelte den Kopf. »Aber nach dem, was uns Walker erzählt hat, hat Darsley doch als Erster geschossen …«

»Du glaubst Walker?«, erwiderte ich. »Te Trois hat recht. Walker hat Darsley ermordet, daran besteht für mich kein Zweifel mehr.«

»Ihr zwei seid verrückt. Man bringt doch niemanden wegen einer kaputten Uhr um!«

Ich zuckte zusammen. Eddie hatte, wohl ohne es selbst zu merken, gerade etwas sehr Wichtiges gesagt.

»Moment mal!«, rief ich. »Diese Uhr … ist kaputt. Wir wissen aber auch, dass Miss Dawn sehr gern Uhren reparierte. Kommt euch das nicht auch komisch vor?«

Diese außergewöhnliche Frau entwickelte Miniaturzüge und baute Tabelliermaschinen um und ihr Haus war voller Uhren. Warum hatte sie dann die Taschenuhr ihres Vaters nicht repariert?

»Vielleicht hat sie die Uhr absichtlich kaputt gelassen, weil sie ein Erinnerungsstück an ihren Vater ist«, meinte Ed. »Ihr Vater war Uhrmacher. Es könnte doch sein, dass er die Uhr reparieren wollte und davor oder dabei gestorben ist.«

»Pfffh«, machte ich. »Das ist doch Quatsch. Wenn das so wäre, warum war Darsley dann so viel an der alten Zwiebel gelegen? Und warum wollte Walker sie um jeden Preis haben? Doch nicht, weil er um Miss Dawn trauert. Dieser Mann hat ein Herz aus Stein!«

Es musste einen anderen Grund geben. Einen Grund, der eine einfache Uhr zu etwas ganz Besonderem machte. Aber welchen? Vor allem aber: Was ging er uns an, wo wir die Uhr doch für immer verloren hatten?

Wir sprachen noch eine Weile darüber, bis wir zu müde wurden, um uns weiter den Kopf über die Uhr zu zerbrechen. Mein Bruder war schon lange eingeschlafen. Wir dösten vor uns hin und ließen die Zeit vergehen. Bis der Abend hereinbrach.

Ich war mir sicher, dass uns Mr Walker nicht suchen ließ. Schließlich waren wir nur ein paar Kinder vom Land, denen niemand Glauben schenken würde. Andererseits gab es keinen Ort, an den wir uns flüchten konnten.

Der Keller schien ein verhältnismäßig sicheres Versteck zu sein, doch zum ersten Mal auf dieser Reise kamen wir uns wirklich verloren vor.

»Wir hatten doch noch ein bisschen von dem Geld übrig, das uns Edward Berry, der Falschspieler, gegeben hat«, meinte ich.

»Das haben sie uns im Waisenhaus weggenommen«, knurrte Te Trois. »Und als sie uns da abgeholt haben, waren wir so froh darüber, dass wir vergessen haben, unser Geld zurückzuverlangen.«

»Aber wir müssen doch noch irgendetwas davon haben!« Ich öffnete die Handtasche und kippte ihren Inhalt aus, aber es fielen nur ein Taschentuch und der schmutzige Beutel heraus, in dem wir die Taschenuhr aufbewahrt hatten.

Te Trois fand in seinen Taschen eine bunte Glasmurmel, in Tits Taschen war ein Päckchen Streichhölzer mit dem Aufdruck des Hotels Tremont House.

»Ich habe auch nichts mehr, was uns weiterhelfen könnte«, sagte Eddie und zog das Futter seiner Hosentaschen nach außen.

Ein Kärtchen fiel heraus und flatterte zu Boden.

Ich hob es auf und betrachtete es im Licht eines Streichholzes. Es war die Visitenkarte der Journalistin, die versucht hatte, gemeinsam mit uns auf das Firmengelände zu kommen.

Auf dem Kärtchen stand nur *ELLIE CLEMENS, JOURNALISTIN, CHICAGO TRIBUNE* und sonst nichts. Offenbar hatte es die Journalistin nicht als notwendig betrachtet, die Anschrift dieser Tageszeitung anzugeben.

»Die Adresse steht nicht drauf, weil sie jeder kennt«, erklärte Eddie, als könnte er meine Gedanken lesen. »Die Redaktion des *Chicago Tribune* befindet sich im Tribune Building und das steht an der Ecke Madison Avenue und Dearborn Street.«

»Häh?«, wunderte sich Te Trois. »Woher weißt du das, Eddie Ed?«

Eddie lächelte auf seine geheimnisvolle Art, als ob er sagen wollte: Ich bin ein Zauberer und ihr könnt meine Geheimnisse nicht ergründen. Aber dann gestand er: »Das Tribune Building ist in der Nähe des Hotels, in dem wir übernachtet haben. Es ist ein riesiges Gebäude, deshalb ist es mir aufgefallen und ich habe den Portier danach gefragt.«

»Perfekt!«, befand ich. »Also weiß ich, was wir jetzt zu tun haben.«

Unsere Geschichte war das Einzige, das uns geblieben war, unsere letzte Chance. Vielleicht gab es jemanden, der bereit war, sie sich anzuhören. Vielleicht glaubte uns jemand, dass ein Angestellter der Firma Walker & Dawn in den Sümpfen südlich von New Orleans gedroht hatte, uns umzubringen. Und dass auch der Firmenbesitzer und Millionär Walker jemanden hatte umbringen lassen, nämlich einen frisch aus dem Gefängnis ausgebrochenen Detektiv.

Es war keine großartige Perspektive, aber vielleicht doch ein Anfang. Und manchmal ist ein Anfang genau das, was man braucht.

Wir fanden heraus, dass die Entfernung zwischen unserem Keller und dem Tribune Building mehr als sieben Meilen betrug, aber es gelang uns, in einer voll besetzten Straßenbahn ohne Fahrkarte mitzufahren. Wir verirrten uns unterwegs auch ein paarmal, aber schließlich standen wir vor dem großen Gebäude.

Mittlerweile war es neun Uhr abends.

Das Tribune Building war sehr beeindruckend, genau wie Eddie gesagt hatte. Es war so massiv und hoch wie ein Berg. Und auch um diese Zeit waren die Fenster hell erleuchtet.

»Wenigstens sind die Leute noch da«, meinte Eddie. »Ich hatte schon befürchtet, sie wären alle nach Hause gegangen.«

»Die Zeitungsleute schlafen nie«, sagte ich.

»Woher willst du das denn wissen?«

»Ich weiß eine ganze Menge darüber.«

Der Haupteingang war verschlossen, doch wir klopften laut an die Glastür und nach einer Weile kam ein junger Mann und schloss auf.

»Was wollt ihr hier? Haut ab! Das ist hier kein Ort für Lausebengel!«

Ich zeigte ihm die Visitenkarte. »Wir sind gekommen, um mit Ellie Clemens zu sprechen, der Journalistin. Wir sind ihre *Informanten*. Und es ist sehr wichtig.«

»Hm … Also, ich weiß nicht, um diese Zeit …«

»Dann sagen Sie uns bitte, wo wir sie finden. Wir können nicht bis morgen warten, denn es ist ein echter *Scoop!*«

Ich hatte dieses Wort vor Kurzem durch meine Zeitungslektüre in St. Mary gelernt und im Kopf des jungen Mannes brachte es eine Glocke zum Läuten. Er sagte, wir sollten kurz warten, knallte die Tür zu und verschwand.

Keine fünf Minuten später ging die Tür wieder auf und Ellie Clemens stand vor uns. Sie trug noch dasselbe schwarze Kleid wie am Vormittag, doch ohne Hütchen.

Sie sah uns an und erkannte uns sofort.

»Ihr seid das!«, sagte sie nur.

DIENSTAG, 13. FEBRUAR 1900

SCHATZSUCHE IN CHICAGO

Mr Walker befindet sich in einer problematischen Situation. Falls irgendjemand die von Miss Dawn hinterlassenen Inhaberpapiere findet, würde dieser Jemand dadurch zum rechtmäßigen Miteigentümer des renommierten Versandhauses. In der Stadt ist eine regelrechte Schatzsuche ausgebrochen. Alle suchen nach dem Wertpapier-Paket. Man könnte darauf wetten, dass unter den Schatzjägern auch Mr Walker ist ...

Schatzsuche in Chicago

Ich hatte keine Ahnung, wie es in der Redaktion einer Zeitung aussieht, weil ich noch nie eine gesehen hatte. Vielleicht wie eine Schule, mit dem Chef vorn auf einem Podest, der aufpasste, und den Journalisten, die wie Schüler in ihren Bänken saßen und eifrig ihre Artikel schrieben?

In Wirklichkeit sah es dort ganz anders aus, mehr wie in einer riesigen Markthalle. In den Gängen zwischen den Tischen liefen Männer in Hemdsärmeln herum und schrien wie Verrückte. Andere schlugen auf die Tasten seltsamer Blechkästen (»Schreibmaschinen«, wie Eddie sie nannte) ein, wieder andere machten sich Notizen oder saßen in Gruppen um Telegrafierapparate herum.

Es gab auch Männer, die in Holzschachteln hineinsprachen, die an der Wand angebracht waren. Weil sie zwischendurch mit angespannter Miene schwiegen, könnte es sein, dass die Holzschachteln ihnen auf irgendeine Weise antworteten.

»Entschuldigt bitte den Lärm«, sagte Ellie. »Wir stehen kurz vor Redaktionsschluss. Die Zeitung für morgen früh muss gleich fertig werden.«

»Wieso?«, fragte Te Trois.

»Jeden Morgen ab Sonnenaufgang wird die neue Tagesausgabe überall in der Stadt verkauft. Damit das geht, arbeiten die Setzer und Drucker die Nacht durch. Und wir Journalisten haben bis ein Uhr nachts Zeit, unsere Artikel fertig zu schreiben. Deshalb ist das hier gerade die hektischste Zeit des Tages.« Ellie lächelte uns vergnügt an. »Ich bin für heute aber schon mit allem fertig und ihr seht ganz so aus, als wolltet ihr mir etwas sehr Wichtiges mitteilen.«

»Ja, es ist wirklich sehr wichtig«, bestätigte ich.

Die Journalistin führte uns in ein kleines Büro ohne Fenster.

»Hier ist nicht viel Platz«, meinte sie entschuldigend, während sie einen hohen Papierstapel von dem einzigen Stuhl im Raum herunterhob.

Vor dem mit weiteren Papieren bedeckten Schreibtisch blieb sie nachdenklich stehen. Dann raffte sie die ganzen Blätter zusammen und legte sie auf der Schreibmaschine ab.

An den Wänden des Büros hingen gerahmte Artikel. Ich trat näher, um sie besser lesen zu können. Mein Herz setzte einen Schlag aus, als ich bemerkte, dass sie alle aus der Feder meines Lieblingsjournalisten E. Cochrane stammten. Einige von ihnen kannte ich bereits, wie etwa den Artikel über den Vampir im Frack.

»Leute«, sagte ich. »Ich hatte nicht daran gedacht, aber hier beim *Chicago Tribune* arbeitet auch ein berühmter Journalist, er heißt ...«

Ich verstummte mitten im Satz.

E. Cochrane.

E. C.

E. C. wie Ellie Clemens.

»Sie sind es, nicht wahr?«, sagte ich mit zitternder Stimme. »Cochrane. Im Gefängnis habe ich all Ihre Artikel gelesen. Also, nicht wirklich alle, aber ...«

»Im Gefängnis? Ich kann es kaum erwarten, eure Geschichte zu hören«, sagte Ellie gespannt.

Sie setzte sich so schwungvoll auf ihren Schreibtisch, dass der vorhin auf der Schreibmaschine abgelegte Papierstapel herunterfiel, was ihr aber gleichgültig zu sein schien.

»Was Cochrane betrifft … ja, das bin tatsächlich ich.«

»Aber warum …?«

»Weil … na ja, Frauen dürfen in Chicago mittlerweile als Journalistinnen arbeiten, aber sie sind nicht sehr angesehen. Deswegen hat sich mein Chefredakteur ein Pseudonym für mich ausgedacht, einen erfundenen Männernamen: Eddie Cochrane.«

Ich konnte es kaum glauben: Ich hatte jenen Menschen kennengelernt, von dem all die wunderbaren Artikel stammten, die mir geholfen hatten, St. Mary zu überstehen.

Gleichzeitig wurde mir klar, dass wir genau zur richtigen Person gegangen waren: Jene Journalistin, die die seltsamen Begebenheiten um Miss Dawn, Mr Walker und Mr Darsley von Anfang an verfolgt hatte.

»Es ist unglaublich, dass wirklich Sie … Sie müssen uns helfen, denn Mr Walker hat versucht, uns wieder einsperren zu lassen. Er hat auch jemanden umgebracht und wie es aussieht, müssen ständig Leute sterben, und die Uhr …«

Ellie nahm einen Notizblock zur Hand. »Immer mit der Ruhe«, sagte sie sanft. »Was für eine Uhr? Ich habe den Eindruck, dass ihr eine ganze Reihe hässlicher Erlebnisse hinter euch habt. Aber wollt ihr nicht von vorn anfangen?«

Ich wollte loslegen, doch Te Trois unterbrach mich grinsend: »Sei mir nicht böse, Joju, aber vielleicht ist es besser, wenn ich beginne.«

Er erzählte alles schön ordentlich der Reihe nach. Er fing mit jenem Nachmittag an, an dem wir zum ersten Mal unseren Einbaum zu Wasser gelassen und die Dose mit den drei Dollar aus dem *Bayou* gefischt hatten. Weiter ging es mit der Uhr und unserer Begegnung mit Jack, mit der Verfolgungsjagd in den Sümpfen, mit dem Alligatorweibchen, das Jack einen Arm abgerissen hatte, und unserem Entschluss, nach Chicago zu reisen.

Als ihm die Puste ausgegangen war, berichtete Eddie vom zweiten Teil unserer Abenteuer: den Etappen unserer Reise.

Ich übernahm den dritten Teil: meine Erlebnisse in der Besserungsanstalt, die Zeitungsartikel, unsere Besichtigung des Versandhauses und, zum Abschluss, meinen dämlichen Fehler, Walker freiwillig die Uhr zu übergeben.

»Donnerwetter!«, rief Ellie, als ich geendet hatte.

Nachdenklich blieb sie eine Weile auf ihrem Schreibtisch sitzen und nagte an ihren Fingernägeln herum wie ein kleines Mädchen.

»Was?«, wollte Te Trois wissen. »›Donnerwetter‹ was?«

»Als ich euch heute Morgen an der Schranke vor dem Firmengelände sah, war ich überrascht: Es kommt nur sehr selten vor, dass Mr Walker jemand in sein Versandhaus lässt. Aber ich wäre niemals draufgekommen, dass ihr ...«

»Dass wir was?«, fragte Eddie.

»Dass ihr Figuren in einem der rätselhaftesten Kriminalfälle der letzten Jahre seid: dem Dawn-Mord.«

Sie machte eine Pause und schien wieder über etwas nachzudenken.

»Die Dreiecksbeziehung zwischen Walker, Darsley und Dawn wurde zum Sprungbrett meiner Karriere. Die drei waren Stadtgespräch und alle verfolgten gespannt ihre amourösen Verwicklungen. Im Grunde waren alle drei die reinsten Romanfiguren: ein sehr reicher Mann, der das angenehme Leben liebte, ein verwegener Detektiv und eine geniale Frau, die im Grunde im Alleingang eine erfolgreiche Firma gegründet hatte und die Hälfte von deren Anteilen besaß ...«

»50 Prozent der Aktien«, ergänzte ich.

Te Trois und Eddie schauten mich verwundert an.

Ellie lächelte. »Genau. Die meisten Leute glauben, das Versandhaus sei von Mr Walker gegründet worden, in Wirklichkeit aber kommt dieses Verdienst allein Miss Dawn zu. Sie war es, die die Idee zum Versandhaus hatte. Sie war es, die Walker überzeugte, die Firma zu gründen, und sie war außerdem die Erfinderin jener Maschinen und Geräte, denen die Firma ihre reibungslosen Abläufe verdankt. Ich berichtete von Anfang an über Walker und Dawn und erkannte gewisse Zusammenhänge. Dann kam jene Silvesternacht und der erste Neujahrstag des neuen Jahrhunderts und man entdeckte, dass Miss Dawn ermordet worden war ...«

»Von Mr Darsley«, beendete Te Trois ihren Satz.

Ellie schüttelte den Kopf. »Nein, das glaube ich nicht. Mr Darsley liebte Miss Dawn, die beiden schienen wie füreinander geschaffen. Mr Walker dagegen liebt nur das Geld ... aber das habt ihr inzwischen sicher auch schon begriffen. Ich konnte es nie beweisen, aber ich bin mir sicher, dass Mr Walker den Mord an Miss Dawn in Auftrag gegeben und ihn dann Darsley in die Schuhe geschoben hat. Das passt perfekt zu dem, was ihr mir gerade erzählt habt, und zu dem Verdacht, dass Walker auch Mr Darsley auf dem Gewissen hat.«

»Aber wie kann das sein?« Ich war ratlos. »Wie kann Walker sowohl für den Tod von Miss Dawn als auch für den von Mr Darsley verantwortlich sein und trotzdem frei herumlaufen?«

»Na, ihr seid doch intelligente junge Leute. Wer hätte nach Miss Dawns Tod wohl einen angesehenen Firmenchef verdächtigt, der noch dazu das Opfer hatte heiraten wollen? Darsley dagegen galt als verwegener Abenteurer, der wegen seines Berufs Verbindungen zu Verbrecherkreisen unterhielt.«

»Wie zum Beispiel zum Gangsterboss Emerald Jim.«

»Genau. Mr Walker wollte Miss Dawn nur deshalb heiraten, weil er dadurch zum alleinigen Eigentümer des Versandhauses geworden wäre. Doch sie wies ihn stets ab. Wisst ihr, dass Miss Dawn ihre Verlobung mit Mr Walker niemals öffentlich bestätigt hat? Er muss irgendwann beschlossen haben, seine Geschäftspartnerin loszuwerden. Doch Miss Dawn schien etwas geahnt zu haben und hatte vorgesorgt.«

Ellie bemerkte die erstaunten Blicke meiner Freunde und beeilte sich zu erklären: »Wenige Tage vor ihrem Tod wandelte Miss Dawn ihre Firmenanteile in Inhaberpapiere um. Die genauen Einzelheiten zu erklären, ist etwas kompliziert, aber ... Stellt euch mal vor, ich kaufe mir ein Haus. Im Zuge des Verkaufs unterschreibt der alte Besitzer einen Vertrag, in dem steht: *Dieses Haus gehört jetzt Ellie*. Wenn es um Firmen geht, bezeichnet man derartige Verträge als ›Namensaktien‹. Doch anstelle des Namens kann auf diesen Dokumenten auch etwas anderes stehen, wie zum Beispiel: *Die Firma gehört demjenigen, der dieses Dokument besitzt*. Wenn ich das Dokument nun euch schenke, schenke ich euch dadurch die Firma. Falls ihr mir später das Dokument zurückgebt, gehört die Firma wieder mir. Und ein derartiges Dokument nennt man ›Inhaberpapier‹.«

Eddie und Te Trois nickten. Ich war ein bisschen stolz auf mich, denn dank Ellies Artikeln hatte ich schon vorher gewusst, was es mit diesen Papieren auf sich hatte.

Ellie fuhr fort: »Ich bin davon überzeugt, dass Miss Dawn ihre Namensaktien umwandeln ließ, damit ihr Firmenanteil nicht an Walker übergehen konnte. Denn nach ihrem Tod hätte Walker ansonsten durch eine Reihe juristischer Schritte auch Miss Dawns Hälfte der Firma in seinen Besitz bringen können. So aber war das nicht mehr möglich und ich wette, dass sich Walker nachts schlaflos im Bett herumwälzt, weil er Angst davor hat, dass eines Tages jemand kommt, ihm einen Stapel Inhaberpapiere vor die Nase hält und verlangt, als Mitbesitzer anerkannt zu werden.«

»Wow!«, staunte Eddie. »Und diese … Papiere wurden nie gefunden?«

Ellie schüttelte den Kopf. »Gleich nach dem Tod von Miss Dawn kam es in Chicago zu einer regelrechten Schatzsuche, aber nach ein oder zwei Jahren beruhigten sich die Leute wieder. Mit Ausnahme von Mr Walker. Doch ich glaube, Miss Dawn hat damals ein wirklich sicheres Versteck gefunden. Leider habe ich keine Ahnung, wo es sein könnte. Der Einzige, der vermutlich die Wahrheit kannte, war Mr Darsley, aber der ist inzwischen ja ebenfalls tot.«

Die Uhr.

Wieso war ich nicht schon früher draufgekommen? Dabei war es doch so einfach!

Die Uhr war der Schlüssel zu dem Rätsel um Miss Dawns Papiere. Deshalb hatte sich Walker so viel Mühe gemacht, um die Uhr zurückzubekommen. Deshalb hatte er, als ich ihm vor lauter Dummheit die Uhr gegeben hatte, ausgerufen: »Die Suche kann weitergehen!« Deshalb war Darsley aus dem Gefängnis ausgebrochen und sofort in Miss Dawns Haus eingedrungen.

Aber wenn die Uhr zu dem Schatz führte, warum hatte sich Walker dann nicht schon längst der Inhaberpapiere bemächtigt? Na ja, auch wir hatten die Uhr eine ganze Weile besessen und nichts bemerkt. Die Hinweise auf den Fundort des Schatzes waren vermutlich verschlüsselt und vielleicht hatte auch Walker die kaputte Uhr lange Zeit nicht beachtet, bis … bis Darsley ihn auf die Uhr aufmerksam gemacht hatte, indem er sie stahl.

Wenn das alles wirklich so war, dann bedeutete es, dass uns nur wenig Zeit blieb. Miss Dawns Papiere konnten jeden Moment von Walker gefunden werden.

Ich sprang auf. »Wir müssen los. Die Inhaberpapiere, Darsley, Walker ... Das hängt alles irgendwie zusammen. Und deshalb müssen wir uns die Uhr zurückholen.«

Ich zerrte an Eddies Ärmel, damit er ebenfalls aufstand. Ich war so furchtbar aufgeregt! Ich wollte ein Automobil, um so schnell wie möglich zum Haus von Miss Dawn zurückzufahren, um hineinzustürzen, nach der Uhr zu suchen und ... Und was? Würde ich am Ende ebenfalls ermordet werden, so wie Darsley?

»Julie«, meinte Eddie. »Warum erklärst du nicht einfach, was du vorhast? Damit wir es auch verstehen?«

»Ich glaube, dass uns die Uhr verraten kann, wo der Schatz liegt«, sagte ich. »Zuerst habe ich nicht darauf geachtet ... Mir kam alles ganz normal vor: Walker war in Miss Dawn verliebt und nach ihrem Tod zog er in ihr Haus voller Uhren. Und als die Eisenbahner-Taschenuhr verschwand, tat Walker alles, um sie zurückzubekommen. Aber das stimmt alles überhaupt nicht! Walker hasste Miss Dawn und er hat sie ermordet. Warum also zog er dann in ihr seltsames Haus?«

»Weil er hoffte, darin die Inhaberpapiere zu finden«, rief Ed und sprang auf.

»Und warum tat er alles, um die Uhr wiederzuhaben?«

»Weil sie ganz offensichtlich verrät, wo die Papiere sind«, schlussfolgerte Te Trois. »Toll, Joju, du hast richtig kombiniert!«

»Genau!«, bestätigte Eddie.

»Genau!«, sagte jetzt auch Ellie, stand auf und legte den Notizblock beiseite. »Aber es gibt noch ein Problem.«

»Welches?«, fragte ich.

»Das Problem, liebe Leute, ist, dass ihr die Uhr nicht mehr habt.«

»Aber wir können sie uns zurückholen!«

»Ihr wollt bei Mr Walker einbrechen?«, rief Ellie. »Abgesehen davon, dass es viel zu gefährlich ist, ist es auch ein Verbrechen. Ihr würdet sofort im Jugendgefängnis landen. Und glaubt mir, die Besserungsanstalt, in der Julie war, ist nichts dagegen.«

»Dann zeigen wir Walker eben bei der Polizei an.«

»Weswegen wollt ihr ihn anzeigen? Weil er eine Uhr gestohlen hat, die zuvor Miss Dawn gehörte? Und von der ihr behauptet, sie in einem Versandhauspäckchen gefunden zu haben? Also bitte. Wenn man jemanden anzeigen will, braucht man Beweise. Ganz besonders, wenn es sich um eine derart bedeutende Persönlichkeit wie Mr Walker handelt. Und ihr habt keine Beweise.«

Ich setzte mich wieder auf den Fußboden, um nachzudenken. Ich wusste, dass Ellie recht hatte. Aber ich hatte auch keine Lust aufzugeben.

Welche Alternativen hatte ich denn? Te Trois und Eddie konnten nach Hause zurückkehren. Sie würden zwar hart bestraft werden, könnten aber anschließend ihr bisheriges Leben wieder aufnehmen. Für mich und Tit lag die Sache anders: Für uns gab es keinen Notausgang. Es gab kein Zuhause, zu dem wir zurückkehren konnten. Die Reise nach Chicago war die einzige Chance gewesen, die wir gehabt hatten.

»Einen Moment mal«, sagte Te Trois plötzlich. »Auch wenn wir weder die Uhr zurückholen, noch Mr Walker anzeigen können, so bleibt uns doch noch eine Möglichkeit.«

»Und die wäre?«, fragte Eddie.

Te Trois grinste. »Wir finden heraus, wo der Schatz versteckt ist.«

DONNERSTAG, 11. AUGUST 189

MISS DAWN – WOHLTÄTERIN VON CHICAGO

CHICAGO – Man nennt sie auch die »Wohltäterin von Chicago«. Die Miteigentümerin des großen Versandhauses engagiert sich für das Wohl der Allgemeinheit. Miss Dawn spendete eine große Summe für den Bau des neuen Kinderkrankenhauses und brachte ihre genialen Ideen bei der Planung des neuen Bahnhofs ein. Miss Dawn macht sich bereits zu Lebzeiten unsterblich, indem sie das Gesicht unserer Stadt mitprägt – und unser Herzen erobert hat.

Miss Dawn – Wohltäterin von Chicago

Es würde nicht leicht sein. Wenn es Miss Dawns Schatz tatsächlich gab (und auch das war nicht gewiss), dann wagten wir uns an ein Projekt, an dem viele bereits gescheitert waren – sowohl professionelle Schatzjäger als auch Mr Walker, der dank seines Reichtums über viele Möglichkeiten verfügte. Wir waren nur ein paar Kinder aus dem *Bayou*. Wie konnten wir etwas schaffen, das wesentlich erfahreneren und besser ausgerüsteten Erwachsenen nicht gelungen war?

Andererseits hatten wir schon so viel geschafft. Wir sollten es wenigstens versuchen.

»Also, ich weiß nicht«, sagte Ellie. »Wenn ich euch richtig verstanden habe, seid ihr heimlich von zu Hause ausgerissen. Eure Eltern haben sicherlich schrecklich Angst um euch. Hier in der Redaktion gibt es Telefon. Ihr könntet in New Orleans jemanden anrufen, der dann eure Eltern verständigt, dass ihr noch lebt, und ...«

»Oh nein, bitte nicht«, rief ich. »Sie würden die Polizei einschalten. Wir bekämen furchtbare Schwierigkeiten und könnten nicht nach Miss Dawns Schatz suchen.«

»Aber es ist meine Pflicht, die Behörden zu verständigen. Wenn ich es nicht mache, könnte man mich wegen Kindesentführung anzeigen ...«

»Bitte, nur einen Tag!«, flehte ich. »Lassen Sie uns einen einzigen

Tag Zeit. Wenn wir nichts finden, wenn wir scheitern, dann machen wir das, was Sie gesagt haben.«

Das war eine gute Idee und alle waren einverstanden. Um den Pakt zu besiegeln, streckte Te Trois seine geschlossene Faust aus, genau wie er es vor unserer Abreise aus dem *Bayou* getan hatte. Ich legte meine offene Hand darauf. Tit, Eddie und sogar Ellie taten es mir nach.

»Ausgemacht«, sagte Ellie. »Ihr habt 24 Stunden Zeit, um den Schatz zu finden. Und wenn es euch gelingt, bekomme ich die Exklusivrechte an eurer Geschichte.«

Ich hatte keine Ahnung, was Exklusivrechte waren, und es interessierte mich auch nicht. Ich konnte nur an eines denken: Wo sollten wir unsere Suche beginnen? Wäre ein Rundgang durch die Stadt eine gute Idee? Sollten wir versuchen, mit Mr Raphael zu sprechen? Wenn ich mich richtig erinnerte, hatte er versucht, Mr Walker von seinem Plan abzubringen, als der Chauffeur kam, um uns wegzubringen. Oder …?

»Die Tageszeitungen«, fiel mir ein. »Alle wichtigen Hinweise, die wir bisher haben, verdanken wir den Zeitungen. Gibt es hier im *Chicago Tribune* ein Archiv mit alten Zeitungen?«

Ellie lächelte.

Wir verließen ihr Büro. Die Uhren, die an vielen Wänden hingen, zeigten Mitternacht an. Dennoch war in der Redaktion noch mehr los als vorhin.

Ich nahm Tit an der Hand und folgte Ellie in die Kellerräume des Gebäudes. Hier unten sah es ein bisschen so aus wie in den Lagerhallen von Walker & Dawn. Allerdings war alles viel kleiner und es gab wesentlich mehr Papier.

Regale füllten die Räume, in denen riesige in dunkles Leder gebundene Bücher standen. Sie enthielten die nach Jahrgängen geordneten alten Zeitungen.

»Und das ist das, was du tun musstest?«, fragte mich Te Trois. »Du musstest diese riesigen Dinger zusammennähen?«

»Ja«, antwortete ich. »Aber Spaß gemacht hat es nicht, das kannst du mir glauben.« Ich zeigte ihm meine zerstochenen Finger und Te Trois nahm meine Hände und betrachtete sie gründlich.

Eine Sekunde lang dachte ich, er würde sie küssen.

Eine Sekunde lang dachte ich, dass mir das gefallen würde.

»Also«, meinte Ed ungeduldig und riss mich aus meinen Gedanken, »wo fangen wir an?«

»Miss Dawn kaufte 1887 das Grundstück, auf dem heute die Gebäude der Firma stehen«, erklärte Ellie. »Deshalb muss das, was wir suchen, in den Jahrgängen zwischen 1887 und 1900 stehen, das Jahr, in dem sie ermordet wurde.«

Das waren sehr viele Jahrgänge.

Wir machten uns sofort an die Arbeit und blätterten die dicken Bücher Seite für Seite durch. Dabei achteten wir darauf, ob irgendwo auf der Seite Miss Dawns Name gedruckt war.

Immer wenn einer von uns etwas fand, rief er die anderen herbei.

»Miss Dawn war eine sehr aktive Frau«, sagte Ellie. »Nach ihrem Tod versuchte Walker, Gebäude aufzukaufen, die auf irgendeine Weise mit ihr zu tun hatten. Zum Beispiel das Children's Memorial Hospital oder aber ein Blumengeschäft, in dem Miss Walker regelmäßig einkaufte …«

»Diese Orte können wir von unserer Liste streichen«, entschied Eddie.

»Klar«, stimmte Te Trois zu. »Wenn der Schatz dort versteckt war, hätte Walker ihn sicher schon an sich genommen.«

»Eigentlich ist es unmöglich, den Schatz zu finden«, sagte ich leise. »Miss Dawn war eine überaus intelligente Frau, die über unzählige Möglichkeiten verfügte. Sie könnte die Papiere sonst wo versteckt haben: in einem verborgenen Loch im Fußboden einer der Lagerhallen, in einer Wohnung irgendwo in der Stadt, im Kanalisationssystem ... Wir werden den Schatz niemals finden!«

Te Trois schenkte mir ein ermutigendes Lächeln. »Wir dürfen nicht einfach aufgeben, okay? Wenn der Schatz in Chicago ist, werden wir ihn finden. Wir müssen einfach nur weitersuchen.«

Und so suchte ich weiter, immer weiter, auch noch als Eddie über einem aufgeschlagenen Zeitungsband einschlief und Te Trois, um sich wachzuhalten, auf seinen Notizblock Angelhaken und Köderfische kritzelte.

Ich war diejenige, die keine andere Möglichkeit hatte, und deshalb war ich diejenige, die nicht einschlief. Nach und nach zeichnete ich Miss Dawns Lebensweg nach.

Ich erfuhr einiges über ihren Vater, den Uhrmacher, der sie bereits als kleines Kind in die Geheimnisse der Präzisionsmechanik einweihte.

Ich erfuhr, dass Miss Dawn eine Leidenschaft für Züge gehabt und aus diesem Grund in das Firmenzeichen einen Zug eingefügt hatte.

Ich entdeckte außerdem, dass Miss Dawn keinen Fisch mochte, Erdbeeren liebte und nur violette Kleider trug. Und ich stellte fest, dass all diese Informationen sowohl wertvolle Hinweise, als auch vollkommen belanglos sein konnten.

»Julie«, sagte Ellie plötzlich.

»Was?«, brummelte ich, ohne den Kopf zu heben.

»Es ist schon wahnsinnig spät. Oder besser gesagt furchtbar früh, es dämmert bereits. Deine Freunde sind schon vor einer ganzen Weile eingeschlafen und du siehst aus, als ob du gleich in Ohnmacht fällst. Wir müssen hier weg. Du musst dich ein bisschen ausruhen.«

Ich hatte keinen Ort, an dem ich mich ausruhen konnte.

»Ich nehme euch zu mir nach Hause mit, da könnt ihr ein paar Stunden schlafen. Danach überlegen wir, was zu tun ist.«

In Wirklichkeit, das wusste ich, schlug Ellie mir vor aufzugeben. Sicher dachte sie, es sei besser, mit diesem geheimnisvollen »Telefon« Eddies Eltern zu benachrichtigen und unser Abenteuer für beendet zu erklären.

Nein! Niemals! Ich hatte mich immer als die Gepanzerte Julie gesehen und der Panzer hatte verhindert, dass andere mir wehtaten. Jetzt aber wollte ich den Panzer einsetzen, um zu kämpfen.

Allerdings war ich tatsächlich todmüde und so ließ ich zu, dass Ellie die anderen weckte und Tit auf den Arm nahm. Ed und Te Trois standen gähnend von ihren Stühlen auf und gemeinsam verließen wir das Gebäude.

Wir gehen zu Ellie nach Hause, dachte ich, und ergeben uns damit in unsere Niederlage.

Der Himmel war von jenem tiefdunklen Graublau, das die Morgendämmerung ankündigt.

»Sumpfschwalben!«, rief Eddie und zeigte auf einen niedrig fliegenden Vogelschwarm. »Ich wusste gar nicht, dass sie auch hier im Norden leben.«

Ellie wirkte übermüdet, aber ich war es auch. Ich spürte, dass ich von unserem Ziel nur noch einen Schritt weit entfernt war, aber ich kam einfach nicht darauf, wie ich das Rätsel lösen könnte.

Miss Dawn hatte ihre Inhaberpapiere versteckt und eine kaputte

Taschenuhr als einzigen Hinweis hinterlassen. Was hätte ich an ihrer Stelle gemacht? Wo hätte ich die Papiere verborgen? In einer Uhrmacherwerkstatt? Nein, das war Unsinn. Obwohl ...

Ellie stieg mit uns in eine Straßenbahn ein und zahlte für alle. Wir drängelten uns zwischen den Menschen hindurch, die zur Arbeit fuhren. Überwiegend Männer in ausgebleichter blauer Arbeitskleidung mit verschlafenen Gesichtern.

Knirschend fuhr die Tram an. Eddie legte seinen Kopf auf meine Schulter und als ich mich zu ihm umdrehte, sah ich, dass er eingeschlafen war. Draußen vor den Fenstern zog Chicago an uns vorüber, mit seinem Fluss, seinen Automobilen und Pferdekutschen.

Ich zuckte zusammen, als ich merkte, dass wir nun an den Lagerhallen von Walker & Dawn vorbeikamen. Ich sah das Dach von Miss Dawns Haus und den Bahnhof neben dem Firmengelände.

Mir fiel eine Nachricht ein, die ich eine Stunde zuvor gelesen hatte: Miss Dawn hatte die Renovierung der Bahnhofshalle aus eigener Tasche bezahlt und nach ihrem Tod hatte Mr Walker das Gebäude kaufen wollen, doch die Eisenbahngesellschaft hatte sich geweigert, es zu verkaufen. »Der Bahnhof gehört der Stadt«, hatte es geheißen und Miss Dawn hätte dem sicherlich zugestimmt, sie, die Züge so sehr liebte ...

»Halt!«, schrie ich.

»Was?«, fragte Ellie entgeistert.

Alle Leute drehten sich zu mir um.

»Wir müssen aussteigen. Ich weiß es jetzt, ich bin mir ganz sicher. Lassen Sie mich durch! Bitte, lassen Sie mich durch!«

Ich quetschte mich zwischen den Leuten durch zur Tür. Hier merkte ich, dass die Straßenbahn so langsam fuhr, dass die Fahrgäste ein- und aussteigen konnten, ohne dass die Bahn anhalten musste.

Ohne lange nachzudenken, sprang ich einfach ab, ein bisschen so wie Alex der Kater damals aus dem Zug gesprungen war, und winkte Eddie, Te Trois und Tit: Sie sollten nachkommen.

Auch Ellie stieg aus. »Was ist denn plötzlich mit dir los? Was weißt du jetzt?«

»Wo der Schatz ist«, sagte ich leise. »Ich weiß, wo sie ihn versteckt hat. Im Bahnhof!«

»Im Chicago Union Depot?«

»Miss Dawn hatte sich an der Renovierung beteiligt ... und sie liebte Eisenbahnen. Außerdem ist der Bahnhof direkt neben dem Versandhaus und auf diese Weise konnte sie ihren Schatz im Auge behalten. Ich bin mir ganz sicher! Er ist hier!«

Tit kam zu mir und packte meine Hand ganz fest. Te Trois und Eddie lächelten mir zu.

»Dann gehen wir einfach mal nachschauen.«

Wir rannten auf den Eingang zu.

Ellie folgte uns, so schnell sie konnte, und schnaufte dabei wie eine Lokomotive.

Der Union Depot war ein großer Bahnhof, wenn auch ein bisschen kleiner als der Bahnhof von Saint Louis, und zu dieser frühen Morgenstunde war hier furchtbar viel los.

Unsicher blickte ich mich um. Der Schatz war hier irgendwo, das spürte ich. Aber wo? Unter dem Schotter eines Schienenpaars, in einem Schaffnerbüro oder vielleicht im Inneren der großen mechanischen Tafel, die Ankunfts- und Abfahrtszeiten angab?

Auf einmal blieb Eddie stehen und zeigte mit dem Finger nach oben.

»Hey, Leute, erinnert euch das nicht an etwas?«

Hoch über einem gemauertem Bogen hing ein Schild mit der Aufschrift: *Gepäckschränke mit Zahlenschloss! Schließen Sie Ihr Gepäck hier sicher ein. Nur ein Dollar! Zahlbar im Voraus.*

Neben der Aufschrift war eine Taschenuhr aufgemalt und genau dieses Bild war Eddie aufgefallen.

Tit maunzte erschrocken, als ich ihn plötzlich an mich drückte.

»Ja«, sagte ich aufgeregt. »Das sieht Miss Dawns Uhr ziemlich ähnlich …«

»Wartet mal«, meinte Ellie, die uns endlich eingeholt hatte. »Jetzt, wo ich das hier sehe …«

»Was?«, fragte Te Trois.

»Die Schränke mit Zahlenschloss sind von Miss Dawn entwickelt worden. Die Union hatte gefragt, ob sie nicht Ideen für irgendwelche Annehmlichkeiten für die Bahnreisenden hätte, und sie erfand die automatische Gepäckabgabe. Es sind kleine Panzerschränke, in denen Durchreisende ihr Gepäck abstellen können, um dann unbeschwert in der Stadt spazieren zu gehen.«

Ich sah Eddie und Te Trois an und es war, als springe zwischen unseren Augen ein Funke über. Ich setzte Tit ab und gemeinsam liefen wir zu dem gemauerten Bogen.

Dahinter lag ein großer fensterloser Saal mit elektrischer Beleuchtung. Hier standen lange dunkle Holzregale voller Metallschränke. An den Regalen waren verschiebbare Leitern angebracht, mit deren Hilfe man die obersten Schränke erreichen konnte.

»Irre!«, sagte Ed. »Das sieht hier ja wie in den Hallen von Walker & Dawn aus!«

»Genau«, meinte ich, »und ich glaube nicht, dass das Zufall ist.«

Eine Hand legte sich auf meine Schulter und ich drehte mich um. Hinter mir stand ein Mann in Eisenbahneruniform.

»Was macht ihr hier? Wollt ihr etwas einstellen? Es wird im Voraus bezahlt.«

»Nein, nein«, widersprach ich. »Wir wollen hier nichts aufbewahren, wir wollen etwas abholen.«

Noch während ich es sagte, wurde mir klar, dass es tatsächlich stimmte. In irgendeinem dieser Schränke wartete etwas darauf, von uns abgeholt zu werden.

»Sie können es dem Mädchen wirklich glauben«, schaltete sich Ellie ein. »Lassen Sie uns jetzt bitte allein.«

Grummelnd entfernte sich der Mann.

Ellie stemmte die Arme in die Hüften und fragte: »Glaubt ihr, wir sind am richtigen Ort?«

Ich nickte. »Die aufgemalte Uhr da oben sieht genau wie unsere aus. Und sie ist so auffällig, dass niemand sie beachtet hat. Außerdem ist diese automatische Gepäckabgabe von Miss Dawn entwickelt worden. Das kann kein Zufall sein. Ein besseres Versteck hätte es für sie gar nicht geben können.«

»Aber wenn der Schatz in einem dieser Schränkchen ist, wie finden wir dann den richtigen?«, fragte Te Trois. »Es sind Hunderte … Wir können sie doch nicht alle aufbrechen.«

Ich wusste nicht, was ich ihm darauf antworten sollte. Ich kam mir vor wie ein Jagdhund, der mitten im Sumpf die Fährte verloren hat.

Tit schaute zu mir hoch. »Die 7 und die 9.«

»Hey!«, staunte Te Trois. »Tit spricht.«

»Die 7 und die 9. Und ein Viertel und 44 und 27.«

»Tit, was sagst du da?«

»Die 7 und die 9. Und ein Viertel und 44 und 27.«

Eddie machte einen Satz und seine Brille fiel zu Boden. »Natürlich!«, rief er. »Die 7 und die 9!«

Sie fingen an, mir auf die Nerven zu gehen. »Hört ihr bitte auf, mit Zahlen um euch zu werfen?«

»Genau«, knurrte Te Trois Eddie an und boxte ihn gegen die Schulter. »Du kannst gleich was erleben, wenn du nicht endlich verrätst, was das soll!«

Eddie bückte sich und hob seine Brille auf. Ich merkte, dass er vor Aufregung zitterte. »An einem Abend auf dem Schiff habe ich Tit dabei zugesehen, wie er mit der Uhr gespielt hat. Wir glaubten, die Uhr sei kaputt. Das stimmte aber gar nicht. Es war nur so: Jedes Mal, wenn man sie aufzog, zeigte sie dieselbe Reihenfolge von Zahlen an.«

»Und welche?«, fragte Te Trois.

»Der Stundenzeiger sprang von der 7 zur 9, während der Minutenzeiger …«

»… erst ein Viertel, also 15, und dann 44 und 27 Minuten anzeigte.« Es traf mich wie ein Blitz. Es war unglaublich einfach und doch war bisher noch niemand darauf gekommen.

»Deshalb hat Miss Dawn die alte Zwiebel niemals repariert!«, sagte ich. »Sie sollte kaputt bleiben, denn nur so …«

»… konnte sie die Zahlenkombination des Gepäckschließfachs angeben!«, rief Ellie.

Doch Eddie, Te Trois und Tit hörten das nicht mehr, denn sie waren bereits losgelaufen.

Jede Reihe von Schränken war mit einer eigenen Nummer ausgezeichnet. Vor Reihe 7 blieben wir stehen.

»Ist es hier?«, fragte Ed atemlos.

»Natürlich ist es hier!«, rief Te Trois. »Und es muss Schrank Nummer 9 sein.«

Ich ließ meinen Blick an dem Regal entlanggleiten. Nummer 9 war in der obersten Reihe unter der Decke des Saals. Te Trois und Eddie schoben eine Leiter heran, während ich an einem der unteren Schränke den Schließmechanismus untersuchte.

An der Schranktür war vorn eine drehbare Stahlkugel angebracht. In diese Kugel waren Kerben und Ziffern eingraviert. Als ich an der Kugel drehte, begann sie zu ticken.

Ellie schien diese Schränke bereits benutzt zu haben. »Man dreht an der Kugel, um die gewählte Kombination einzustellen.«

»Das kann aber nicht sein«, widersprach ich. »Schauen Sie mal! Hier sind nur die Ziffern 0 bis 9 drauf, doch die Zahlen, die Tit auswendig gelernt hat, sind zweistellig.«

Eddie hatte eine Idee. »Haben Sie Ihren Notizblock dabei?«, fragte er Ellie.

»Selbstverständlich, ich bin doch Journalistin«, entgegnete sie.

»Und du, Tit, kannst du mir die Zahlen von der Uhr noch mal sagen?«

Tit grinste stolz, erfreut darüber, dass er plötzlich zu einer wichtigen Persönlichkeit geworden war.

»Die 7 und die 9«, antwortete er. »Und ein Viertel und 44 und 27.«

Eddie schrieb alles auf und zeigte dann den Notizblock herum. Auf dem Blatt stand: 154427.

»Seht ihr? Sechs Ziffern: die Kombination!«, erklärte Eddie.

Schnell wie ein Eichhörnchen kletterte Te Trois die Leiter hinauf.

»Seid mal still, da unten«, rief er herab. »Ich probiere es jetzt aus.«

»Te Trois, warte mal!«, protestierte ich. »Wir sollten das alle zusammen tun.«

»Aber wir passen nicht alle zusammen auf die Leiter«, war die Antwort. »Los, diktiert mir die Kombination!«

»1«, rief Eddie. »5. 4. 4 ...«

Eddie, Ellie, Tit und ich standen mit hochgereckten Gesichtern da und schauten zu, wie Te Trois an der Kugel drehte.

»7!«, gab Eddie die letzte Ziffer an. »Das war die Letzte! Mach jetzt den Schrank auf!«

Te Trois zog und rüttelte an der Schranktür. »Es geht nicht«, meinte er enttäuscht. »Leute, es hat nicht funktioniert.«

»Der Türgriff«, rief ich hinauf. »Drück den Türgriff herunter!«

Er schenkte mir ein strahlendes Lächeln. Dann streckte er die Hand nach dem Griff aus, drückte ihn herunter und es machte KLACK!

»Und?«, riefen wir gespannt hinauf. »Ist denn was drin? Los, Te Trois, sag schon endlich!«

»Da ist ...«

Te Trois schaute zu uns hinunter. Er war ganz rot im Gesicht und sah überhaupt komisch aus und ich befürchtete schon, er werde von der Leiter fallen.

»Da ist etwas drin, das uns reich machen wird!«

Er langte mit beiden Armen in den Schrank und holte einen hohen Stapel Papierblätter heraus.

Eines der Blätter rutschte heraus und flatterte wie ein Herbstblatt zu Boden. Es trug das Firmensymbol von Walker & Dawn: die Weltkugel mit der Eisenbahn und auch der Werbeslogan des Versandhauses war aufgedruckt.

Darunter stand: *VERSANDHAUS WALKER & DAWN. INHABERPAPIER. DIESES INHABERPAPIER ENTSPRICHT 1 AKTIE.*

»Sie sehen alle gleich aus«, erklärte Te Trois. »Es müssen Hunderte sein.«

»Ist das ... alles echt? Träume ich oder erlebe ich das wirklich?«

Ellie umarmte mich. »Ich glaube, das ist echt und ihr träumt wirklich nicht. Ihr seid die neuen Miteigentümer des Versandhauses Walker & Dawn.«

Eddie, Tit und ich schauten uns sprachlos an. Dann kam Te Trois heruntergeklettert, legte die Papiere auf dem Fußboden ab und führte einen wilden Freudentanz auf, an dem wir uns alle beteiligten, bis wir uns erschöpft und außer Atem zu Boden fallen ließen.

Uns gehörte die Welt! Wir waren die Piraten, die den Schatz gehoben hatten! Wir waren diejenigen, die es geschafft hatten!

Und wir wussten, dass ab jetzt alles anders werden würde.

CHICAGO DAILY TRIBUNE

NO.159   SONDERAUSGABE, DIENSTAG, 7. JUNI 1904   5¢

VIER KINDER WERDEN MILLIONÄRE!

CHICAGO – Ein erstaunlicher Fund im Chicagoer Bahnhof Union Depot! Vier Kinder fanden in einem der Gepäckschränke mit Zahlenschloss einen Stapel Inhaberpapiere, die sie auf einen Schlag zu Miteigentümern des bekannten Versandhauses Walker & Dawn machten. Miss Dawns verschollener Schatz wurde also endlich geborgen! »Es war kein Zufall«, verriet uns Peter Chevalier, einer der vier frischgebackenen Millionäre, »sondern der glückliche Ausgang eines gefährlichen Abenteuers.« Die Geschichte hinter diesem Fund wird für einiges Aufsehen sorgen, zumal auch wichtige Chicagoer Persönlichkeiten darin verwickelt sind. Mr Walker gab zu den neuesten Ereignissen noch keine Stellungnahme ab ...

Vier Kinder werden Millionäre!

Wir waren zu viert aufgebrochen.

Te Trois, der Verwegene, der das Leben beherrschen wollte.

Eddie der Schamane, der die Geheimnisse des Lebens ergründen wollte.

Der kleine Tit, der ungeahnte Größe zeigte.

Und die Gepanzerte Julie, die endlich, endlich glücklich sein wollte.

Ich war das Mädchen, das nicht weinen konnte. Bis zu jenem Tag. Am Abend dieses Tages aber, als ich auf einem alten ausgesessenen Sofa in Ellies Wohnung lag, beugte ich mich über meinen kleinen Bruder Tit und gab ihm einen Kuss. Und in diesem Augenblick füllten sich meine Augen mit Tränen. Ich tat nichts, um sie zurückzuhalten und daran zu hindern, meine Wangen hinunterzulaufen.

Das große Haus

E. Cochrane

DIE MISSISSIPPI-BANDE

WIE WIR MIT DREI DOLLAR REICH WURDEN

Erstausgabe Mai 1906
aktuelle Ausgabe Dezember 1969

Die Mississippi-Bande

Ich verließ das Haus und draußen lag Schnee. Es lag Schnee und ein eiskalter Wind schnitt mir ins Gesicht.

Also ging ich noch mal rein. Ich holte mir den Stock, den Hut und den Schal.

Ich war bereits die zwei Stufen vor der Haustür hinuntergestiegen, als mir Miss Dumpler nachrief: »Sir, Sie haben Ihren Mantel vergessen!«

Ich schaute an mir hinunter. Ich hatte nur einen Pullover an und er war vorn schon ganz verschneit.

Miss Dumpler lief mir mit dem Mantel hinterher. Sie war außer Atem und ich wusste nicht, ob die Kälte daran schuld war oder etwas anderes. Lächelnd legte sie mir den Mantel über die Schultern und ich merkte, dass sie besorgt war.

Miss Dumpler ist eine sehr nette Dame und sie mag mich. Zumindest glaube ich das. Sie kümmert sich um mich, obwohl sie weiß ist und ich schwarz bin. Es heißt, die Zeiten hätten sich geändert und die Hautfarbe wäre heutzutage kein Problem mehr.

Ich weiß nicht, ob sich die Zeiten tatsächlich geändert haben. Auf jeden Fall aber habe ich mich geändert. So bin ich, zum Beispiel, früher barfuß gelaufen und hatte nur eine kurze Hose und ein dünnes Hemd an und habe trotzdem nie gefroren. Inzwischen aber friere ich ständig, sogar im Sommer.

Außerdem habe ich bemerkt, dass ich mich langsamer bewege. Ich bin so langsam geworden wie diese großen Sumpfschildkröten, die meine Schwester früher fing, um daraus Suppe zu kochen. Nein, sogar noch langsamer, denn wenn es darauf ankam, waren diese *Bayou*-Schildkröten so schnell wie Schlangen.

Jedenfalls hatte ich mittlerweile Hut, Schal, Mantel und Stock und konnte also tatsächlich draußen herumlaufen.

Ich verließ den Garten mit seinen schneebedeckten Sträuchern und erreichte die Straße.

»Wohin soll ich Sie fahren, Mr Dart?«, fragte der Chauffeur, der ebenfalls weiß ist. Heute war er sogar noch weißer, denn auf seiner Uniform lag Schnee.

Ich lächelte nur und zeigte zum Haus hin, um ihm zu bedeuten, er solle hineingehen und sich aufwärmen.

Dann wandte ich mich um und ging weiter. Linker Fuß, Stock, rechter Fuß, Stock. Und so weiter.

Die ganze Zeit über schaute ich dabei nach unten, weil ich Angst hatte auszurutschen. Miss Dumpler sagt immer, dass bei Leuten in meinem Alter die Knochen so brüchig wie Waffelröllchen sind und dass meine brechen, wenn ich hinfalle. Ich weiß nicht, ob das stimmt. Aber mir gefällt der Gedanke, aus Waffelröllchen zu bestehen. Alles, was süß ist, ist auch gut.

Ich lief eine Weile weiter, bis ich merkte, dass mir kalt war. Die Kälte war inzwischen bis unter meinen Mantel gekrochen, unter meinen Pullover und auch unter meinen Hut, und meine Haut hatte sich zu Gänsehaut zusammengezogen und war ganz schrumpelig vor Kälte.

Ich blieb stehen, um zu verschnaufen, und stellte fest, dass ich beinahe schon am Ziel war. Am Ende des Weges stand, von den

Bäumen versteckt, ein vierstöckiges Haus mit einer Fassade aus hellroten Ziegeln, an denen jetzt große Schneeflecken hingen.

Ich kam oft an dem großen Haus vorbei. Meist waren die Fensterläden geschlossen und alles war dunkel. Heute aber parkten zwei schwarze Autos mit verdunkelten Scheiben vor dem Eingang und im ersten Stock hatte jemand die Fenster geöffnet.

Das bedeutete, dass sie wieder da war.

Ich ging schneller, so schnell ich konnte, weil ich befürchtete zu erfrieren, wenn ich zu langsam war.

Ich überquerte die Straße. Ein Autofahrer hupte und rief mir Schimpfwörter nach, doch ich beachtete ihn nicht. Die Zeiten mögen sich ändern, aber manche Dinge ändern sich nicht.

Als ich den Gartenpfad des großen Hauses betrat, kam mir ein Mann entgegen. Er war groß, wesentlich größer als ich, und sehr kräftig gebaut. Er hatte keine Haare und auch keinen Mantel, nur einen dunklen Anzug, auf dem ebenfalls Schnee lag. Ich dachte, vielleicht hatte auch er seinen Mantel vergessen und es gab für ihn keine Miss Dumpler, die ihm die Sachen hinterhertrug.

Der Mann trug eine dunkle Sonnenbrille, obwohl die Sonne gar nicht schien.

»Entschuldigen Sie«, sagte der Mann zu mir. »Das hier ist ein Privatgrundstück.«

Ich antwortete ihm nicht, sondern machte einen Schritt zur Seite, um ihm auszuweichen. Doch er stellte sich mir wieder in den Weg.

Er murmelte irgendetwas in der Art, dass eine Villa wie diese doch wenigstens durch eine Mauer, ein Gittertor und Kameras geschützt sein sollte, und unwillkürlich schüttelte ich den Kopf. Sie hatte Mauern und Gitter nie gemocht.

»Sir, bitte«, sagte der Mann nun, »Sie dürfen hier nicht rein.«

Ich antwortete wieder nicht.

»Sir, geht es Ihnen gut?«

Auch darauf gab ich keine Antwort.

Der Mann schaute mich an (wenigstens glaube ich es, wegen der dunklen Brillengläser konnte ich seine Augen nicht sehen) und packte mich an einem Arm.

Ich mag es nicht, wenn mich Leute berühren. Ich weiß dann immer nicht, wie ich mich verhalten soll. Deswegen klopfte ich mit dem Stock auf die Pflastersteine des Wegs, tock tock, tock, tock, tock, und hoffte, er werde mich loslassen.

Der Mann sagte zu mir: »Ich bedauere, aber Sie müssen das Grundstück verlassen.«

Er drehte sich um und sagte zu jemandem hinter ihm: »Wir haben hier ein Problem. Ein älterer Herr, ich glaube, es geht ihm nicht gut.«

Es ging mir wirklich nicht gut, aber nur, weil er meinen Arm nicht losließ.

Ich hörte Schritte und Julie kam mir entgegengelaufen. Besser gesagt lief sie auf den Mann mit der dunklen Brille zu. Sie war nur halb so groß wie er, aber dennoch erteilte sie ihm einen Befehl.

Sie sagte: »Lass ihn sofort los, Frank!«

Danach sagte sie: »Lass meinen Bruder in Ruhe!«

Sofort trat der Mann mit der Brille, der offenbar Frank hieß, einen Schritt zurück.

Dafür kam Julie zu mir und umarmte mich.

Ich mag es nicht, wenn Leute mich umarmen. Es ist mir noch unangenehmer, als wenn sie mich am Arm packen. Aber bei Julie ist das etwas anderes. Sie ist etwas Besonderes.

»Lass dich anschauen«, sagte sie zu mir. »Bist du zu Fuß gekommen? Das hättest du nicht tun sollen, mit deinem schlimmen Bein.

Erinnerst du dich auch immer daran, deine Medikamente zu nehmen?«

Ich erinnere mich an alles, auch wenn ich manchmal so tue, als ob ich etwas vergessen hätte. Und dann gibt es ja auch noch Miss Dumpler, die mir meine Pillen gibt, wenn ich sie brauche.

Ich schaute Julie an. Obwohl sie älter ist als ich, sieht sie mindestens zehn Jahre jünger aus. Sie braucht keinen Stock und hält sich kerzengrade und ist so schlank wie als junges Mädchen. Ihr Haar ist immer noch rot, nur hier und da durchziehen es einzelne weiße Strähnen. Aber vielleicht sind das auch gar keine weißen Strähnen, sondern ist nur Schnee.

»Wie schön, dich wiederzusehen, Francis«, sagte sie. »Es ist viel zu viel Zeit vergangen, ich sollte öfter nach Chicago kommen. Ab und zu fehlt mir diese Stadt doch ... und du fehlst mir immer.«

Mir hatte Julie auch gefehlt. Wenn sie hier ist, kommt sie mich jeden Tag abholen und wir gehen spazieren. Ich kann zwar nur langsam gehen, aber es macht mir trotzdem Spaß. Mit Julie spazieren gehen, ist noch schöner, als von ihr umarmt zu werden.

»Entschuldigen Sie bitte vielmals«, sagte der Mann mit der Sonnenbrille. »Ich ... ich wusste nicht ...«

»Das macht doch nichts, Frank«, erwiderte Julie. »Ach Himmel, wie spät es schon ist. Lass bitte den Wagen kommen, Frank. Wir sind spät dran.«

»In Ordnung, Miss Dart«, sagte Frank.

Der Wagen war eines der beiden dunklen Autos mit den verdunkelten Fenstern, die vor dem Eingang parkten. Gefahren wurde er von einem weiteren Mann mit Sonnenbrille und vorn auf der Motorhaube war eine kleine amerikanische Fahne befestigt.

Sie verrät, dass Julie Senatorin der USA ist. Allerdings vertraute mir Julie einmal an, dass sie es hasst, mit der kleinen Fahne herumzufahren. Denn das sieht nach Prahlerei aus und Julie prahlt nicht.

Ich mochte an diesem Auto, dass es drinnen eine Glasscheibe gab, zwischen Rückbank und Fahrersitz, sodass wir hinten auf der Rückbank unter uns waren.

»Du siehst gut aus, Francis. Abgesehen von dem Bein. Und ja, ich weiß, ich hatte dir versprochen, früher zu kommen, aber …«

Sie beendete den Satz nicht und das war auch gar nicht nötig. Ich weiß, dass Julie sehr eingespannt ist. Sie reist kreuz und quer durch die USA, um andere zu beschützen, vor allem Mädchen. Sie sagte einmal, dass sie jetzt, wo sie stark geworden war, die beschützen konnte, die es noch nicht waren. Ich habe nie richtig verstanden, was sie damit meinte, aber stark ist Julie auf jeden Fall. Und sie ist es nicht erst geworden, sie war es schon immer.

Das Auto fuhr am Hyde Park vorbei und eine Weile am Ufer des Lake Michigan entlang. Das sah sehr schön aus, das dunkle Wasser, das Gras und die Bäume, die fast bis zum Wasser reichten. Doch es blies ein kräftiger Wind, ich war froh darüber, im warmen Auto zu sitzen.

Dann bogen wir ab, in die Innenstadt hinein, auf eine Straße zwischen Wolkenkratzern und schließlich erreichten wir die Canal Street.

»Ein kleiner Umweg«, meinte Julie und dabei zitterte ihre Stimme ein wenig. »Die Straße sieht heute ganz anders aus als damals, als wir sie zum ersten Mal gesehen haben, nicht wahr? Ich glaube, die Lagerhallen waren genau hier.«

In Wirklichkeit waren sie einen Block weiter gestanden, aber es erschien mir nicht wichtig, Julie zu verbessern. Es sah sowieso alles anders aus als früher. Wolkenkratzer waren entstanden und ein neuer Bahnhof. Sogar der Fluss war begradigt worden. Und die Gleise von Miss Dawns Miniaturzügen lagen jetzt unter den grauen Fluten des Chicago River.

Um die Schienen tat es mir nicht leid. Aber um das kleine Haus mit den Uhren. Wir waren dort eine Weile lang glücklich gewesen. Julie und Te Trois und ich. Wie eine richtige Familie.

Jetzt senkte sich die Glasscheibe zwischen uns und dem Fahrer ab und er fragte: »Fahren wir zum Flughafen weiter, Miss Dart, oder wollen Sie hier aussteigen?«

»Nein, nein«, antwortete Julie. »Wir fahren weiter.«

Das Auto fuhr wieder an. Ich schaute nicht mehr hinaus und Julie sagte nichts mehr. Vielleicht war sie müde. Sie hatte eine lange Reise hinter sich.

Der Fahrer hielt vor dem Flughafen von Chicago an und öffnete uns die Tür. Julie half mir beim Aussteigen und reichte mir meinen Stock.

Miss Dumpler wäre mit Julie sehr zufrieden gewesen.

Während wir ausstiegen, hielt hinter uns ein zweites Auto, und Frank und ein dritter Mann mit Sonnenbrille stiegen aus. Sie folgten uns in die Flughafenhalle und überwachten uns und alles um uns herum. Ich fühlte mich in ihrer Gegenwart nicht wohl.

»Hier entlang«, sagte Julie. »So müssen wir uns nicht anstellen.«

Ich blieb vor einer Drehtür stehen. Sie drehte sich so schnell wie ein Karussell und ich wusste nicht, wie ich durch sie hindurchgehen sollte. Aber es war eine sehr schöne Tür. Sie drehte sich entgegen dem Uhrzeigersinn mit einer Geschwindigkeit von 2,4 Runden pro Minute.

Das entsprach 4,8 Runden in zwei Minuten und genau 12 Runden in fünf Minuten. Aus Gründen der Symmetrie trat ich bei der zwölften Runde in den Drehtürbereich ein.

»Was ist los, Mrs Dart, gibt es ein Problem?«, fragte Frank.

»Nein, kein Problem«, antwortete Julie. »Wir warten nur, bis mein Bruder mit dem Zählen fertig ist.«

Es gibt nur wenige Menschen, die so viel verstehen wie Julie, das habe ich schon immer gewusst.

In der zwölften Runde gingen wir zusammen hinein, Julie und ich, und Frank und die anderen kamen sofort hinterher.

Auf der anderen Seite der Drehtür befand sich eine riesige, vom einfallenden Sonnenlicht erhellte Halle.

»Leute!«, sagte eine Männerstimme. »Wie schön, euch wiederzusehen!«

Ich drehte mich um und da war Eddie und kam lächelnd auf uns zu.

Er trug ein weißes Hemd und eine weiße Hose und auch sein Haar war weiß, ganz weiß. Seine Haut dagegen war dunkel, nicht ganz so dunkel wie meine, aber fast, und seine Stirn hatte tiefe Falten. Aber die Augen hinter der Brille waren wie immer und auch das Lächeln.

Eddie lief Julie entgegen, umarmte und küsste sie auf die Wange. »Du bist jetzt noch schöner als früher, als junges Mädchen«, sagte er.

Und sie antwortete: »Du alter Schwindler!«

Zu mir sagte Eddie: »Francis, es ist schön, dich wiederzusehen! Was macht dein Bein?«

Was sollte es schon machen? Ich ging am Stock.

Dann sagte Julie zu mir: »Ist das nicht eine tolle Überraschung, Francis, dass jetzt auch Edward hier ist? Du ahnst nicht, wie lange ich auf ihn einreden musste, damit er endlich mal Louisiana verlässt. Er ist extra gekommen, um dich zu besuchen. So ist es doch, nicht wahr, Ed?«

»Ein Schamane verlässt nie sein magisches Land«, erwiderte Edward.

»Du bist immer noch der Alte«, meinte Julie lachend.

Ich sagte nichts, denn ich wusste, dass da nichts Lächerliches dran war. Edward war *wirklich* ein Schamane der Sümpfe und konnte mit den Tieren sprechen und all das.

»Zur Feier des Tages«, verkündete Julie, »habe ich ein besonderes Programm zusammengestellt. Kommt einfach mit.«

Zuerst fuhren wir zum Planetarium, meinem Lieblingsort in Chicago, und anschließend zum Zoo, der Edwards Lieblingsort ist. In einem Restaurant am See aßen wir zu Mittag und ich konnte mir eine doppelte Portion Pommes frites und auch eine doppelte Ration Torte zum Nachtisch bestellen, weil keine Miss Dumpler da war, die auf meinen Cholesterinspiegel aufpasste.

Julie und Edward unterhielten sich lange. Dann erzählte Julie von dem, was sie in Washington so erlebt, und Edward von dem, was er in seinem Krankenhaus in Louisiana so erlebt hatte, und von seiner Forschung und seinen Assistenten.

Ich fand das alles interessant und es wäre ein perfekter Tag gewesen, wenn uns nicht Frank und die anderen Männer mit den Sonnenbrillen auf Schritt und Tritt gefolgt wären. Und wenn Te Trois mit dabei gewesen wäre.

Es ist schon lange her, dass ich Te Trois zum letzten Mal gesehen habe. Als er und Julie sich vor vielen Jahren getrennt haben, ist er auch aus meinem Leben verschwunden. Aber er ist ja ständig unterwegs und bereist die ganze Welt.

Nach dem Essen stiegen wir wieder in das dunkle Auto ein und Julie sagte zum Fahrer: »Bring uns bitte nach Hause.«

Wenigstens würden wir dort unsere Ruhe vor den Sonnenbrillenmännern haben.

»Wir sollten zu einem Hotel, damit ich einchecken kann«, meinte Edward.

»Das kommt gar nicht infrage, du bist mein Gast«, sagte Julie. »Ich habe viele freie Zimmer.«

Edward protestierte noch eine Weile, nahm Julies Angebot dann aber doch an.

Als wir Julies Haus erreichten, wäre es Zeit für das Abendbrot gewesen. Aber weil wir so viel zu Mittag gegessen hatten, hatte niemand von uns Hunger. Also setzten wir uns in den kleinen Salon im obersten Stock.

Das Dienstmädchen brachte uns Getränke. Ich bekam einen Erdbeershake, mein Lieblingsgetränk. Julie hatte sich ein Glas Whiskey mit zwei Eiswürfeln bestellt und Edward Tee. Seit damals in New Orleans, als wir Buddy Bolden spielen hörten, hat Edward keinen Tropfen Alkohol mehr angerührt.

»Hm«, sagte er nach dem ersten Schluck Tee. »Wie schön, mal wieder hier zu sein. Ihr zwei habt mir sehr gefehlt.«

Er hatte mir auch gefehlt.

»Und dieses Haus ist wirklich fantastisch«, meinte er.

»Ja, es ist schön«, stimmte Julie zu. »Aber in dem anderen habe ich mich wohler gefühlt.«

Sie meinte das Haus von Miss Dawn.

»Manchmal tut es mir leid, dass wir alles verkauft haben.« Eddie trank noch einen Schluck Tee. »Das Haus, die Lagerhallen. Das ganze Versandhaus.«

Auch mir tat es leid, dass es das Versandhaus nicht mehr gab. Ich bedauerte es noch stärker als die anderen. Dabei war ich derjenige gewesen, der das entschieden hatte. Es war die logischste Entscheidung und Logik war schon immer meine Stärke gewesen.

Plötzlich fiel mir jener Moment vor all den Jahren wieder ein, als ich Eddie im Bahnhof die Zahlenkombination des Gepäckschranks verraten hatte und Te Trois hinaufgeklettert war und in dem Schrank die Inhaberpapiere gefunden hatte. Julie hatte mich umarmt und dann, als wir danach auf Ellies Sofa lagen, hatte sie mich noch einmal umarmt.

Und danach?

Danach waren die Rechtsanwälte gekommen. Elegante Herren in dunklen Anzügen und mit schwarzen Aktentaschen. Es hatte eine Gerichtsverhandlung gegeben, es hatte Verhöre und Ermittlungen gegeben. Miss Dawns Testament war angefochten worden, die von uns entdeckten Inhaberpapiere waren gründlichst untersucht worden, Stück für Stück.

Während sich die Anwälte und Richter stritten, hatten wir in die Schule gehen müssen, ich und meine Freunde auch. Und als endlich alles geklärt war, waren wir größer geworden. Und reich.

Allmählich hatte sich alles verändert. Eddie hatte es als Erster gemerkt, unser guter alter Eddie Schiefauge. Studieren gefiel ihm besser, als sich um die Geschäfte zu kümmern. Also wurde er Arzt und kehrte in den *Bayou* zurück, um dort als Medizinmann zu arbeiten.

Te Trois hatte eine Zeit lang versucht, das Versandhaus zu leiten. Und er hatte es gut gemacht, auf seine besondere Weise, die alle für ihn einnahm. Schließlich aber hatte er sich von diesem Leben eingeengt gefühlt. Te Trois hielt es nie lange an einem Ort aus. Er konnte sich einfach nie daran gewöhnen, als »Sir« angesprochen zu werden, und er hasste es, wenn es im Versandhaus Probleme gab und er entscheiden musste, ob er jemanden einstellen oder jemand anderen entlassen sollte.

»Es sind Menschen, verstehst du?«, sagte er dann zu mir. »Menschen, die Familien ernähren müssen. Und ich kann nicht so tun, als wüsste ich das nicht. Es ist mir einfach zu viel!«

So war eines Tages auch er gegangen. Er buchte einfach eine Schiffspassage und war weg. Meine Schwester Julie weinte nicht, aber ich weiß, dass es ihr sehr wehtat, als Te Trois sie verließ.

Sie fragte mich: »Francis, was sollen wir jetzt tun?«

Ich rechnete eine Weile. Und meine Berechnungen ergaben, dass wir verkaufen sollten.

Das Versandhaus war so lange erfolgreich gewesen, wie Dampflokomotiven die schnellsten Verkehrsmittel waren. Inzwischen aber gab es Automobile und Autobahnen und Flugzeuge und die Menschen reisten so schnell wie nie zuvor.

Wir hatten damals viele Tage gebraucht, um vom *Bayou* nach Chicago zu reisen. Für dieselbe Strecke braucht Edward mit dem Flugzeug nur wenige Stunden. Was für Abenteuer kann man in einer solchen Welt erleben? Und wozu braucht man in ihr überhaupt noch einen Versandhauskatalog?

Also verkauften wir alles. Mit dem Geld kauften wir uns Unmengen von Büchern und zwei schöne Häuser. Wir versuchten, uns mit dem Geld auch Glück zu kaufen, aber das kann man nicht kaufen, das muss man erobern.

Julie riss mich aus meinen Erinnerungen und holte mich in die Gegenwart zurück. »Hör mal, Francis. Ich … also, Edward und ich … Wir müssen dir etwas sagen.«

»Es muss sein, nicht wahr? Wir können es nicht länger rausschieben.« Edward seufzte.

»Ja«, erwiderte Julie. »Siehst du, Francis ... Es gibt einen Grund dafür, dass wir wieder zusammengekommen sind. Und es ist ein trauriger Grund.«

Eddie stand schweigend auf und ging hinaus. Kurz darauf kam er mit einem Koffer wieder.

Diesen alten Lederkoffer hatte ich seit genau 65 Jahren nicht mehr gesehen. Es war der Koffer, den Eddie an einem schwülen Vormittag in New Orleans gekauft hatte, kurz bevor wir an Bord der *Louisiana Story* gingen.

Meine Schwester stand aus ihrem Sessel auf, kniete sich vor mich hin und nahm meine Hand zwischen ihre. Ihre Hände fühlten sich glatt und kühl an, so wie es die Hände alter Leute immer sind.

Auch Julie seufzte, so wie vorhin Eddie.

Dann sagte sie: »Francis, Peter ist tot.«

Peter, so nannte Julie Te Trois, als wir alle groß waren. Te Trois sollte also tot sein. Ich schüttelte den Kopf, weil das gar nicht möglich ist. Einer wie Te Trois kann nicht sterben! Es gibt unsterbliche Wesen und er war eines von ihnen.

»Ich hatte Eddie gebeten zu kommen, damit wir zusammen sein können ... Ich weiß noch, wie schwer es für dich war, als Ellie starb.«

Aber Ellie war sehr, sehr alt gewesen. Te Trois war jung und er blieb auch jung. Er wurde niemals älter.

Wieder schüttelte ich den Kopf und mit der freien Hand, mit der Hand, die nicht zwischen Julies Händen lag, griff ich nach meinem Stock und klopfte damit auf den Fußboden. Tock, tock, tock, tock, tock! Ich wollte diesen schlimmen Moment verjagen.

Aber wie immer half das nichts.

»Lass das bitte. Hör mir lieber zu. Peter war krank. Vor einem Jahr wurde er krank, aber wir haben dir nichts gesagt, damit du dir keine Sorgen machst. Er hat es gemerkt, als er in Thailand war. Er ließ sich untersuchen, war in vielen teuren Kliniken. Aber die Ärzte konnten ihm nicht helfen.«

»Manchmal gibt es eben kein Heilmittel«, erklärte Eddie. »Ich war bei ihm, als er starb. Er hatte mich rufen lassen und natürlich wollte ich bei ihm sein. Er hatte einen leichten Tod. Und bevor er starb, sagte er ...«

Seine Stimme brach.

»Er sagte, ich soll euch von ihm grüßen.«

Julie und Edward schauten mich an, als erwarteten sie, dass ich etwas sagte. Aber ich wusste nicht, was ich sagen sollte.

»Er sagte auch, ich soll diesen Koffer an mich nehmen«, fuhr Eddie fort. »Peter hatte ihn all diese Jahre aufgehoben und als ich den Koffer sah, traf mich beinahe der Schlag. Er sagte mir, ich soll dir diesen Koffer geben, Francis. ›Bring ihn zu Francis‹, sagte er. Ja, und deshalb bin ich hergekommen.«

Ich musste grinsen, denn so etwas war typisch für Te Trois. Der alte Halunke.

Jetzt setzte sich auch Edward auf den Boden, mit gekreuzten Beinen. Es fiel ihm allerdings nicht leicht und ich hörte seine Gelenke knirschen.

Er öffnete den Koffer, nahm etwas heraus und zeigte es mir. Es war eine Maske. Eine geschnitzte Holzmaske, die ziemlich furchterregend aussah, mit zwei Löchern für die Augen und einer Hakennase.

»Die kommt aus Melanesien«, erklärte Edward. »Peter hat mir erzählt, dass er sie in der Hütte eines Fischers fand, der noch nie zuvor einen Weißen gesehen hatte. Als Peter seinen Geldbeutel hervorzog, weil er für die Maske bezahlen wollte, dachte der Mann, Peter wolle ihn töten, und griff ihn mit einem Messer an. Peter sagte, der Mann hätte ihn beinahe umgebracht.

Edward kicherte und ich sah, wie sich auf Julies Gesicht ein Lächeln ausbreitete, das mir sehr bekannt vorkam. Früher hatte ich es »Te-Trois-Lächeln« genannt.

»Die hier kommt aus Russland«, fuhr Edward fort und zeigte mir eine kleine, in Silber gefasste Ikone. »Peter bekam sie von einem Jungen geschenkt, dem er während der Belagerung von Leningrad im Zweiten Weltkrieg sein letztes Stück Brot gegeben hatte. Es war eine schlimme Zeit damals, für alle.«

Nun holte Edward eine Zigarre aus dem Koffer. »Und die hier kommt aus Kuba. Wisst ihr noch, wie Peter damals herausfinden wollte, wie sich eine Revolution anfühlt?«

Ein schwarzer Gesteinsbrocken.

»Den hier hat Peter am Gipfel des Mount Everest aufgelesen.«

Ein scharfer Metallhaken, wie eine Sense, nur viel schmäler.

»Ein *Mambele*, ein afrikanisches Wurfmesser.«

Ein Zahn.

»Und der gehörte einem Eisbären, dem Peter am Nordpol begegnet ist. Der Bär war da schon tot, aber Peter hat gesagt, dass ihm der warme Pelz das Leben gerettet hat.«

Julie und ich betrachteten lange die Dinge, die Te Trois auf seinen Reisen gesammelt hatte. Ich fragte mich, warum er sie ausgerechnet in unserem Koffer aufbewahrt hatte und warum er gewollt hatte, dass ich sie nach seinem Tod bekomme.

»Seht ihr ... also Peter ...«, begann Edward. »Wir kannten ihn ja alle gut. Er konnte nie lange an einem Ort bleiben, so war er schon als kleiner Junge. Er hat es versucht und eine Weile hat er auch geglaubt, er könne es schaffen.«

Ich schaute zu Julie hinüber und sah, dass sie leise weinte. Weil ich es nicht ertrage, sie weinen zu sehen, drehte ich mich um. Früher hat sie nie geweint.

Ich glaube, dass jetzt auch Edward weinte, aber weil er seine Brille trug, konnte ich das nicht so deutlich sehen.

»In diesem Koffer hat er all seine Schätze aufbewahrt«, fuhr Edward jetzt fort. »Sie stehen für all die Länder, die er besucht hat, all die Dinge, die er gelernt hat, alle Gefahren, die er überstanden hat. Doch vor seinem Tod hat er mir anvertraut, dass es nie genug war, dass es nie gereicht hat. Dass kein einziges seiner späteren Abenteuer aufregender und schöner war als dieses hier.«

Und während er das sagte, holte Edward noch einen Gegenstand aus dem Koffer hervor.

Ein Buch.

Es war ein Buch mit einem bunten Umschlag und es war ein Buch, das ich gut kannte, obwohl ich es nie gelesen hatte.

Edward überreichte mir das Buch, als sei es ein kostbarer Schatz. Es war zerlesen und ramponiert und ich fragte mich, warum. Te Trois wusste sehr genau, was darin stand. Den ersten Teil hatte er selbst geschrieben, gemeinsam mit Ellie. Der zweite Teil stammte von Eddie und der dritte von Julie.

Nur ich hatte mich immer geweigert. Ich kann mich nicht so gut ausdrücken. Außerdem hatte ich nichts hinzuzufügen gehabt.

Es war ganz still geworden. Ich ließ meinen Stock fallen und schlug das Buch auf der ersten Seite auf.

Da stand der Titel. Ich weiß nicht, warum sie den Titel immer auf die allererste Seite schreiben, wo er doch schon auf dem Umschlag steht. Vielleicht befürchten sie, dass das Buch seinen Umschlag früher oder später verliert.

Erst auf den zweiten Blick sah ich, dass auf dem Papier etwas mit Tinte geschrieben stand.

Das Auffälligste war ein großes Gekritzel, das ich sofort wiedererkannte: eine verschnörkelte »3«, die Unterschrift von Te Trois, wenn er in Angeberlaune war. Darunter stand sehr elegant »Edward« geschrieben. Und noch weiter unten das spitze »J«, die kurze Unterschrift meiner Schwester.

»Kurz bevor er krank wurde, hatte er uns gebeten, es zu signieren«, erklärte Julie. »Damit er uns immer bei sich hat, meinte er.«

Ich nickte. Die Unterschriften der Freunde sammeln und dann selbst signieren, das sah Te Trois ähnlich. Und es war auch typisch für ihn, dass er mich nicht darum gebeten hatte zu unterschreiben, denn er wusste, dass ich mit Worten nicht so gut umgehen kann.

Aber – was soll's? Manchmal kann man auch etwas tun, das man nicht so gern tut.

Ich suchte in den Taschen meiner Weste, bis ich einen Stift fand.

Eine Weile hielt ich ihn nur über das Blatt und betrachtete noch einmal die Unterschriften meiner Freunde, die unser Abenteuer signiert hatten.

Ich hielt die Luft an.

Dann fügte ich ganz, ganz unten meinen eigenen Namen hinzu. Nicht »Francis«, sondern den richtigen.

Danksagung

Die Geschichte der Mississippi-Bande und des Versandhauses Walker & Dawn (»Die niedrigsten Preise! – Geben Sie Ihr Geld klug aus! – Bei Nichtgefallen Geld zurück!«) hat mich drei Jahre lang beschäftigt und es waren fantastische Jahre!

Doch dieses Buch wäre niemals entstanden, wenn mir nicht so viele Menschen zur Seite gestanden hätten, die mir halfen, mir zuhörten, lasen, korrigierten und Vorschläge machten. Einige von ihnen wurden sogar zu Figuren dieses Romans.

Mein erstes Dankeschön gebührt zweifelsohne dem großartigen Schriftsteller Pierdomenico Baccalario, der seit über einem Jahrzehnt mein Freund und Gefährte vieler Abenteuer ist. Er war derjenige, dem ich die Geschichte der Mississippi-Bande zum allerersten Mal erzählt habe; seitdem hat er mich auf so vielfältige Weise unterstützt, dass ich gar nicht alles aufzählen kann.

Ich danke Alessandro Gatti, der mir während eines sehr langen Abendessens irgendwo oben in den Bergen half, den wahren Mörder von Miss Dawn zu ermitteln.

Ich danke Alessandro Gelso, der diese Geschichte besser verstanden hat als ich, der sie immer verteidigt und mir Dutzende wertvoller Tipps gegeben hat. Der Epilog dieses Romans ist auch die Frucht seines Einfallsreichtums und seiner Geduld.

Ich danke Viola Gambarini, die das Buch aus Freundschaft gelesen hat und es auch danach immer wieder las.

Ich danke Maria Bastanzetti für das Endlektorat und Stefano

Moro für das herrliche Cover und seine hervorragenden Illustrationen (die bei diesem Buch eine ganz besondere Rolle spielen).

Ich danke Alexander Dobler und Annette Lardschneider, Cornelia Panzacchi, Bärbel Dorweiler, Bettina Körner-Mohr, Katharina Ebinger und all den anderen wundervollen Menschen im Thienemann Verlag, die mir dabei geholfen haben, diese Geschichte auch in Deutschland erzählen zu können.

Ich danke Lorenzo Rulfo, ohne eigentlich zu wissen, warum.

Ich danke meinen Eltern und meiner Schwester Chiara.

Ich danke Riccardo und Antonio, Sarah und Tommaso.

Ich danke Laura dafür, dass sie da ist.

Und ich danke dir, lieber Leser, dafür, dass du dieses Buch liest. Wenn du bis zu diesen letzten Zeilen ganz am Ende vorgedrungen bist, bedeutet dies, dass meine Arbeit nicht umsonst war.

EIN JUNGE, EIN GEHEIMNIS UND EINE ABENTEUERLICHE REISE

Davide Morosinotto
Sohn des Meeres
416 Seiten · Gebunden
ISBN 978-3-522-20302-9

Einmal das Meer sehen! Niemals hätte Pietro zu hoffen gewagt, dass sein Traum in Erfüllung geht. Doch der Krieg gegen die Hunnen hat alles auf den Kopf gestellt. Gerade noch ein einfacher Schweinehirte zieht Pietro jetzt als Soldat durch das Land. An seiner Seite Justina, Tochter aus reichem Haus, die sich als Junge verkleidet hat, um den Soldaten zu folgen. Niemand darf wissen, wer sie wirklich ist. Und niemand darf erfahren, dass Pietro und Justina sich immer näher kommen ...

ZURÜCK IN DIE WILDNIS

Gary Paulsen
DER FLUSS
Taschenbuch
160 Seiten
ISBN 978-3-551-35345-0
Auch als E-Book erhältlich

VOR ZWEI JAHREN HAT DER 15-JÄHRIGE BRIAN nach einem Flugzeugabsturz allein in der Wildnis überlebt. Kaum hat der Medienrummel um ihn nachgelassen, tritt die Regierung an ihn heran: Brian soll seine Robinsonade wiederholen, damit er seine Fähigkeiten weitergeben und für Überlebenstrainings nutzbar machen kann. Nach anfänglichem Zögern stimmt er zu, sich mit dem Psychologen Derek erneut in der Wildnis aussetzen zu lassen. Doch schon kurz nach ihrer Ankunft geraten sie in ein Unwetter, in dem ihr Funkgerät zerstört und Derek schwer verletzt wird. Wieder ist Brian ganz auf sich allein gestellt …

WW.CARLSEN.DE

DURCH DIE STRASSEN VON BERLIN

Andreas Steinhöfel
BESCHÜTZER DER DIEBE
Taschenbuch
304 Seiten
ISBN 978-3-551-35665-9
Auch als E-Book erhältlich

EIN ZETTEL MIT EIN PAAR ZAHLEN UND BUCHSTABEN, darunter eine unregelmäßige Zickzack-Linie. Das ist alles, was Guddie, Olaf und Dags in den Händen haben, um eine zufällig beobachtete Entführung aufzuklären – die ihnen leider niemand glaubt. Unbeirrt machen sich die drei daran, den Fall zu lösen. Eine atemlose Jagd durch Berlin beginnt, die ihnen jede Menge Abenteuer und eine heiße Spur beschert – und die ganz nebenbei ein neues Licht auf ihre Freundschaft wirft …

WWW.CARLSEN.DE

EINE MÄRCHENHAFTE SUCHE
AUF DEN DÄCHERN VON PARIS

Katherine Rundell
SOPHIE AUF DEN DÄCHERN
Taschenbuch
256 Seiten
ISBN 978-3-551-31683-7
Auch als E-Book erhältlich

SEIT EINEM SCHIFFSUNGLÜCK im englischen Kanal ist Sophie Waise. Davon sind zumindest alle anderen überzeugt. Aber Sophie ist sich sicher, dass ihre Mutter noch lebt, und folgt der einzigen Spur, die sie von ihr hat – nach Paris. Dort lernt sie Matteo kennen und eine Handvoll Kinder, die aus den unterschiedlichsten Gründen auf den Dächern von Paris leben. Eine aufregende Suche beginnt, doch wird Sophie ihre Mutter wirklich finden?

Wir produzieren nachhaltig
- Klimaneutrales Produkt
- Papiere aus nachhaltigen und kontrollierten Quellen
- Hergestellt in Europa

MIX
Papier | Fördert gute Waldnutzung
FSC® C021394

Wir behalten uns die Nutzung unserer Inhalte für Text- und Data-Mining im Sinne von § 44b UrhG ausdrücklich vor.

Veröffentlicht in der Carlsen Verlag GmbH
Völckersstraße 14–20, 22765 Hamburg
Juli 2024
Originalcopyright © 2021 Thienemann in der Thienemann-Esslinger Verlag GmbH, Stuttgart
Copyright © der Taschenbuchausgabe:
2024 Carlsen Verlag GmbH, Hamburg
Umschlaggestaltung: formlabor
ISBN 978-3-551-32108-4

Carlsen-Newsletter: Tolle Lesetipps kostenlos per E-Mail!
Unsere Bücher gibt es überall im Buchhandel und auf carlsen.de.